現代憲法
25講

片上孝洋編著

成文堂

はしがき

　日本国憲法は，その制定から70余年が経っており，皆さんにとって馴染みのある法規範でしょう。では，皆さんに《日本国憲法は，誰のために，そして何のためにあるのでしょうか》という問いを投げかけてみたいと思います。

　日本国憲法の制定から70余年の間に，多くの憲法問題が議論され，また人権や平和のうちに生存する権利の保障に関する裁判例も蓄積されてきました。その一方で，時折，憲法改正が政治の課題として取り上げられてもきました。昨今，政府に属して権力を行使する人の側から憲法改正という重要な問題が提起されています。

　日本国憲法は，社会契約説という考え方に立っています。簡単に言うと，私たち一人ひとりは，生まれながらにして平等で，自由と権利，すなわち人権をもっています。この人権の享有をより確実なものにするために，人びとは，互いに対等な関係で契約を結んで政治的共同体をつくり，その政府に権力を信託します。しかし，政府が暴走する危険もあるので，政府にこれだけは必ず守りなさいと約束させたのが憲法です。それゆえ，憲法を守るように命じられているのは，政府に属して権力を行使する人だということになります。

　上述した内容を日本国憲法で確認してみます。まず，日本国憲法は，「国政は，国民の厳粛な信託によるもの」である（前文）と宣明したうえで，国民は「侵すことのできない永久の権利」とされる「基本的人権」を享有すること（11条・97条）を確認しています。そして，国政を担当する者に対して，国民の「基本的人権」の享有を妨げてはならず（11条），また「生命，自由及び幸福追求に対する国民の権利については，……国政の上で，最大の尊重を必要とする」（13条）と明記し，さらに「この憲法を尊重し擁護する義務」を負わせています（99条）。これらを踏まえて，日本国憲法は，国政を担当する者に憲法改正を決定する権力をもたせていません（96条）。

　したがって，重要なのは，国民が憲法改正を最終的に決定するということです。そのために，私たちは，日本国憲法を正確に理解し，その役割や機能を真摯に考えることがますます必要となっています。

　本書は，憲法の要点すべてを学ぶことができるように，25講のテーマで構成し，6名の研究者がそれぞれ専門とするテーマを分担し，分かりやすく解説することを基本として執筆しています。

　本書は，大学において憲法を学ぶ学生向けの授業のテキストとして企画されました。各講の冒頭に「本講の内容のあらまし」を付したうえで，それに沿いながら基本的な内容について，また学説や判例といったより深い内容についても学ぶことができるように配慮しています。そして，各講に，そのテーマについて考えてもらいたい「設問」を設けるとともに，より深く学べるように「参考文献」を挙げています。学生の皆さんが，本書を通じて，憲法の知識をより深め，憲法の役割や機能を正確に理解したうえで，冒頭の問いに自分の答えを示せることを心から願っています。

　また，本書は，憲法を学ぶために書かれていますので，なによりもまずは，憲法を学び，知ることからはじめようという気持ちをもっている方々にも読んでいただきたいと思います。本書は，分かりやすく解説することを心がけていますが，高度な内容も盛り込まれています。各講は独立したテーマとなっていますので，まずは，関心のあるテーマを一つ読んでみてください。読み終えたら，また一つ，読み進めてください。一つひとつのテーマを読み進めていくうちに，憲法の全体像が見えてくるようになると思います。そして，本書を読み進めるなかで，考察をさらに深めたい問題があれば，各講の末尾に挙げた「参考文献」に当たっていただくことを希望します。読者の皆さんが，本書を通じて，まずは憲法を学ぶことが楽しくなり，そして憲法の知識をより深め，さらに冒頭の問いに自分の答えを示せるようになることを心から願っています。

　本書を執筆するにあたって，執筆者には，文章は簡易平明を，解説は分かりやすさを基本とするようにお願いしました。しかしながら，執筆者が責任

をもって担当する講を書いていますので，各講が独立した内容をもっており，文章や学説の統一は必ずしも図られていません。もっとも本書の不十分な点については，読者諸賢のご批判とご叱正を乞い，執筆者の協力の下に改訂の機会をもちたいと考えています。

　最後に，本書の執筆を勧めていただいた後藤光男早稲田大学名誉教授，本書の出版を快く了承していただいた成文堂の阿部成一社長には厚くお礼申し上げます。また，出版の労をおとりいただいた編集部の篠崎雄彦氏にはいつも大変お世話になり，今回も格別のご配慮と適切なご助言をいただきました。執筆者を代表して心よりのお礼と感謝を申し上げます。

　　2020年4月　　　　　　　　　　　執筆者を代表して

　　　　　　　　　　　　　　　　　片　上　孝　洋

凡　　例

1．判例の略記

判例の引用にあたっては，次の略記法を用いている。

最大判平25・9・4民集67・6・1320＝最高裁判所大法廷平成25年9月4日判決，最高裁判所民事判例集第67巻6号1320頁

〔判例出典略語〕

最大判	最高裁判所大法廷判決	集　刑	最高裁判所裁判集刑事
最大決	最高裁判所大法廷決定	高民集	高等裁判所民事判例集
最　判	最高裁判所判決	高刑集	高等裁判所刑事判例集
最　決	最高裁判所決定	下民集	下級裁判所民事判例集
高　判	高等裁判所判決	下刑集	下級裁判所刑事判例集
高　決	高等裁判所決定	行　集	行政事件裁判例集
地　判	地方裁判所判決	訴　月	訴訟月報
地　決	地方裁判所決定	判　時	判例時報
民　集	最高裁判所民事判例集	判　自	判例地方自治
刑　集	最高裁判所刑事判例集	判　タ	判例タイムズ
集　民	最高裁判所裁判集民事		

2．参考文献の略記

各講の末尾の**参考文献**は，次の略記法を用いている。

執筆者・編（著）者名『書名』（発行所，発行年）
　　例：芦部信喜（高橋和之補訂）『憲法（第7版）』（岩波書店，2019年）
　なお，共著者・編（著）者が3名以上の場合は，1名のみ表示し，その他の共著者名は「ほか」と表示している。また，「改訂版」，「新版」等が書名に表示されている場合は，書名の一部として表示している。

目　次

はしがき

凡　例

第**1**講　憲法総論

┌─**本講の内容のあらまし**─────────────────────┐

　憲法とは，国の基本法であるとか，国の最高法規であるというように説明される。だが，この説明だけでは，憲法は国にとってどのような基本を定めており，なぜ憲法が最高法規なのかがわからない。憲法を学ぶとは，憲法と国家との関係を理解したうえで，憲法に求められている役割について考察を深めることであると言えるであろう。これは，憲法という学問に関心をもった人にとっての最終目標であるのかもしれない。そこで，本講では，先ずは，憲法を学ぶにあたって，その入り口として，憲法の立脚する立憲主義，憲法と法律の違い，憲法の概念，憲法の分類，憲法の特質，憲法の法源について概説する。

└──────────────────────────────┘

第1節　憲法と国家

1　国家の意義と憲法

　およそ法が存在するということは，その法を必要とする人びとの集まり，つまり社会が存立していると考えてよいであろう。人びとが集まって社会が形成されるとしても，各人が利己的な生き方を追求すれば，統制がとれなかったり秩序が乱れたりすることで，社会は存立することができないであろう。したがって，社会が存立しているということは，社会を統治する仕組みとして，または人びとの守るべき社会の規範として法が存在しているということである。国家も人びとの集まった社会である以上，国家が存立しているということは，社会と同様，法が存在しているということである。国家に

とっての法が憲法である。とりわけ近代国家の成立以降，憲法は，国家の基本的な組織・作用を定める法，つまり国の基本法として定義されてきた。

　それでは，国家とは何か，であるが，国家も人びとの集まった社会であると言ってみても，国家と社会との違いがよく分からない。そのため，国家の概念を確認しても，国家を，社会学的に見るのか，法学的に見るのか，政治学的に見るのかによって，そのとらえ方が異なる。伝統的に，国家は，一定の限定された地域を基礎として，その地域に定住する人びとが強制力をもつ統治権のもとに法的に組織されるようになった社会である，と定義され，領土・国民・主権が国家の三要素と解されている。さらに，国家の存在意義や正当化理由についてもさまざまな議論がある。そのような課題も検討すべきであるが，先ずは，国家が権力を有することを認める以上，その権力をコントロールする憲法がどのような考え方に立脚しているのかを理解しておくことは，とても重要である。

2　立憲主義の意義と展開

　法によって政治権力を制限しようとする考え方を，広い意味での立憲主義という。この意味での立憲主義は，中世のヨーロッパにも存在していた。もっとも，中世の立憲主義は，身分制度を基本とする社会であったため，人は生まれながらにして自由で平等であるという人権の観念を欠いており，貴族の特権を擁護するなど封建的性格の強いものであった。中世の立憲主義が近代立憲主義に発展するためには，イギリスのロック（1632‒1704）やフランスのルソー（1712‒1778）などの説いた自然権の思想に基づく新たな原理が必要であった。ロックは，人間の本来あるべき状態，つまり人間があらゆる権力的な拘束を受けない完全に自由な「自然状態」とそこで生きる個人を描き出すことによって，政治権力をとらえている。「自然状態」において，人は，生まれながらに「生命・自由・財産」からなる固有権をもっている。この固有権をより良く保全するために，人びとは，互いに対等な関係で契約を結んで政治的共同体をつくり，その政府に権力を信託する（社会契約説）。国

家は，固有権（プロパティ）の保全を目的とする政治的共同体の一つの形態である。そのため，政府は人民の固有権（プロパティ）を保全するために存在するものである以上、もし政府が権力を恣意的に行使して人民の固有権（プロパティ）を不当に制限する場合には，人民は政府に抵抗する権利を有する。こうした思想の影響を受けて，立憲主義は，人権を保障するために，権力の分立によって権力を制限するという近代立憲主義に発展した。なお，立憲主義の影響のもとに権利保障と権力分立を導入しながらも，君主主権を温存しようと，権利保障の点においても，また権力分立の点においても不徹底なものを，立憲主義の見せかけにすぎないという意味で「外見的立憲主義」と呼んでいる。

　近代立憲主義は，その基本原理がいくつかの点で修正を受けざるを得なくなる。例えば，近代立憲主義は，人権保障に価値を置いたうえで，権力の分立も，権力の集中によって人権が侵害されることを防ぐための手段としての役割が重視されている。このように，近代立憲主義の保障する人権は，国家権力を制約するところに重点が置かれているので，そこで保障されるのは，主として自由権，すなわち「国家からの自由」である。やがて，19世紀の産業革命を経て生じた経済構造の変化は，人びとの間に貧富の差が拡大し，各種の矛盾と社会的緊張が顕在化していった。特に19世紀から20世紀初頭にかけて，個人の自由・権利の享受において実質的平等を実現するために，国民が国に対して一定の行為を要求する社会権，すなわち「国家による自由」をも保障すべきであるというように，近代立憲主義も変容を迫られ，「現代立憲主義」に展開していくことになる。

第2節　憲法の概念と特質

　憲法とは，国の基本法である。もっとも，憲法という言葉は，いろいろな意味で使われる。また，憲法は，他の法律とは違った特質をもっている。ここでは，憲法の概念や特質を整理しておく。

1 憲法と法律の違い

憲法とは何か，そして法律とは何か，と問われたら，どのように答えたらよいのであろう。そこで，憲法と法律の違いについて簡単に触れておく。

現在，日本には多くの法律が存在している。その中で，日本における主要な6つの法律として，憲法，刑法，民法，商法，民事訴訟法，刑事訴訟法があげられる。これら6つの法律を一般的に「六法」と称している。また，書店などで「六法」という名称を付した法令集を見かけることもあるであろう。そのため，憲法は数多の法律の中の1つにすぎないと思っていたり，憲法も法律も一様に私たちのためのものと考えていたりする人が多いかもしれない。しかし，憲法と法律には根本的な違いがある。

憲法は，人びとの権利・自由を守るために，国家権力を縛るためのものである。わかりやすく言えば，憲法は，国家権力に対して「これを守りなさい」と命じているのである。憲法99条が「憲法尊重擁護の義務」として「天皇又は摂政及び国務大臣，国会議員，裁判官その他の公務員は，この憲法を尊重し擁護する義務を負ふ」と定めているのは，その趣旨を明らかにしたものである。そのうえ，憲法は，すべての法律の上に立つ最高法規である。これに対して，法律は，国家権力が人びとに課す，個人の権利や自由を制限するためのものである。わかりやすく言えば，法律は，人に対して「これを守りなさい」と命じているのである。確かに，法律によって個人の権利・自由が制限されている。だが，例えば，刑法は，人を殺したり人のものを盗んだりすれば，それ相応の罰を受けることを定めているので，法律によって個人の権利・自由が守られているとも言えるであろう。そのうえ，法律は，憲法に基づいて国会の議決を経て制定される法の一形式である。国の最高法規である憲法から見れば，法律は下位法であるから，憲法に違反する法律を制定することはできない。

2 憲法という言葉

もともと，「憲法」という言葉には，国の基本法という意味はなく，単に

「法」，「掟」という程度の意味であった。例えば，日本で「憲法」と言え
ば，古くは聖徳太子の「十七条憲法」(604年) がある。ただし，「十七条憲
法」は，官吏や貴族に対する道徳的規範を示したもので，「日本国憲法」と
いう場合の「憲法」とは違って，単に「掟」や「きまり」といった意味であ
る。現在のように，「憲法」という言葉が国の基本法という意味で用いられ
るようになったのは明治以後である。

　明治以後になって，constitution (英語，フランス語) をどのように訳すかが
問題となり，それにあたる訳語として「永世国法」，「根本律法」，「国憲」，
「政規」，「政体」などがあてられていた。

　訳語として「憲法」を最初に用いたのは，1873年の箕作麟祥や同年の林正
明の著作であるとされている。また，日本で「憲法」が初めて公定用語とし
て用いられたのは，1882年3月，明治政府が，伊藤博文に対して勅命を発
し，立憲制度の調査のためにヨーロッパ諸国への派遣を決定したときであ
る。その際，伊藤博文に憲法調査の勅書とともに調査事項を列挙した訓条が
渡された。その訓条の冒頭には「歐洲各立憲君治國ノ憲法ニ就キ，其淵源ヲ
尋ネ，其沿革ヲ考へ，其現行ノ實況ヲ視，利害得失ノ在ル所ヲ研究スヘキ
事」とあり，そこで「憲法」が使われている。この頃から「憲法」が公定用
語として使用されるようになり，1889年に大日本帝国憲法が公布されるに及
んで，constitution の訳語として「憲法」の用法が決定的なものとなった。

3　憲法の意味

　憲法は，多義的に使われるため，その意味に注意しなければならない。憲
法の意味を考えるにあたって最も重要なのは，形式的意味の憲法と実質的意
味の憲法の区分と，固有の意味の憲法と立憲的意味の憲法の区分である。前
者は憲法の存在形式に着目した区分であるのに対して，後者は憲法の内容に
着目した区分である。

(1)　形式的意味の憲法と実質的意味の憲法

　憲法典という特別の形式で存在する憲法を形式的意味の憲法という。これ

は，憲法の存在形式に着目した場合の概念である。これに対して，憲法典の形をとるか否かにかかわらず，実質的に国の基本法たる内容をもった規範を実質的意味の憲法という。これは，憲法の存在形式に関係なく，その内容に着目した場合の概念である。つまり，およそ国家が成立している以上は，形式のいかんを問わず，また成文化されているか否かも問わず，実質的意味の憲法は存在するということである。例えば，イギリスの場合，憲法典は存在しないが，いくつかのふつうの法律あるいは憲法上の慣習や判例の集積という形で憲法は存在している。形式的意味で言えば，イギリスには憲法は存在しないということになるが，実質的意味で言えば，イギリスにも憲法は存在するということになる。また，実質的意味の憲法には，固有の意味の憲法と立憲的意味の憲法がある。

(2) 固有の意味の憲法と立憲的意味の憲法

国家の基本的な組織・作用を定める法規範一般を固有の意味の憲法という。この意味の憲法は，国家が存在している以上，何らかの形で存在すると考えられている。これに対して，国家の基本的な組織・作用を定めるだけでなく，国家権力を制限して，個人の権利・自由を保障することをも定める法規範を立憲的意味の憲法という。また，立憲的意味の憲法は，市民革命以降の近代国家においてみられるようになったことから，近代的意味の憲法とも呼ばれる。1789年のフランス人権宣言16条は，「権利の保障が確保されず，権力の分立が定められていない社会は，憲法をもつものではない」とし，立憲的意味の憲法の趣旨を端的に表している。この規定によれば，たとえ憲法が国家の基本的な組織・作用を定める法規範であるとしても，人権保障と権力分立という実質を伴っていなければ，立憲的意味の憲法とは呼べないのである。この規定が示すように，近代以降の憲法は，人権と統治機構の2つの要素で構成されるようになっている。

4　憲法の分類

憲法は，どのような基準をとるかによって，次のように分類される。

(1) 憲法の存在形式による分類

　憲法の存在形式によって，憲法を分類することができる。憲法典の形式で存在するものを成文憲法という。憲法典とは，実質的意味の憲法に属する規範の重要部分を体系的に編成したものである。大日本帝国憲法と日本国憲法は，それぞれ1つの法典の形式で存在しているので，成文憲法にあたる。これに対して，憲法典の形式で存在しない憲法を不文憲法という。例えば，イギリスは「イギリス国憲法」といった憲法典をもっていない。ただし，イギリスには，憲法という名称を付した法典がないだけで，実際には，人身保護法，王位継承法，議会法，選挙法などの法律が憲法としての役割を果たしている。つまり，イギリスは，実質的意味の憲法をもっているが，単に成文の憲法典をもっていないということである。

(2) 憲法の性質による分類

　憲法改正の手続によって憲法を分類することができる。憲法を改正する手続が，通常の立法手続と同様である憲法を軟性憲法という。例えば，イギリスの憲法は，実質的意味の憲法である。実質的意味の憲法のかなりの部分は法律の形式をとるので，通常の立法手続によって憲法を改正することができる。したがって，イギリスの憲法は，軟性憲法と言える。これに対して，憲法を改正する手続が，通常の立法手続よりも厳格である憲法を硬性憲法という。憲法96条1項は，「この憲法の改正は，各議院の総議員の3分の2以上の賛成で，国会が，これを発議し，国民に提案してその承認を経なければならない。この承認には，特別の国民投票又は国会の定める選挙の際行はれる投票において，その過半数の賛成を必要とする」と定めている。この規定は，日本国憲法が硬性憲法であることを明らかにしている。

　軟性憲法と硬性憲法の長所・短所については，憲法と憲法改正の手続との関係を理解しておく必要がある。憲法は，国家権力を制限し，国民の権利・自由を保障する最高法規である。そのため，憲法には，高度な安定性・永続性が求められる。だが一方で，憲法には，政治・経済・社会などの社会情勢の変化に適応する柔軟性・可変性も求められる。憲法に求められる安定性・

永続性と柔軟性・可変性に応えるのが，憲法改正の手続である。

　軟性憲法は，社会情勢の変化に柔軟に対応できる長所をもっている。だが反面，社会情勢の変化に合わせて憲法を改正しやすくしておくことは，憲法の特質である最高法規性の意義が薄まるので，憲法が通常の立法に対して規範性を発揮しにくくなる。これに対して，硬性憲法は，憲法の特質である最高法規性の意義を安定的・永続的に維持できるので，通常の立法に対して規範性を発揮できる長所をもっている。だが反面，憲法を改正しにくくしておくことは，社会情勢の変化に合わせて憲法が改正されにくいので，正規の改正手続によって憲法を改めるのではなく，憲法の条項に対する解釈を変更することによって，憲法の意味や内容が変更されることがある。これを憲法の変遷という。憲法の変遷は，硬性憲法の意義を薄めることになり得る。

　なお，憲法が軟性であるか硬性であるかは，改正手続の難易の問題であって，実際に改正が行われやすいか否かとは別問題である。改正が行われるか否かは，政治情勢や憲法擁護に対する国民の考え方に大きく依存する。また，今日では圧倒的多数の国の憲法が硬性憲法である。その背景には，憲法が国家の設立や形成に関する社会契約であり，基本法的性格をもっているので，改正には慎重な検討を要するという認識があると考えられる。

　(3)　憲法の制定権力による分類

　憲法の制定主体によって憲法を分類することができる。君主主権の思想に基づいて，君主が制定した憲法を欽定憲法という。大日本帝国憲法は欽定憲法である。これに対して，国民主権の思想に基づいて，国民が制定した憲法を民定憲法という。日本国憲法は民定憲法である。憲法前文が「日本国民は，……ここに主権が国民に存することを宣言し，この憲法を確定する」と定めていることは，日本国憲法が民定憲法であることを明らかにしている。

　なお，憲法の制定主体を基準とする分類によると，この2つのほかに，協約憲法と条約憲法がある。協約憲法は，君主主権から国民主権への過渡期において，君主と国民との間の合意に基づき制定された憲法である。1830年のフランス憲法がその代表例である。条約憲法は，多数の国家が結合して，新

しく連邦国家を形成する場合，多数国家の間の合意に基づき制定された憲法
である。1787年のアメリカ合衆国憲法がその代表例である。

5　憲法の特質

　立憲的意味の憲法の目的は，国民の権利・自由を保障することにあるの
で，憲法は人権の規定を定めている。また，憲法の目的を実現するために，
憲法は統治機構に関する規定を定めている。そのため，憲法は，人権と統治
機構の2つの要素で構成されている。この2つの要素の関係を踏まえたうえ
で，憲法の特質として，基本価値秩序，授権規範性・制限規範性，最高法規
性があげられる。

　(1)　基本価値秩序としての憲法

　立憲的意味の憲法では，国民の一人ひとりがかけがえのない存在であると
いう「個人の尊重」に基づいて個人の権利・自由を守るということが，憲法
の基本的な目的であり，憲法の存在意義でもある。そのために，憲法の統治
機構に関する規定は，人権保障の目的に仕えるものでなければならず，憲法
の諸規定もそのような基本価値に適合するように解釈されなければならない
のである。

　(2)　授権規範・制限規範としての憲法

　憲法は，国会，内閣，裁判所などの国家機関を設ける規定を置いている。
また，憲法は，国家機関に対して権限を授ける法規範である。権限を付与さ
れた国家機関は，国民の権利・自由を不当に侵害する可能性がある。しかし
ながら，憲法の目的は，国民の権利・自由を保障するということにあるの
で，授権するということは，まったくの白紙授権でないかぎり，授ける権限
に対して制限を加えることでもある。その意味で，憲法は，国家機関に対す
る制限規範という特質を有することになる。したがって，憲法は，授権規範
としての特質を有すると同時に，制限規範としての特質をも有するのであ
る。また，憲法の規範的拘束は，何よりも国家機関に対して向けられたもの
である。

(3) 最高法規としての憲法

　憲法の最高法規性とは，憲法が国法体系の中で最も強い形式的効力をもっているということである。これを形式的最高法規性と呼ぶ。つまり，憲法に違反する法律，命令，規則または処分など一切の国家行為は認められないという形式的効力関係において，憲法が最高位に位置する法規範であるという意味である。憲法98条1項が「この憲法は，国の最高法規であつて，その条規に反する法律，命令，詔勅及び国務に関するその他の行為の全部又は一部は，その効力を有しない」と定めているのは，その趣旨を明らかにしたものである。

　確かに，憲法と法律の効力に優劣をつけるために，憲法が形式的効力関係において最高法規性を有するとしても，それだけでは十分ではなく，憲法の内容が規範として実質的に最高の価値をもっていなければならない。これを実質的最高法規性と呼ぶ。憲法が実質的に最高位に位置する法規範であるというためには，その根拠が重要である。その根拠については，憲法全体の中での憲法98条1項の位置づけから考えてみる必要がある。憲法は，「第3章　国民の権利及び義務」においてさまざまな人権条項を規定している。これらの条項の中で，憲法は，11条で「基本的人権は，侵すことのできない永久の権利」であると明記したうえに，実質的に終章である「第10章　最高法規」の冒頭に97条を掲げて，「基本的人権は，……侵すことのできない永久の権利」であることを再び宣言している。憲法98条1項は，「第10章　最高法規」の中に，しかも憲法97条の後に置かれている。このような章と条文の構成から解釈して，憲法の目的は，人権を保障することにある，と観念され，それが憲法の実質的最高法規性の根拠となっている。

　したがって，憲法の最高法規性には，憲法が国法体系の中で最も強い形式的効力をもっているということ（形式的最高法規性）と，憲法の内容が規範として実質的に最高の価値をもっているということ（実質的最高法規性）の2つの側面をもっている。

第3節　憲法の法源

1　法源の意味と種類

　法源という言葉は，さまざまな意味で用いられるが，ここでは，法の存在形式を指す。この意味での法源は，通常，成文法源と不文法源に区別される。憲法の場合で言えば，実質的意味の憲法が国法体系においていかなる形をとって現れるかにより，各種の法源が存在することになる。このうち，憲法典，条約，法律など成文化されたものが成文法源であり，慣習法，判例などのように成文化されていないものが不文法源である。不文法源については，憲法慣習と憲法判例が問題となる。

2　憲法慣習

　慣習法は，一般に，先例が長期にわたり反復され，広範な国民がそれに法的価値を承認することにより成立する。憲法に関する慣習が慣習法の形で存在するようになったとき，憲法慣習と呼ばれる。日本は制定法主義をとっているので，制定法に反する慣習は法的効力をもたないのが原則である。したがって，憲法慣習が成立しうるのは，憲法に規定がない問題についての慣習と憲法の規定を具体化する慣習の2つの場合である。だが，憲法に反する先例が長期にわたって反復され，国民もそれを認めるに至るということが起こり得ないわけではない。したがって，憲法慣習に法源性を認めることは困難であると解するのが一般的である。

3　憲法判例

　日本国憲法が採用した違憲審査制は，一般には付随審査制であると解されているので，憲法判断は，原則として判決の主文中には現れず，主文を根拠づける理由中に示されるにすぎない。憲法判例とは，憲法問題についての判断を内容としている判決理由をいう。それでは，憲法判例に法源性を認める

ことができるか否かが問題である。日本では，判例の先例拘束性は，憲法上も法律上も認められていないので，判例は事実上の拘束力をもつにとどまり法的拘束力をもつとはいえないと解するのが一般的である。しかしながら，憲法判例は，同様の事案を解決する際に，法的安定性や平等原則の要請から，実際には判例変更は稀である。したがって，憲法判例に事実上の法源性を認めることができると考えてよいであろう。

【設　問】

(1) 立憲主義の意義と時代の変遷による立憲主義の展開について論じなさい。

(2) 憲法の分類について，その基準を示したうえで，論じなさい。

(3) 憲法と法律の違いと，憲法の特質について論じなさい。

参考文献

芦部信喜（高橋和之補訂）『憲法（第7版）』（岩波書店，2019年）

浦部法穂『憲法学教室（第3版）』（日本評論社，2016年）

高橋和之『立憲主義と日本国憲法（第4版）』（有斐閣，2017年）

辻村みよ子『憲法（第6版）』（日本評論社，2018年）

野中俊彦ほか『憲法Ⅰ（第5版）』（有斐閣，2012年）

長谷部恭男『憲法（第7版）』（新世社，2018年）

（片上孝洋）

第**2**講　日本憲法史と日本国憲法の基本原理

┌─**本講の内容のあらまし**─────────────────────┐

　大日本帝国憲法と日本国憲法は，どちらも近代立憲主義に立脚する憲法である。一方で，この２つの憲法は，近代立憲主義に立脚する憲法でありながら，まったく異なる憲法である。どちらの見解も間違っているわけではない。両者の見解の違いは，憲法の何を基準にするかという点から生じている。そこで，本講では，先ずは，大日本帝国憲法，続けて日本国憲法について説明する。どちらも，憲法の特質や基本原理など，学ぶべきポイントをしっかり理解できるように，憲法の制定過程から説明を始めている。さらに，日本国憲法の基本原理である，国民主権，基本的人権の尊重，平和主義について説明する。

└───────────────────────────────┘

　日本の憲法といえば，大日本帝国憲法と日本国憲法が存在する。どちらも近代立憲主義に立脚する憲法である。だが，大日本帝国憲法はプロシア憲法に倣って制定されたのに対して，日本国憲法はアメリカ憲法に倣って制定された。そのため，憲法の特質や基本原理において，この２つの憲法には違いがある。

第1節　大日本帝国憲法

1　大日本帝国憲法の制定過程

　日本で最初に制定された憲法典は，大日本帝国憲法である。大日本帝国憲法は，君主により制定された憲法（欽定憲法）である。先ずは，大日本帝国憲法の制定過程を振り返ってみる。

(1) 五箇条の御誓文と政體書

慶応3年12月9日（1868年1月3日），王政復古の大号令が発せられた。王政復古の大号令は，憲法制定を巡る混乱の幕開けであった。

王政復古の後，1868（明治元）年3月14日，明治政府は，新政体の綱領として五箇条の国是を公にした。いわゆる「五箇條の御誓文」である。御誓文の冒頭に掲げる「廣ク會議ヲ興シ萬機公論ニ決スヘシ」という一箇条は，従来の慣例や身分秩序に関係なく，人びとに発言の機会と権利とを付与するために議会を開くことを意味する。また，御誓文の末尾に掲げる「智識ヲ世界ニ求メ大ニ皇基ヲ振起スヘシ」という一箇条は，議会が開かれた後の国家統治のあり方について，世界中から知識を取り入れて天皇による統治の基礎を築いていくことを意味する。これら二箇条に日本の憲法政治の根源を見いだすことができる。

「五箇條の御誓文」は，明治政府と立場を異にする自由民権派からも，立憲政治の指導理念として位置づけられ，かつ重視された。御誓文の冒頭に掲げる「廣ク會議ヲ興シ萬機公論ニ決スベシ」という一箇条は，当初，自由民権派が開設を主張する民選議院を全く意図したものではなかった。この一箇条の原形は，封建制を前提とした諸藩の結束を図るため，「列侯會議ヲ興シ萬機公論ニ決スヘシ」となっていた。しかし，「列侯會議」を「廣ク會議」に改めたことによって，民選議院を開設すべき根拠は，この一箇条である，と自由民権派が拡大解釈するようになった。しかも，明治政府もこの一箇条を根拠として議会制度の実現を主張するようになったことが大きな混乱を招いた。

さらに明治政府は，王政復古の大号令と同時に，大宝律令の古制にならいつつ西洋の政治組織を取り入れるかたちで，国家統治機構の整備に着手した。1868（明治元）年閏4月21日，副島種臣と福岡孝弟が起草した「政體書」が発布された。「政體書」は，政府の政体を「五箇條の御誓文」に基づき，これを具体化するために三権分立・官吏公選制・府藩県三治制などを定めたものであった。しかも，「政體書」は，アメリカ人宣教師 E.C. ブリッジマン

のアメリカ合衆国憲法を紹介した著作を漢訳した『聯邦志略』や福沢諭吉の著述した『西洋事情』などを参考にしたものであり，その条文には権力分立思想などアメリカの政治思想が反映されていた。

(2)　自由民権運動と憲法構想

　自由民権運動が高まるなかで，再び「五箇條の御誓文」が立憲政治を実現する国是であると一般に受けとめられるようになった。特に「廣ク會議ヲ興シ萬機公論ニ決スベシ」は，民選議院を開設すべき根拠とされた。自由民権運動の端緒となったのは，1874（明治7）年1月17日，板垣退助，後藤象二郎，江藤新平，副島種臣を含む士族8名が左院に提出した「民撰議院設立建白書」であった。自由民権運動は，西洋近代の憲法の精神に基づく政体を日本にも実現しようとする試みであったことはいうまでもなく，遅かれ早かれ，その目的が民選議院開設の実現から近代立憲主義に基づく憲法構想の実現へとシフトしていくことは必然であった。1875（明治8）年4月14日，大阪会議の後，漸進的に国会開設を目指す「漸次立憲政体樹立の詔」が発せられたので，明治政府は，自由民権運動の動向を見据えながら，それに順応する形で自らが目指すべき立憲政体の樹立へ向けての体制整備を進めることを決定した。明治政府がこのような悠長な態度をとったのは，国会開設や憲法制定が特に差し迫った政治課題ではないという思いがあったからである。だが，事態が一変する。1881（明治14）年3月，大隈重信がイギリス流の議院内閣制を主張する憲法意見書を明治政府に提出した。このことを契機に，漸進主義をとり続ける明治政府内部で政治方針を巡る深刻な対立を惹き起こす「明治14年の政変」が勃発した。大隈の意見書は，1881（明治14）年に「治國政權ノ歸スル所ヲ明ニスル……人民各自ノ人權ヲ明ニスル」憲法を制定し，「明治十五年末ニ議員ヲ選擧セシメ十六年首ヲ以テ國議院ヲ開カルヘキ」という急進論を掲げていた。岩倉具視は，丁度この時期に問題となった「北海道開拓使官有物払下げ事件」を口実に，諸参議と謀って大隈重信とその一派を政府内から排除することで事態の収束を図った。だがこれが引き金となり，在野で興起する自由民権運動が憲法を制定する気運を一気に高めた。在

野の圧力で窮地に立たされた明治政府は，自由民権運動が要求する民選議院開設にしっかりとした道筋をつけることを余儀なくされた。そのため，1881（明治14）年10月12日，明治政府は「国会開設の勅諭」を発し，1890（明治23）年を期して国会を開設することを公約した。

（3）大日本帝国憲法の成立

「明治14年の政変」は，憲法のあり方を巡る最終闘争であった。自由民権派は，彼らが作成した「私擬憲法」の内容から見て，イギリス流の議会中心の制度を採用した憲法を想定していた。一方で，このような自由民権派の動きとならんで，元老院において「國憲編纂」の作業が行われた。この作業は，1876（明治9）年9月7日，元老院議長有栖川宮熾仁親王に対して「朕爰ニ我建國ノ體ニ基キ廣ク海外各國ノ成法ヲ斟酌シ以テ國憲ヲ定メントス汝等ソレ宜シク之ガ草按ヲ起創シ以テ聞セヨ朕將ニ撰ハントス」との勅語が発せられたことによるものであった。「日本國憲按」（第一次・第二次草案）は，勅語の趣旨に則り「我建國ノ體ニ基」いたものであったが，全体的に議会を通じて君主の権限と行政権に対して民意による制限を加えるイギリス流の立憲主義を反映していた。元老院の草案は，漸進主義と「國體」にそぐわないため，修正を余儀なくされた。1880（明治13）年7月，「國憲」（第三次草案）が完成した。しかしながら，「國憲」における修正は，大部分，法典として整備することに止まり，その根本主義は少しも「日本國憲按」と異ならず，イギリス流の立憲主義であった。結局，岩倉具視と伊藤博文の強い反対があり，1880（明治13）年12月28日，「國憲」は，上奏されたものの，採択されることなく葬られた。

1879（明治12）年から1881（明治14）年までの間，世の中にはイギリス流の立憲主義を採用した憲法草案が蔓延していた。このあたりから，明治政府は，イギリス流の立憲主義を排することに奔走し始める。1882（明治15）年3月，明治政府は，伊藤博文に対して勅命を発し，立憲制度の調査のためにヨーロッパ諸国への派遣を決定した。その一方で，明治政府内では，岩倉具視と井上毅のラインによってプロシア憲法に範を採る流れが定まっていた。

帰国後，伊藤博文は，政府顧問のヘルマン・ロエスラーの意見を参考にしつ
つ，井上毅，伊東巳代治，金子堅太郎とともに憲法案を起草した。その成案
は1888（明治21）年に設置された枢密院の諮詢を経て，1889（明治22）年 2 月
11日，「大日本帝国憲法」として公布された。これが最初の日本の憲法で
あった。大日本帝国憲法は， 7 章76箇条から構成されていた。

2　大日本帝国憲法の特質

　大日本帝国憲法は，天皇が制定し国民に授けた憲法，すなわち欽定憲法で
あった。大日本帝国憲法の特質としては，天皇大権中心主義，弱い統治機
構，臣民の恩恵的権利があげられる。

　まず，大日本帝国憲法の起草者である伊藤博文は，井上毅らと日本の古典
を紐解き，日本書紀に記されている「天壌無窮の神勅」――天孫降臨の時，
天照大神が皇孫の瓊瓊杵尊（ににぎのみこと）に賜ったという神勅――をもち出して，「大日本
帝國ハ萬世一系ノ天皇之ヲ統治」すること（ 1 条）を正統化した。そのた
め，統治は天皇大権中心主義をもって構成された。天皇大権には，官制大
権・任官大権（10条），統帥大権（11条），軍編制大権（12条），外交大権（13
条），厳戒大権（14条）などがあった。天皇大権の目的は，議会の権能に限界
を画することにあった。それゆえ，統治における権力に対する歯止めとして
の議会の役割は，かなり限定的なものであった。

　次に，大日本帝国憲法では，統治権は，立法・行政・司法に分けられ，帝
国議会・国務大臣（内閣）・裁判所がそれぞれを担当するものとされていた。
しかし，大日本帝国憲法では，「天皇ハ国ノ元首ニシテ統治権ヲ総攬」（ 4
条）するものという前提の下に，立法権は天皇にあり，帝国議会は協賛機関
にすぎず（ 5 条），行政権は内閣にはなく，国務各大臣が天皇を輔弼し（55条
1 項），司法権は天皇の名において裁判所が行う（57条 1 項），とされていた。
それゆえ，権力の分立は形式的なものにすぎず，権力を抑制するという点で
大日本帝国憲法の統治機構は弱かった。

　最後に，憲法に自然権の観念に立った権利を保障する規定を定めること

は，天皇主権との関係から問題であった。しかしながら，全く権利を保障する規定を定めないことは，憲法の欠陥と認識されたり，憲法の信用失墜を招いたりする恐れもあった。そのため，大日本帝国憲法は，居住移転の自由，信書の秘密，言論の自由，結社の自由といった権利を定めることとなった。だが，これらの権利は，天皇が臣下である民に与えた恩恵的権利でしかなく，「日本臣民ハ法律ノ範圍内ニ於テ居住及移轉ノ自由ヲ有ス」（22条）というように，法律の留保をともなう権利であった。法律の留保をともなう権利は，「法律の範囲内において」保障されているにすぎず，法律によればいかようにも制限することが可能であった。それゆえ，臣民の権利保障は，極めて限定的なものであった。

　確かに，大日本帝国憲法は，権力の分立と権利の保障を定めていたので，近代立憲主義憲法ではあった。しかしながら，上述した権力の分立と権利の保障の実態を見れば，大日本帝国憲法が立脚するのは，形式のみの近代立憲主義であった。そういう意味で，大日本帝国憲法は「外見的立憲主義」の憲法であった。

3　大日本帝国憲法の運用

　大日本帝国憲法は，天皇の権力の強さが際立っているが，そこには民主的契機がなかったわけではない。大日本帝国憲法は，「帝國議会ハ貴族院衆議院ノ兩院ヲ以テ成立ス」（33条）とし，「衆議院ハ選擧法ノ定ムル所ニ依リ公選セラレタル議員ヲ以テ組織ス」（35条）と規定していた。つまり，帝国議会の貴族院と衆議院の二院制，衆議院議員の民選は，憲法上の要請であった。また，法律の制定には帝国議会の協賛と天皇の裁可が必要であり，予算にも帝国議会の協賛が必要であったので，これらの権限を介して，とりわけ衆議院が国政上の影響力を行使する可能性が留保されていた。さらに，大日本帝国憲法には，「国務各大臣」の規定は存在するが，厳密にいえば「内閣」や「内閣総理大臣」の規定は存在しない。内閣は，勅令である「官制」により設置され，天皇のもとで政務担当機関となっていた。したがって，憲政のあ

り方は，内閣をいかなる政治勢力がコントロールするかにかかっていた。

　帝国議会の開設後，次第に衆議院における有力政党による内閣掌握が進み，大正期には比較的立憲主義的な政治が行われ，1925年には成年男子の普通選挙法が実現した。大正デモクラシー時代には，衆議院の有力政党による内閣運営がなされるようになった。この時期に，吉野作造の「民本主義」や美濃部達吉の「天皇機関説」などが唱えられた。だが一方で，統帥権の独立によって軍の権限が増大し，また現役武官大臣制の下で軍部が内閣をコントロールするようになった。日本の侵略政策の進展とともに1925年の治安維持法などに代表される臣民の権利・自由を制限する法律が次々と作られ，自由な言論や行動が規制されていった。そして，1931年の満州事変以後，統帥権の独立を盾に次第に軍部の独裁体制が確立し，侵略戦争の泥沼に入り込んでいった。

第2節　日本国憲法

1　日本国憲法の制定過程

　大日本帝国憲法に次いで日本で制定された憲法典は，日本国憲法である。日本国憲法は，国民により制定された憲法（民定憲法）である。先ずは，日本国憲法の制定過程を振り返ってみる。

　(1) ポツダム宣言受諾による日本の降伏

　第二次世界大戦末期の1945年8月14日，日本は，連合国の示した降伏条件であるポツダム宣言を受諾して敗戦を迎えた。ポツダム宣言は，「平和的傾向を有する責任ある政府の樹立」，「民主主義的傾向の復活強化」，「基本的人権の尊重の確立」などを要求するものであった。日本政府は，ポツダム宣言は必ずしも国民主権の採用を求めるものではないので，「国体」を護持できるし，また大日本帝国憲法を部分的な手直し程度に改正して，それを運用することでポツダム宣言の趣旨に沿うことができるとも考えていた。だが，ポツダム宣言の要求を忠実に果たすためには，天皇主権の大日本帝国憲法を根

本的に改正せざるを得なかった。

(2) 憲法改正案の準備と GHQ 草案の提示

　1945年10月11日，連合国最高司令官マッカーサーは，幣原喜重郎内閣に憲法改正の必要性を示唆した。日本政府は，松本烝治国務大臣を委員長とする「憲法問題調査委員会」（松本委員会）を設置し，憲法調査に着手した。松本委員長は，①天皇が統治権を総覧するという原則には変更を加えないこと，②議会の権限を拡大し，その結果として大権事項を制限すること，③国務大臣の責任を国務の全般にわたるものたらしめ，国務大臣は議会に対して責任を負うものとすること，④人民の自由・権利の保護を強化し，その侵害に対する救済を完全なものとすること，という「松本四原則」に基づいて改正作業を進めた。1946年2月，日本政府は松本案といわれる改正案を準備した。改正案が連合国最高司令官総司令部（GHQ）に提出される前，1946年2月1日に『毎日新聞』が松本委員会の試案をスクープした。その試案が余りにも保守的であったので，GHQ は，日本の民主化のために不適当であると考えた。そのため，マッカーサーは，GHQ 民政局に対して，独自の憲法草案を作成することを命じた。その際，マッカーサーは，①天皇の地位を憲法に基づくものとすること，②戦争を放棄すること，③封建制度を廃止すること，という3原則（マッカーサーノート）を示した。この原則にしたがって，GHQ 民政局は，憲法草案（GHQ 草案）を起草した。1946年2月8日，日本政府は「憲法改正要綱」を GHQ に提出した。それに対する回答として，1946年2月13日，外務大臣官邸において，ホイットニーGHQ 民政局長から松本国務大臣，吉田茂外務大臣らに対し，さきに提出された要綱を拒否することが伝えられ，その場で，GHQ 草案が手渡された。後日，松本国務大臣は，「憲法改正案説明補充」を提出するなどして抵抗したが，GHQ の同意を得ることができず，却って日本政府は，GHQ 草案に沿う憲法改正を求められた。これに応じた日本政府は，1946年2月22日の閣議において，GHQ 草案に沿う憲法改正の方針を決定し，同年3月6日，GHQ 草案に基づく「憲法改正草案要綱」を発表した。この要綱が日本国憲法の母体ともいうべきものであった。

（3）日本国憲法の成立

　「憲法改正草案要綱」のひらがな口語体での条文化が進められ，1946年4月17日，「憲法改正草案」として公表され，それが枢密院の諮詢に付された。1946年6月8日，「憲法改正草案」は，枢密院で可決された後，同年同月20日，「帝国憲法改正案」として第90回帝国議会に提出された。その後，「帝国憲法改正案」は，衆議院，貴族院での審議と若干の修正を経て，1946年10月7日に衆議院で可決された。議会を通過した「帝国憲法改正案」は，枢密院の審議を経て，1946年10月29日に天皇の裁可があり，同年11月3日に「日本国憲法」として公布され，翌1947年5月3日から施行された。これが現在の日本の憲法である。日本国憲法は，憲法の基本原理や理想を宣言した前文と，具体的な規定の11章103箇条から構成されている。

2　日本国憲法制定の法理

　日本国憲法は，実質的にはGHQの指導の下に制定された。ただし，手続的には，大日本帝国憲法73条により，帝国議会の議決を経て天皇の裁可により公布され，1947年5月3日から施行された。すなわち，日本国憲法は，大日本帝国憲法の改正手続を経て成立したのである。

　もともと日本国憲法は，大日本帝国憲法の天皇主権を廃止し国民主権を宣言することによって，憲法の性格を根本的に変更している。それにもかかわらず，日本国憲法への移行については，大日本帝国憲法の改正手続がとられている。しかも，日本国憲法の上諭は，この憲法が大日本帝国憲法の改正という形式でつくられたことを天皇の言葉で表明している。このような点に矛盾が生じ，日本国憲法は有効なのか否か，日本国憲法は大日本帝国憲法の改正なのか，それとも新しい憲法の制定なのかという意見の対立を招いた。

　そもそも憲法改正に限界があり，天皇主権から国民主権への改正は憲法改正の限界を超えるものであるから，無効であると主張する説がある。これに対して，有効説の中には，憲法改正には限界がないとして，天皇主権から国民主権への改正も可能であるから，日本国憲法は大日本帝国憲法の改正手続

によって成立したと主張する説（旧憲法73条説）や，憲法改正に限界があることを前提にしつつも，日本がポツダム宣言を受諾したときに，天皇主権が否定されたので，新しい原理に基づいて日本国憲法が制定されたと主張する説（八月革命説）がある。八月革命説は，ポツダム宣言を受諾したことによって天皇主権から国民主権へと一種の合法的な革命が起こり，その時点で大日本帝国憲法の基本原理が否定されたので，新憲法が国民によって制定されたと考えるのである。もっとも，この革命によって大日本帝国憲法が廃止されたわけではなく，その基本原理が変わった結果として，憲法の条文はそのままでも，その新しい基本原理に抵触する限り重要な変革をこうむったと解すべきである。したがって，この説によれば，新しい基本原理に抵触しない限度で大日本帝国憲法を運用することができることになり，表面上は大日本帝国憲法73条で改正することを認めることになる。

第3節　日本国憲法の基本原理

　日本国憲法は，基本原理として，国民主権，基本的人権の尊重，平和主義をあげている。

1　国民主権

　国民主権とは，国の政治のあり方を最終的に決定する権力または権威が国民にあるという原理である。

　日本国憲法は，前文1段で「ここに主権が国民に存することを宣言」するとともに，1条で象徴天皇の地位が「主権の存する日本国民の総意に基く」と定めている。これらの規定は，日本国憲法が国民主権の原理に立脚することを明らかにしている。また，日本国憲法は，前文1段で「国政は，国民の厳粛な信託によるものであつて，その権威は国民に由来し，その権力は国民の代表者がこれを行使し」，そして43条で「両議院は，全国民を代表する選挙された議員でこれを組織する」と定めている。これらの規定は，主権者で

ある国民が，原則として，代表者を選挙し，その代表者を通じて間接に政治に参加するという代表民主制を採用していることを明らかにしている。ただし，国民が直接的な形で，政治的な意思決定を表明するという直接民主制の採用を否定するものではない。日本国憲法では，直接民主制として，最高裁判所裁判官の国民審査（79条），地方自治特別法の住民投票（95条），憲法改正の国民投票（96条）が採用されている。

2　基本的人権の尊重

　基本的人権とは，人間が人間である以上，当然にもつ権利や自由のことをいう。日本国憲法は，「第3章 国民の権利及び義務」においてさまざまな人権を定めている。これらの規定の中で，日本国憲法は，11条で「基本的人権は，侵すことのできない永久の権利」であると明記している。この表現は，社会状態に入る前の自然状態において人は自然権を有する，という自然権思想に人権が由来することを反映している。つまり，人権は，国家が国民に恩恵的に与える権利ではなく，人が人であるというそのことだけで有する権利であることを示している。さらに，日本国憲法は，実質的に終章である「第10章 最高法規」の冒頭に掲げた97条で，基本的人権が永久不可侵の権利であることを再び宣言している。また，大日本帝国憲法下において個人が軽視されてきたことの反省にたって，憲法13条は「すべて国民は，個人として尊重される」と定め，個人の人格的価値が重視されることを確認している。このように，大日本帝国憲法が臣民の権利・自由を法律の範囲内で保障していたことに比して，日本国憲法は人権の保障を強化している。

　日本国憲法が保障する人権は，永久不可侵性をその本質とする。だが，個人は社会との関係を無視して生存することはできないので，人権もとくに他人の人権との関係で制約されることがあるのは当然である。そのことを，日本国憲法は，12条で，国民は基本的人権を「濫用してはならないのであつて，常に公共の福祉のためにこれを利用する責任を負ふ」，そして13条で，「国民の権利については，公共の福祉に反しない限り，立法その他の国政の

上で，最大の尊重を必要とする」と定めている。日本国憲法にいう「公共の福祉」は，人権と人権との衝突を調整するための原理である。

3 平和主義

日本国憲法は，前文2段において徹底した平和主義を高らかに宣言している。そして，憲法9条は，平和主義をさらに具体的に示している。この規定は，侵略戦争を含めた一切の戦争と武力の行使および武力による威嚇を放棄したこと，それを徹底するために陸海空軍その他の戦力の不保持を宣言したこと，国の交戦権を否認したことの3点を定めている。日本国憲法の基本原理のうち国民主権と基本的人権の尊重は近代憲法の系譜であるが，平和主義はそうではない。その意味において，平和主義が日本国憲法の最大の特色である。

【設　問】

(1) 近代立憲主義の観点から見て，大日本帝国憲法と日本国憲法には，どのような違いがあるかを論じなさい。

(2) 日本国憲法は，国民主権を宣言することで，憲法の基本原理を根本的に変更しているにもかかわらず，大日本帝国憲法の改正手続によって成立している。ここには，大日本帝国憲法の改正手続によって憲法の基本原理を変更できるのかという問題がある。そこで，この問題を解決する考え方について論じなさい。

(3) 日本国憲法の基本原理について論じなさい。

参考文献

芦部信喜（高橋和之補訂）『憲法（第7版）』（岩波書店，2019年）

稲田正次『明治憲法成立史（上巻・下巻）』（有斐閣，1960年・1962年）

佐藤幸治『日本国憲法論』（成文堂，2011年）

辻村みよ子『憲法（第6版）』（日本評論社，2018年）

野中俊彦ほか『憲法I（第5版）』（有斐閣，2012年）

宮沢俊義『憲法の原理』（岩波書店，1967年）

（片上孝洋）

第 **3** 講　国民主権と象徴天皇制

本講の内容のあらまし

　日本国憲法は，その基本原理として国民主権を採用している。国民主権とは，国の政治のあり方を最終的に決定する権力または権威をもつのは国民であるという考え方である。その一方で，日本国憲法は，大日本帝国憲法（以下，「明治憲法」という）において主権者であった天皇を日本国および日本国民の象徴として定めている。本講では，先ずは，主権の概念を踏まえながら，国民主権の基本的な考え方について説明する。そして，国民主権を採用した日本国憲法における天皇の地位とその権能などについて説明する。

第1節　国民主権

　近代立憲主義憲法において，国民主権は，国家統治の基本原理として重要な役割を担っている。国民主権とは，国民に主権がある，簡単に言えば，国民が政治の主役であることをいう。だが，国民主権という言葉から，主権とは何であり，その主権を国民がどのように行使するのかということを明確に読み取ることはできない。日本国憲法はその基本原理として国民主権を採用している以上，国民は，日本国の主権者として国民主権について基本的な内容を理解しておくべきであろう。

1　主権の概念

　主権の概念は，多義的であるが，概ね次の3つのとらえ方がある。

　1つ目は，国家権力が最高・独立である，つまり国家が他国からの干渉を受けずに独自の意思決定を行う権利を意味するというとらえ方である。憲法前文3段は「いづれの国家も，自国のことのみに専念して他国を無視してはならないのであつて，政治道徳の法則は，普遍的なものであり，この法則に従ふことは，自国の主権を維持し，他国と対等関係に立たうとする各国の責務である」と定めているが，ここにいう「主権」が最高・独立を意味する主権である。

　2つ目は，立法・行政・司法の国家権力を総称する統治権と同じ意味で使われるというとらえ方である。ポツダム宣言8項は「日本国ノ主権ハ本州，北海道，九州及四国並ニ吾等ノ決定スル諸小島ニ局限セラルベシ」と示しているが，ここにいう「主権」は統治権を意味する主権である。

　3つ目は，国の政治についての最終決定権を意味するというとらえ方である。憲法前文1段は「ここに主権が国民に存することを宣言し」と，また憲法1条は「主権の存する日本国民の総意に基く」と定めているが，ここにいう「主権」は最終決定権を意味する主権である。

2　国民主権の意味

(1) 主権の主体について

　君主主権を否定することは，君主以外の者すべてに主権があることになる。だが，主権のとらえ方によっては，君主主権を否定することが必ずしも国民主権につながるわけではない。国家権力が最高・独立であることを意味する主権の主体を巡る議論もかつては有用であった。そもそも国家が主権の主体であり，その最高機関の地位にだれが就くのかという側面からとらえようとする議論である。その議論の中心には国家法人説があった。つまり，明治憲法では国家の最高機関に天皇が就いていたが，日本国憲法ではそこに国民が就くように改められたという考え方である。だが，この考え方は，国家を前提とするものであり，憲法を前提とする国家のあり方を問うている近代立憲主義憲法の根幹に適合するものではない。それゆえ，日本国憲法におけ

る主権の主体は国家ではなく国民であるということが，主権を議論するうえでの出発点である。

(2) 国民主権の原理

　国民主権とは，国の政治のあり方を最終的に決定する権力または権威が国民にあるという原理である。国民主権の原理には，次の2つの要素が含まれている。

　1つは，国の政治のあり方を最終的に決定する権力を国民が行使するという要素である。この要素を権力的契機と呼んでいる。権力的契機では，現実に行使することができる権力を重視するので，国民主権にいう「国民」とは実際に政治的意思決定を行うことのできる国民，つまり有権者を意味する。また，民主制のあり方については，権力を重視する権力的契機は直接の権力行使を要請することになるので，直接民主制と結びつきやすくなる。特に，国の政治のあり方を定める憲法を改正する是非を最終的に決定する国民投票は，究極の権力的契機の現れである。

　もう1つは，国家の権力行使を正当づける究極的な権威が国民に存するという要素である。この要素を正当性の契機と呼んでいる。正当性の契機では，権威が誰にあるかを重視するので，国民主権にいう「国民」とは全国民を意味し，主権の保持者は全国民となる。また，民主制のあり方については，権力よりも権威を重視する正当性の契機は直接の権力行使を要請するわけではないので，代表民主制と結びつきやすくなる。

　日本国憲法における国民主権には，権力的契機と正当性の契機が併存していると考えられている。ただし，すべての国民が政治に直接に参与することは不可能であるため，正当性の契機の要素が強調されることになる。

(3) 国民主権と民主制

　民主主義国家において国民がもっている主権を行使するための制度としては，直接民主制と間接民主制がある。間接民主制は，代表民主制とも呼ばれている。

　直接民主制とは，代表者を通してではなく，国民が直接的な形で政治的な

意思決定を表明するという政治制度である。これに対して，代表民主制とは，民意を反映させるための選挙によって代表者を選出し，代表者を通して国民はその主権を間接的に行使するという政治制度である。

　確かに，直接民主制は，国民が自ら国の政治のあり方を決めるという国民主権の理念に最も適ったものであるといえる。しかし，現実として，全ての国民が一堂に会して，さまざまな問題について議論することは不可能である。そのため，日本国憲法は，代表民主制を基本として採用している。国会との関係においては，憲法上，国民より正当に選挙された代表者で構成される国会を国権の最高機関と定め（41条），議院内閣制の採用により国民の民主的統制が行政府にまで及ぶことを定めたところに大きな意義があるといえる。それと同時に，日本国憲法は，直接民主制として，最高裁判所裁判官の国民審査（79条），地方自治特別法の住民投票（95条），憲法改正の国民投票（96条）を採用している。

第2節　象徴天皇制

1　象徴天皇制の内容

(1) 天皇の地位の根拠

　天皇の地位について，日本国憲法は，「天皇は，日本国の象徴であり日本国民統合の象徴であつて，この地位は，主権の存する日本国民の総意に基く」（1条）と定めている。今日，天皇が日本国の「象徴」であるという認識あるいは理解は，国民の間に定着しているといえるであろう。それでは，天皇の地位は，その根拠をどこに求めるかが問題である。

　日本国憲法は，国民主権を採用しながら，「第1章 天皇」で天皇制を存置している。日本国憲法が存置する天皇制は，明治憲法の天皇制を引き継いだものではない。なぜならば，明治憲法の天皇制と日本国憲法の天皇制とでは，原理的に大きな違いがあるからである。

　明治憲法1条は，「大日本帝国ハ万世一系ノ天皇之ヲ統治ス」と定めてい

る。この規定は，天皇が国家の主権者であることを明記しているが，これに基づいて天皇の主権者たる地位が創設されるということを意味するものではない。明治憲法は，その告文で「皇朕レ天壌無窮ノ宏謨ニ循ヒ惟神ノ宝祚ヲ承継シ」と，また上諭で「国家統治ノ大権ハ朕カ之ヲ祖宗ニ承ケテ之ヲ子孫ニ伝フル所ナリ」と明記しているように，天皇の地位は，国家・国民の意思を超越する神によって授かったもの，すなわち神勅に基づくものとされていた。そして，天皇がその地位に基づいて制定したのが明治憲法である。したがって，天皇の地位は憲法に先行するので，明治憲法において天皇の地位を定める規定は，既にある天皇の地位を単に確認するものである。

　これに対して，日本国憲法は，前文1段で「日本国民は，……ここに主権が国民に存することを宣言し，この憲法を確定する」と定めている。また，日本国憲法における天皇の地位は，「主権の存する日本国民の総意に基く」（1条）ものであると定めている。日本国憲法は，国民が制定した憲法であり，主権の存する日本国民の総意を体現している憲法である。日本国憲法に天皇の地位を定める規定が置かれているということは，日本国民の総意として天皇制の存置を体現していることになる。したがって，日本国憲法における天皇の地位を定める規定は，天皇の地位を創設するものである。

　日本国憲法1条にいう「国民の総意」とは，日本が国家として何かを決定する際にかかわる国民全体の意思を意味する。ということは，天皇という地位の存在は，主権者である国民の自由な意思にゆだねられていることを意味する。したがって，日本国憲法における天皇制は，絶対的なもの，不可変更的なものではなく，国民の総意により可変的なものになったということである。そして，日本国憲法における天皇の地位は，もはや憲法改正の限界を構成せず，憲法改正により象徴天皇制を廃止することも可能である。

　上述した内容を踏まえれば，天皇制が続いているとしても，それは，日本国憲法で主権の存する国民の総意として，これまで続いてきた天皇制を断絶し，新たに象徴天皇制を創設したという点を看過してはならない。すなわち，日本国憲法は，国民主権という人類普遍の原理を採用しているので，そ

の下に象徴天皇制は存在するのである。

　(2)　象徴としての地位

　日本国憲法における天皇は，「日本国の象徴であり日本国民統合の象徴」
（1条）である。それでは，「象徴」とは何を意味するかが問題である。象徴
とは，抽象的な思想・観念・事物などを表現するために用いられる具体的な
事物を意味する。例えば，国旗で国家を，鳩で平和を表現するようなものと
言えば，象徴の意味をとらえやすいであろう。この例のように天皇をとらえ
れば，人々が天皇を見て日本の国を実感できるという意味であろう。日本国
憲法以前に法の規定として「象徴」という概念を用いたのは，1931年にイギ
リス議会で成立したウェストミンスター憲章（Statute of Westminster）であ
る。その前文は，「王位は，イギリス連邦諸国の自由な結合の象徴である
(the Crown is the symbol of the free association of the members of the British
Commonwealth of Nations)」と定めている。

　およそ国家の君主には，本来，象徴としての地位と役割とが与えられてき
たということも事実である。明治憲法の下でも，天皇は，象徴であると同時
に「統治権の総攬者」（旧憲法4条）でもあった。ただし，明治憲法において
は，統治権の総覧者としての天皇の地位の方が重要であったので，象徴とし
ての天皇の地位は影に隠れていたと考えられる。これに対して，日本国憲法
においては，統治権の総攬者としての天皇の地位が否定され，天皇は「国政
に関する権能を有しない」（4条1項）と定めている。天皇は国政に関する権
能をもたなくなった結果，象徴としての天皇の地位が前面に出てくることに
なったのである。それでは，日本国憲法において天皇が日本国の象徴である
と定めていることには，どのような法的な意味があるかが問題である。天皇
が日本国の象徴であるというのは，人々が天皇を見て日本の国を実感できる
かどうかという感覚の問題である。それは，憲法19条の思想および良心の自
由をもち出すまでもなく，それぞれの人の内心に関わる問題である。それゆ
え，天皇が日本国の象徴であると定めていることには，それ自体なんら法的
な意味をもつものではないと解されている。

(3) 天皇の元首性

明治憲法は，天皇を元首と位置づけていたが，日本国憲法には，そのような規定は存在しない。そのため，日本国憲法の下で，天皇は元首であるのかどうかという議論がある。ただし，元首という言葉は，その定義が明確に定まっているわけではない。この言葉は，一般には，特に対外的に国家を代表する国家機関という意味で用いられている。この用法の観点から見れば，元首となる国家機関のとらえ方はさまざまである。対外的に国家を代表して，条約を締結したり，外交使節を任免したり，全権委任状および大使・公使の信任状・解任状などを発する権能をもつのは，内閣または内閣総理大臣である。したがって，日本国の元首は，内閣または内閣総理大臣であるということになる。しかしながら，天皇は，条約の公布，全権委任状および大使・公使の信任状の認証，批准書その他の外交文書の認証，外国からの大使・公使の接受を通して十分，対外的に国家を代表する資格を有している。対外的に国家を代表するという意味において，日本国の元首は，天皇であるということになる。結局のところ，天皇が元首であるのかどうかは，元首をどのように定義するかという問題である。しかしながら，日本国憲法の象徴天皇制の下において，元首という概念自体に，なんらかの権限の有無を導くような法的な意味はないことがはっきりしている限り，天皇が元首であるのかどうかの議論にあまり重大な意味があるわけではないというとらえ方もできるであろう。ただ，元首とその地位がもつべき実質的な権能とを結びつけようとする意図をもって，元首という言葉の定義を論ずることは，それ自体が重大な問題である。

(4) 皇位の継承

日本国憲法は，「皇位は，世襲のものであつて，国会の議決した皇室典範の定めるところにより，これを継承する」（2条）と定めている。世襲とは，身分・財産・職業などを，嫡系の子孫が代々受け継いでいくことを意味する。憲法で世襲を認めることは近代憲法原理に反するが，憲法2条は皇室典範で世襲による皇位の継承を定めることを許容している。皇室典範1条は

「皇位は，皇統に属する男系の男子が，これを継承する」と定めている。「皇統」は天皇の血統を，「男系」は男子によって受け継がれる系統を意味する。そのため，皇位の継承資格は嫡男系の嫡出男子に限られている。この継承資格は，憲法14条の平等原則に反するという批判がある。しかしながら，憲法2条は皇統に属する男系の男子が皇位を継承するという伝統を背景として定められたものである以上，同条は，皇位継承者を男系の男子に限るという制度を許容しているものと解する。したがって，皇室の継承資格は憲法自体が認めた憲法14条の平等原則適用の例外である。もっとも，皇位の継承資格を嫡男系の嫡出男子に限定しているのは，憲法の要請ではなく，皇室典範がそのように定めているからであるととらえることもできる。明治憲法下の皇室典範は，憲法と対等の効力を有し，その改正・増補は皇族会議および枢密顧問の諮詢を経てなされ，議会の議決を経る必要はないとされていた。これに対して，日本国憲法下の皇室典範は，国会の議決によって制定され，国会の過半数の議決によって改正されうる一般の法律と同等の効力しか有していない。したがって，皇室典範を改正すれば，皇位の継承資格を変更することも可能である。

2　天皇の権能

(1)　国事行為

日本国憲法は，天皇の権能を大幅に限定している。憲法4条1項は，「天皇は，この憲法の定める国事に関する行為のみを行ひ，国政に関する権能を有しない」と定めている。すなわち，天皇の権能は，形式的・儀礼的な国事に関する行為のみを行うことに限られている。「国事に関する行為」（国事行為）は，具体的には憲法6条と7条に定められている。天皇の行う国事行為とは，国政に関する実質的な決定権を伴わない，形式的・儀礼的な行為にとどまるということについては，学説上争いはない。ただ，国事行為のなかには，国政に関連する行為もあるので，そのような行為がなにゆえに形式的・儀礼的なのかというとらえ方に関しては，2通りの考え方がある。

　1つ目は，国事行為のなかには，もともと国政にかかわる行為も含まれているけれども，その行為は，「内閣の助言と承認」によって行われる結果，形式的・儀礼的なものになるとする考え方である。例えば，「国会を召集する」とか「衆議院を解散する」という行為は，それ自体国政に関する実質的な決定権を伴うものである。だが，憲法3条によれば，すべての国事行為には「内閣の助言と承認」が必要とされているので，天皇は「内閣の助言と承認」に応じて国事行為を行っているのである。このようなとらえ方をすれば，実質的な決定権を伴う行為であっても，その権限を内閣に帰属させることができ，そして天皇には形式的・儀礼的な行為のみが残ると考えることが可能である。

　2つ目は，憲法4条1項の規定から明らかなように，天皇は国政に関する権能を有しないのであるから，天皇が行う国事行為はすべて，本来的に形式的・儀礼的行為であるとする考え方である。例えば，「国会を召集する」とか「衆議院を解散する」という行為は，それ自体形式的・儀礼的な行為であるから，天皇がそうするのではなく，すでに他の機関によって決定されたことを形式的・儀礼的に外部に表示するだけのものである。

(2) 内閣の助言と承認

　日本国憲法は，「天皇の国事に関するすべての行為には，内閣の助言と承認を必要とし，内閣が，その責任を負ふ」(3条) と定めている。国事行為には，すべて「内閣の助言と承認」が必要とされているので，内閣は，助言と承認を通して天皇の行うべき行為を実質的に決定していることに関して責任を負うのであって，天皇に代わって責任を負うのではない。また，天皇は，国事行為に伴う責任を政治的にも法的にも負わない。さらに，内閣は，天皇に対して責任を負うのではなく，直接的には国会に対して，究極的には主権者である国民に対して責任を負うことになる。ただし，内閣が負うのは，法的な責任ではなく，政治的な責任にとどまると考えられている。

　内閣の「助言と承認」は，別個の行為として行う必要があるか否かが問題である。内閣の「助言と承認」を必要とするのは，天皇の行為がすべて内閣

の意思に基づくことによって，天皇がその単独の意思によって行動すること
を禁じるという趣旨によるものである。そのため，その趣旨を確認すること
ができれば，内閣が助言と承認を別個の行為として行う必要はないと考えら
れている。

(3) 象徴としての行為——公的行為

　天皇の行為としては，国事行為と私的行為とがある。さらに，天皇は，国
会開会式で「おことば」を述べたり，外国を訪問したり，あるいは国民体育
大会などの各種大会へ出席したりするなどの行為も行っている。これらの行
為は，憲法 6 条と 7 条に掲げる国事行為のどれにも該当しないものである。
また，これらの行為は，天皇という立場において行われているものであるの
で，純粋な私的行為とみなすこともできない。それでは，このような行為を
どのようにとらえればよいのかが問題である。これらの行為を認める説は，
大きく分けると，三行為説と二行為説の 2 つがある。

　三行為説は，天皇には象徴としての地位に基づく行為，国家機関としての
地位に基づく行為，私人としての地位に基づく行為があるということを認め
ている。国事行為は，国家機関としての天皇の地位に基づくものであるか
ら，憲法の定めているものに限定される。しかしながら，憲法で象徴とされ
ている天皇は人間である以上，象徴としてなんらかの行為をなすことは，憲
法も当然予定しているはずである。それゆえ，天皇が国会開会式で「おこと
ば」を述べるなどの行為は，象徴としての地位に基づく公的行為であるとし
て認めたうえで，国事行為に準じて内閣がコントロールを及ぼすべきもので
あると考えられている。しかしながら，三行為説は，「天皇は，この憲法の
定める国事に関する行為のみ」を行うとする憲法 4 条 1 項の文理に反すると
いう批判がある。

　二行為説は，天皇には国家機関としての地位に基づく行為と私人としての
地位に基づく行為のみがあるということを認めたうえで，憲法 4 条 1 項の文
理を重視して，天皇の行為は憲法の定めているものに限定される。それゆ
え，天皇が国会開会式で「おことば」を述べるなどの行為は，憲法 7 条10号

の「儀式を行ふこと」に含まれると解することができる。だが，「儀式を行ふ」とは，通常は儀式を主催し執行する意味であるから，それに加えて儀式や各種の式典に参列する行為まで含むと解することは，文理上かなり無理があるという批判がある。そこで，国事行為以外の公的行為は認められないが，国事行為に密接に関連する公的行為のみを準国事行為として認めるべきであるという立場もある。公的行為を限定的にとらえようとする意図は妥当であるが，「密接に関連する」の意味が必ずしも明確ではないという批判がある。

(4) 国事行為の代行

憲法は，天皇が自ら国事行為を行うことができない場合には，他の者が天皇に代わって国事行為を行うことができる規定を定めている。

まず，憲法4条2項は，「天皇は，法律の定めるところにより，その国事に関する行為を委任することができる」と定めている。この規定に基づいて「国事行為の臨時代行に関する法律」が制定されている。この法律によれば，「天皇は，精神若しくは身体の疾患又は事故があるときは，摂政を置くべき場合を除き，内閣の助言と承認により，国事に関する行為を皇室典範第17条の規定により摂政となる順位にあたる皇族に委任して臨時に代行させることができる」と定めている。

次に，憲法5条は，「皇室典範の定めるところにより摂政を置くときは，摂政は，天皇の名でその国事に関する行為を行ふ」と定めている。皇室典範16条によれば，摂政を置くのは，天皇が成年に達しないとき，または精神・身体の重患か重大な事故により，国事行為を自らすることができないときである。摂政は，天皇の名で憲法の定める国事行為のみを行い，国政に関する権能を有しない。

3 皇室の経済

明治憲法の下では，皇室財産の公私の区別が曖昧であり，しかも皇室財産について皇室自律主義が採られていたので，帝国議会が十分なコントロール

を及ぼすことができなかった。これに対して，日本国憲法は，皇室の財産に関して憲法8条と88条の2箇条を設けることで，国会の民主的なコントロールが皇室制度に及ぶようにしている。

憲法88条は，「すべて皇室財産は，国に属する。すべて皇室の費用は，予算に計上して国会の議決を経なければならない」と定めている。この規定は，皇室の純然たる私有財産を除き，公的性質を有する皇室財産を国有財産に移管して，皇室財産の公私の区別を明確にするとともに，皇室の費用はすべて予算に計上して国会のコントロールを及ぼそうとするものである。

皇室の費用には，内廷費，宮廷費，皇族費がある。内廷費は，天皇，皇后その他の内廷にある皇族の日常の費用その他内廷諸費に充てるもので，毎年定額が支出される（皇室経済法4条1項）。内廷費は，御手元金といわれており，宮内庁が経理する公金ではない（皇室経済法4条2項）。宮廷費は，内廷諸費以外の皇室の公的活動費に充てるもので，宮内庁が経理する公金である（皇室経済法5条）。皇族費は，皇族としての品位保持の資に充てるためのもので，各宮家の皇族に対し年額により支出される。なお，皇族費には，皇族が初めて独立の生計を営む際に一時金として支出されるものと，皇族がその身分を離れる際に一時金として支出されるものがある（皇室経済法6条）。皇族費は，宮内庁が経理する公金ではない。

憲法8条は，「皇室に財産を譲り渡し，又は皇室が，財産を譲り受け，若しくは賜与することは，国会の議決に基かなければならない」と定めている。この規定は，天皇および皇族も資産を有することを禁じられるものではないが，皇室に大きな財産が集中したり，皇室が財産の移転を通じて特定の個人や団体と特別の関係をもったりすることを防止する趣旨である。

【設　問】

（1）主権の概念を説明したうえで，明治憲法と日本国憲法との主権の違いについて論じなさい。

（2）日本国憲法における天皇の地位の根拠について論じなさい。

(3) 象徴天皇制の意義を説明したうえで，天皇の国事行為の法的性格について論じなさい。

参考文献

芦部信喜（高橋和之補訂）『憲法（第7版）』（岩波書店，2019年）
浦部法穂『憲法学教室（第3版）』（日本評論社，2016年）
辻村みよ子『憲法（第6版）』（日本評論社，2018年）
野中俊彦ほか『憲法Ⅰ（第5版）』（有斐閣，2012年）
長谷部恭男『憲法（第7版）』（新世社，2018年）

（片上孝洋）

第 4 講　平和主義

----本講の内容のあらまし----

　近時，わが国を取り巻く「平和」環境に疑問が投げかけられている。従来からの対ロシアとの北方領土（歯舞群島，色丹島，国後島，択捉島）問題があり，韓国との竹島（韓国側は「独島」と呼称している。）問題がある。それぞれ1945（昭和20）年と1952（昭和27）年より占有されている状態である。そして，特に中国などが沖縄県の尖閣諸島（「尖閣列島」ともいう。中国では「釣魚群島」あるいは「釣魚島及びその付属島嶼」と呼称し，台湾では「釣魚台列嶼」と呼称している。）について領有権を主張し，2010（平成22）年の尖閣諸島中国漁船衝突事件，続く2012（平成24）年の日本政府による尖閣諸島国有化（国内法における私人から国への所有権移転）以降，領海・領空侵入を繰り返し，海上保安庁等との緊張状態を誘発している。さらに，北朝鮮による核実験や弾道ミサイル発射実験等々もあり，予断を許さない状況の時もあった。その状況下で，第二次安倍内閣は2014（平成26）年7月に閣議決定で憲法9条の解釈として集団的自衛権の限定的行使を認めるという解釈改憲を行った。今，わが国は「平和」をどのように実現するのか，という岐路に立たされている。

　本講では，日本国憲法における平和の制定過程を探ることにより平和の意義を考え，また憲法9条の解釈そしてその運用，さらに平和安全法制との関係について明らかにしたい。

第1節 平和主義条項の意義

1 成立過程と意図

　平和主義が憲法に採用された理由は，1941（昭和16）年8月の大西洋憲章，1945（昭和20）年7月のポツダム宣言，そして1946（昭和21）年2月のマッカーサー・ノートなどの国際的な動向，特にアメリカを中心とする連合国の動きによる影響がある。また，幣原喜重郎首相（当時）の平和主義思想がマッカーサー・ノートの1つのきっかけになったと考えられる。幣原首相は1946（昭和21）年1月にマッカーサー元師を訪問し，憲法改正を含めて，日本の占領統治について会談した際，戦争放棄という考えを示唆したと伝えられている。幣原は，天皇制の護持のために，戦争放棄というのが必要不可欠であると考えたのである。

　憲法前文2段で「平和を愛する諸国民の公正と信義に信頼して，われらの安全と生存を保持しようと決意した」として，国際的に中立の立場から平和を推進しようと述べている。

　続いて，「われらは，平和を維持し，専制と隷従，圧迫と偏狭を地上から永遠に除去しようと努めてゐる国際社会において，名誉ある地位を占めたいと思ふ。われらは，全世界の国民が，ひとしく恐怖と欠乏から免かれ，平和のうちに生存する権利を有することを確認する」としている。ここにおいては，戦争のない状況であるという意味での平和に言及するのみならず，飢餓等の貧困な状況からの脱出という意味での平和も含み，最後に「平和のうちに生存する権利」（いわゆる「平和的生存権」，後記第2節参照）にまで言及している。

　憲法前文の掲げる平和は，特に憲法9条で具体化されている。但し，平和について，憲法9条だけではなく，憲法13条も根拠にする説（田上穣治）もあるが，本講では，通説的見解にしたがい，憲法9条を中心として進める。

2　法的意義

平和主義の法的意義については，政治宣言説と法規範説が対立している。政治宣言説は，「政治宣言」にとどまるとする説である。法規範説は，規範的意義があるとする説である。

憲法規定そのものに，法的拘束力がないとか，単なる政治宣言であるなどの断りがない限りは，憲法の規定が法的拘束力をもつのは当然であるから，法規範説が妥当である。

なお，裁判の規範となりうるという裁判規範性は，また別の問題であるから，法規範でありながら裁判規範ではないということもありうる。

第2節　平和的生存権

1　学　説

「平和的生存権」とは，端的にいえば，平和なくして人類の生存も人権の保障もありえないという観点から平和そのものを人権としてとらえようというものであり，それを国民一人一人の人権であるとする考え方である。諸説により多少の違いはあるものの，憲法前文の「われらは，全世界の国民が，ひとしく恐怖と欠乏から免かれ，平和のうちに生存する権利を有することを確認する」としている部分が基本的に根拠とされる。憲法前文も憲法上の本則にあたるため法規範であることに異論はない。ただ，学説の一部には，平和的生存権につき，裁判規範性も認めることができるとする見解もある。

2　裁判規範性

平和的生存権に裁判規範性はあるのであろうか。概念自体がその主体・内容・性質などの点で不明確であり，人権の基礎にあって人権を支える理念的権利ということはできるが，裁判で争うことのできる具体的な法的権利性を認めることは難しいと考えられている。

また，判例は最高裁と下級裁判所とで判断が分かれている。たとえば，百

里基地事件の最高裁は「平和とは，理念ないし目的としての抽象的概念であつて，それ自体が独立して，具体的訴訟において私法上の行為の効力の判断基準になるものとはいえ」ないとし，私法上の文脈での裁判規範性を否定している（最判平元・6・20民集43・6・385）。自衛隊イラク派遣差止訴訟において，名古屋高裁は「平和的生存権は，現代において憲法の保障する基本的人権が平和の基盤なしには存立し得ないことからして，全ての基本的人権の基礎にあってその享有を可能ならしめる基底的権利である」とし，「局面に応じて自由権的，社会権的又は参政権的な態様をもって表れる複合的な権利ということができ，裁判所に対してその保護・救済を求め法的強制措置の発動を請求し得るという意味における具体的権利性が肯定される場合がある」としている（名古屋高判平20・4・17判時2056・74）。最高裁よりも，名古屋高裁判決の方が平和的生存権の認める可能性について言及している。

　平和的生存権の裁判規範性を肯定しているのは，長沼事件一審のみである（名古屋高判平20・4・17判時2056・74）。控訴審では否定され（札幌高判昭51・8・5行集27・8・1175），上告審では判断が回避されている（最判昭57・9・9民集36・9・1679）。

第3節　憲法9条の解釈における争点

1　戦争の放棄

　憲法9条1項は，「日本国民は，正義と秩序を基調とする国際平和を誠実に希求し，国権の発動たる戦争と，武力による威嚇又は武力の行使は，国際紛争を解決する手段としては，永久にこれを放棄する」と定めている。

　「国権の発動たる戦争」とは，単純に戦争と同じであることのほか，国家間における武力闘争のことをいう場合もある。また，「武力の行使」とは，宣戦布告なしで行われる戦争のことを指す。さらに，「武力による威嚇」とは，武力そのものを行使はしないものの，武力を背景に相手国などに自国の主張を強要することである。すなわち，憲法9条1項は戦争のみならず，そ

れに準ずるあらゆるものを禁止しているといえるのである。

　一方，「国際紛争を解決する手段としては」という留保が付いていることから，憲法9条1項についての解釈はわかれている。大きく①「一切の戦争」の放棄と捉えるべきであるとする説（以下，①説とする。），②「自衛戦争」は放棄していないと捉えるべきであるとする説（以下，②説とする。）の2つに分かれる。

　①説は，「国際紛争を解決する手段」という言葉について，およそ戦争はすべて国際紛争を解決する手段として行われるのであるから，すべての戦争が放棄されているとする。それに対して，②説は「国際紛争を解決する手段」という言葉を限定的に捉えて，ならば自衛戦争は放棄されていないとするのである。

2　戦力の不保持

　憲法9条2項前段は，「前項の目的を達するため，陸海空軍その他の戦力は，これを保持しない」とする。「前項の目的を達するため，」は，芦田均帝国憲法改正小委員会委員長の提案によるものであったことから，「芦田修正」と呼ばれている。

　2項前段でいう「戦力」の不保持については，Ａ「一切の戦力」を保持できないと捉えるべきであるとする説（以下，Ａ説とする。），Ｂ「自衛のための戦力」は保持できると捉えるべきであるとする説（以下，Ｂ説とする。）にわかれる。

　Ａ説は，「前項の目的を達するため」とは戦争を放棄するに至った動機を一般的に指すにとどまるとし，2項前段で一切の戦力の保持が禁止されていると理解する。それに対して，Ｂ説は，「前項の目的を達するため」を，侵略戦争をしないためと考え，ここにおいて禁止されているのは，侵略戦争をするための戦力をもつことであるとするのである。

　このように「前項の目的を達するため，」をどのように理解するかで見解が分かれている。

3 交戦権の否定

憲法9条2項後段は,「国の交戦権は,これを認めない」とする。

2項後段でいう「国の交戦権」の否定については,9条1項の解釈について「一切の戦争」の放棄と捉えるべきであるとする説に立ちつつ,2項前段の解釈について「一切の戦力」を保持できないと捉えるべきであるとする説に立てば(上記①説Ａ説の結果として),Ⅰ一切の「交戦権」の否定とする説(宮沢俊義,田畑忍,小林直樹)になる。9条1項の解釈について「自衛戦争」は放棄していないと捉えるべきであるとする説に立ちつつ,2項前段の解釈について「一切の戦力」を保持できないと捉えるべきであるとする説に立てば(上記②Ａの結果として),Ⅱ自衛権はもっているが一切の戦力を持てないことから,結局のところ一切の「交戦権」が否定されているとする説(鵜飼信成,佐藤功,長谷川正安)になる。9条1項の解釈について「自衛戦争」は放棄していないと捉えるべきであるとする説に立ちつつ,2項前段の解釈についてここで禁止されているのは侵略戦争をするための戦力をもつことであるとする説に立てば(上記②Ｂの結果として),Ⅲ自衛権はもっており,保持できないのは侵略戦争をするための戦力であり,自衛戦争のための戦力は保持できるとする説(佐々木惣一,西修,橋本公宣)になる。

Ⅱ説とⅢ説は憲法9条1項の「戦争」の放棄ということにつき,放棄しているのは侵略戦争であって,自衛戦争は放棄していないと考えるのに対して,同条2項前段の「戦力」の不保持について,Ⅱ説が自衛戦争をしないために戦力を持つこと一般が禁止されているというのに対して,Ⅲ説は侵略戦争をするための戦力をもつことは禁止されているが,自衛戦争をするための戦力をもつことは禁止されていないと,目的を限定的に捉えているのである。

4 政府見解

憲法9条について,本節1から3までのように,学説は大きく3つに分かれているが,政府見解は変遷している。当初より,憲法9条1項において自

衛権は肯定しているものの，同条2項前段の「戦力」の不保持の解釈について，変わってきているといえる。

1946（昭和21）年当初，吉田茂首相は「一切の戦争を放棄」としていた（昭和21・6・26〈衆議院・帝国憲法改正委〉吉田茂首相）。しかし，1950（昭和25）年の朝鮮戦争勃発で警察予備隊（自衛隊の前身）が作られた。「警察予備隊は軍隊ではない」とした（昭和25・7・30〈参・本会議〉吉田茂首相）。その後，1957（昭和32）年に岸信介首相は「自衛のための必要最小限度の力は違憲ではない，核兵器ももてる」とした（昭和32・5・7〈参・予算委〉岸信介首相）。これは，1978（昭和53）年の福田首相も同様の考えに立っている（昭和53・3・24〈衆・外務委〉福田赳夫首相）。

1972（昭和47）年に吉国一郎内閣法制局長官は，「戦力とは自衛のための必要最小限度を超える実力をいう」とした（昭和47・11・13〈参・予算委〉吉国一郎内閣法制局長官）。すなわち，自衛隊は，憲法9条2項の「戦力」には該当しないため，憲法違反ではないということである。現在の政府見解は基本的には，この考え方に立っているが，2000（平成12）年以降の，テロ対策特措法やイラク特措法等の有事法制の中身を精査すると，むしろ本節3でいうところの[Ⅲ]説に近い，あるいは立っているともいえる。

5　判　例

これまで最高裁が憲法9条についての見解を具体的に示したことはない。判例では概ね，高度に政治的な問題には司法審査が及ばないとする統治行為論や，裁判が進むにつれて原告の利益が失われた等で，正面からの判断を避ける傾向にある。憲法9条に関連する有名な判例は以下の5件である。

(1)　警察予備隊違憲訴訟

1952（昭和27）年7月，日本社会党の鈴木茂三郎が，警察予備隊令に基づく警察予備隊設置行為が憲法9条に違反するとして，違憲確認訴訟を最高裁判所に直接提起した。これについて，日本の違憲審査権は付随的違憲審査制とされ，警察予備隊の違憲性や憲法9条との関係については触れられなかっ

た（最大判昭27・10・8民集6・9・783）。

（2）砂川事件

1957（昭和32）年，アメリカ軍の使用する東京都砂川町（現在は立川市に編入合併）の立川飛行場の拡張工事に際し，基地反対派のデモ隊が基地敷地内に乱入し，旧安保条約3条に基づく刑事特別法違反として起訴された。

東京地裁（伊達秋雄裁判長）は，安保条約によって「我が国が自国と直接関係のない武力紛争の渦中に巻き込まれる虞があ」るとして，駐留米軍が憲法9条2項の「戦力」に該当し憲法違反であるとした（東京地判昭34・3・30下刑集1・3・776）。

跳躍上告の後，最高裁は憲法9条2項の「戦力」は我が国が主体となっているものであり，本件はそうではない。安保条約については高度の政治性を有するものであって，一見極めて明白に違憲無効であると認められない限り，司法裁判所の審査には，原則としてなじまない性質のものであると判示し，原判決を破棄し差し戻した。

なお，憲法は自衛権を否定していないとする政府見解を最高裁砂川事件においても是認された（最大判昭34・12・16刑集13・13・3225）。

（3）恵庭事件

北海道恵庭町にある自衛隊演習場付近において，自衛隊の演習騒音に悩まされていた被告人が，自衛隊基地内の演習用電信線を切断して，自衛隊法121条の防御用器物損壊罪違反で起訴された。

札幌地裁は，同121条に規定する「その他の防御の用に供する物」に電信線は該当しないとし，無罪とした。自衛隊の合憲性については，無罪の結論が出た以上，憲法判断に立ち入るべきではないとして，憲法判断を回避した（札幌地判昭42・3・29下刑集9・3・359）。

（4）長沼事件

防衛庁（現在の防衛省，以下同じ。）が北海道長沼町の山林にミサイル基地を建設しようとしたところ，それに反対する地元住民が，基地建設のために保安林の指定を解除した処分の取消しを求めて争った事件である。

　札幌地裁（福島重雄裁判長）は，自衛隊が憲法9条2項の「戦力」に該当し憲法違反であるした（札幌地判昭48・9・7判時712・24）。控訴審は住民の訴えの利益を否定し原判決を取消し，自衛隊と憲法9条との関係については，統治行為論を用いて判断を避けた（札幌高判昭51・8・5行裁例集27・8・1175）。

　最高裁は，訴えの利益の観点からのみ原告の主張を退け，憲法判断は行わなかった（最判昭57・9・9民集36・9・1679）。

　(5)　百里基地事件

　航空自衛隊基地の建設予定地である茨城県東茨城郡小川町百里ヶ原の土地を基地反対派の人物に売却した住民が所有権移転登記をした後，契約を解除して防衛庁との間に売買契約を結んだ。

　水戸地裁は，住民と防衛庁の契約は有効であるとした上で，自衛隊の合憲性については統治行為論を用いた（水戸地判昭52・2・17判時842・22）。

　東京高裁は，控訴を棄却し，最高裁は上告を棄却した（東京高判昭56・7・7判時1004・3，最判平成元・6・20民集43・6・385）。

6　小　括

　国連憲章51条では自衛権の存在を肯定している（後記第4節参照）ことから，国際法上は，我が国も自衛権を持っているといえるが，憲法上それがどのように制約されるかが問題となる。

　我が国は独立国である以上，本節「1　戦争の放棄」については，放棄しているのは侵略戦争であって，他国から一方的に攻撃さることに反撃することは否定されない。すなわち，自衛権はもっている。

　本節「2　戦力の不保持」については，当初なかった憲法9条2項冒頭の「前項の目的を達するため，」ということが修正段階で追加されたこと（いわゆる「芦田修正」）を考えれば，「自衛のための戦力」を保持できるといえなくもない。

　本節「3　交戦権の否定」は，本節1及び2からの帰結として，自衛権はもっており，保持できないのは侵略戦争をするための戦力であり，自衛戦争

のための戦力は保持できると考えるのが妥当である。

　2014（平成26）年7月の第二次安倍内閣による閣議決定前において，政府は自衛権の発動について，「①我が国に対する急迫不正の侵害があること，すなわち武力攻撃が発生したこと」「②これを排除するために他に適当な手段がないこと」「③必要最小限度の実力行使にとどまるべきこと」の三要件を示している（昭和29・4・6〈衆・内閣委〉佐藤達夫内閣法制局長官，昭48・9・23〈参・本会議〉田中角栄首相）。①及び②は自衛権の発動が許容されるための前提条件であるのに対して，③は自衛権の行使としての武力の行使が許される限度，いわば行使の要件ともいうべきものである。

　このように厳格に要件が明示されているとおり，日本国憲法が第二次世界大戦での敗戦という苦い経験を基にし，かつ明文上，「平和主義」ということを謳っていることを考えれば，本節3の Ⅲ 説に立ったとしても，使用方法や装備について自ずと制約が働くことは明らかであるといえる。

第4節　各種法制度の課題

1　個別的自衛権と集団的自衛権

　自衛権には個別的自衛権と集団的自衛権がある。個別的自衛権とは，自国に対する他国からの攻撃に反撃する権利であるのに対して，集団的自衛権とは，自国と同盟関係にある国に他国から攻撃が加えられた場合，自国に対する攻撃とみなして，他国に対して反撃をする権利である。

　国連憲章51条では，個別的自衛権及び集団的自衛権が独立国に存在することを明記している。この条項については，国連憲章51条によって各国にそれらが付与されたとみなすという説と，国連憲章51条はあくまで元々，自然権的に各国にあることを確認したにとどまるという説がある。もし，国連憲章によって付与されたと考えるならば，国際連合成立の1945（昭和20）年以前には，個別的自衛権及び集団的自衛権が認められないという可能性が生じるため，国連憲章51条はあくまで確認規定と考えるべきである。

　国連憲章上は，独立国であれば，個別的自衛権及び集団的自衛権はすべての国がもっているが，我が国は日本国憲法で制約されているということである。既述第3節の解釈を考えれば，個別的自衛権はもっている。しかし，集団的自衛権は持っていない。政府見解もそれを認めたことは一度もない。

　実務上の事例として，アメリカとの間に，日米安全保障条約（1951（昭和26）年）があるが，アメリカは我が国に対して，集団的自衛権に基づく相互防衛義務を負っているが，我が国はアメリカに対して，そのようなものはもっていない。2014（平成26）年7月1日の閣議決定前（後記2参照）の政府見解も集団的自衛権をもっていないことを認めていた。

2　集団的自衛権の限定的行使と平和安全法制

　2014（平成26）年5月15日，首相の私的諮問機関「安全保障の法的基盤の再構築に関する懇談会」（安保法制懇）の報告書を受けて，第二次安倍晋三内閣は臨時閣議において閣議決定を行い憲法解釈変更により，集団的自衛権行使への転換の方向性を示した。安倍首相は同日に記者会見し公表した〔読売新聞2014（平成26）年5月16日朝刊1面，朝日新聞2014（平成26）年5月16日朝刊1面〕。そして，同年7月1日夕方の臨時閣議において憲法9条の解釈としての「集団的自衛権の限定的行使」につき，閣議決定を行い，その後，安倍首相自ら記者会見を行った。すなわち，現行憲法下で我が国が制限付きでの集団的自衛権を行使できるという解釈改憲を，閣議決定で行ったのである。

　併せて，自衛権の行使についての三要件も変更された。旧三要件は「①我が国に対する急迫不正の侵害があること，すなわち武力攻撃が発生したこと」「②これを排除するために他に適当な手段がないこと」「③必要最小限度の実力行使にとどまるべきこと」であった。しかし，新三要件では「①我が国に対する武力攻撃が発生したこと，又は我が国と密接な関係にある他国に対する武力攻撃が発生し，これにより我が国の存立が脅かされ，国民の生命，自由及び幸福追求の権利が根底から覆される明白な危険があること」「②これを排除し，我が国の存立を全うし，国民を守るために他に適当な手

段がないこと」「③必要最小限度の実力行使にとどまるべきこと」とされ
る。特に①について、新要件では緩やかに、また広くされたことに特徴があ
る。

　その後、集団的自衛権の限定的行使に加え、対抗措置と駆け付け警護（いずれも後記4参照）の3つの事柄につき（さらに細かく分けると6つの類型になるが）審議を重ね、2015（平成27）年9月19日、自衛隊法、武力攻撃事態法、そしてPKO協力法等の10の法律改正と、国際平和支援法という1の新法を包括した平和安全法制が成立した（同30日に公布）。翌年2016（平成28）年3月29日に平和安全法制は施行された。

　憲法9条について、従来（2014（平成26）年7月1日の閣議決定前）の政府見解も主要学説も集団的自衛権を認めていなかった。これは従来の憲法解釈を大幅に変更するものである。また、集団的自衛権は平和主義や侵略戦争を謳う日本国憲法9条の規定から読み込むことは基本的には困難であろう。さらに、そもそも日本国憲法は立憲主義の憲法である。立憲主義というのは国民（ないし私人）が憲法によって国家権力を縛るという考え方である。縛られる側である国家権力が自分たちの都合で勝手に縛るものである憲法の内容を変更することは許されない。つまり、2014（平成26）年7月1日の閣議における解釈改憲はその限界を超えるものである。それには国民の同意は必要条件である。議会制民主主義の観点より、平和安全法制は内閣提出法案であるとしても国会（国会議員）の議決によって成立しているので国民の同意を得ているという見解も成り立つ。しかし、憲法の解釈のことは、通常の政策の可否（法案の可否）とは異なり、日本国憲法が最重要とする立憲主義に直接に関わることであることを考えれば、具体的に憲法改正案を示して国民投票に問うことが必要である。であるとすれば、国民の同意のないといえる平和安全法制は立憲主義に反し憲法違反ということになる。

　もし、集団的自衛権を主張したいのであれば、正々堂々と憲法改正するべきである。憲法改正論（ないし憲法政策論）として、限定的でありながらも、集団的自衛権を認めるか否かの問題であるが、集団的自衛権は個別的自

衛権に比べて，その限界を設定しづらい。たとえば，個別的自衛権であるならば，その地理的なものは我が国の施政下になり，その目的は我が国への侵害行為ということに限定されるが，集団的自衛権であるならば，地理的条件も目的も際限なく広がる可能性を秘めている。すなわち，極論すれば，地球の裏側での戦争に巻き込まれる可能性を秘めているということになる。したがって，もし憲法改正論として集団的自衛権を主張したいのであれば，なぜ集団的自衛権あるいはその改正案において提示する集団的自衛権モデルがなぜ必要であるのかを国民に提示する必要がある。

3　核兵器

俗に「NBC 兵器」という呼称される（「ABC 兵器」という言葉もあるが，"Atomic" だと「核」のみを指し，水爆等が含まれないため，「NBC」の方が一般的である）。核兵器（Nuclear weapon），生物兵器（Biological weapon），化学兵器（Chemical weapon）である。生物兵器と化学兵器は核兵器より安価にできることから「貧者の核兵器」であるといわれる。しかし，核兵器の破壊力は地球上で最も残酷なものであるといえる。

核兵器が実戦使用されたのは，歴史上 2 回であり，それは1945（昭和20）年 8 月 6 日の広島（ウラン型原子爆弾）と同年 8 月 9 日の長崎（プルトニウム型原子爆弾）である。我が国はこの経験を踏まえ，佐藤栄作首相が1967（昭和42）年12月に国会で答弁して以来，話題になり，1971（昭和46）年11月に国会決議となった，いわゆる非核三原則，核兵器を「作らず，持たず，持ち込ませず」を堅持している。

一方，日本国憲法には，「核兵器」についての記述はない。そこで憲法 9 条の趣旨との関係はどうなるのかということが問題になる。

過去の首相の発言では，核兵器といえども自衛のためならば，保持できるという発言（岸信介首相，前記第 3 節第 4 参照）もあるが，憲法 9 条が 2 回の原爆投下，そして敗戦という経験から誕生し，また，自衛権の発動は必要最小限であるべきことなどを考えれば，核兵器を持つことには問題があるであろ

う。

4　対抗措置の設置と PKO 活動等の拡大

　自衛隊の活動は，自衛隊法に規定されている。憲法9条から解釈できる自衛権に基づく活動は「防衛出動」（自衛隊法76条）のみである。それ以外の，海上警備行動（同法82条），対領空侵犯措置（同法84条），災害派遣（同法83条），治安出動（同法78条）等は警察権とし，警察官職務執行法を準用することになる。つまり「軍服を着た警察官」としての職務ということになる。そこで，正規の軍隊でない武装集団などによる離島占拠などの事態が発生した場合に，現行の自衛隊法の規定では対処できない可能性が生じる。

　平和安全法制において，政府は自衛権と警察権の間のグレーゾーンに対して，「対抗措置」というものを設定し，自衛隊法を改正した。

　また，自衛隊は現実に，1992（平成4）年以降，「国際連合平和維持活動等に対する協力に関する法律」（以下，「PKO 協力法」とする。「PKO」とは "Peace Keeping Operations" の略である。）に基づき，カンボジア暫定統治機構（UNTAC）を最初として，PKO に参加している。なお，湾岸戦争後1991年に，ペルシャ湾に海上自衛隊の掃海艇を派遣し，機雷除去を行ったが，これは PKO ではなく，自衛隊法99条（現84条の2）に基づく国際貢献である。

　PKO 協力法では，具体的な明示はないものの，各条項の中で，PKO の国連の基準である五原則が採用されている（同法3条等）。すなわち，「①　紛争当事者間で停戦合意が成立していること」「②　当該国を含む紛争当事者のすべてが，当該 PKO 及び当該 PKO へのわが国の参加に同意していること」「③　当該 PKO が中立の立場で行われること」「④　①〜③のいずれかが満たされない状況となったときは，我が国の部隊を撤収すること」「⑤　武器の使用は，要員の生命等の防護のために必要な最小限度のものに限ること」である。2015（平成27）年の改正では自己保存型及び武器等防護を超える範囲での武器使用の基準に緩和された。

　PKO 協力法における2015（平成27）年の改正では国際連携平和安全活動の

規定も挿入された。これは，国連が直接に管理しない治安維持活動のことであり，基本的には改正 PKO 参加 5 原則を満たせば活動できる。

　PKO 協力法における2015（平成27）年の改正での最大の特徴は，いわゆる「駆けつけ警護」が容認されたことである。「駆けつけ警護」とは，PKO などで海外に派遣された自衛隊が，離れた場所で襲われた民間人や他国部隊を救出する活動のことである。従来は，襲ってくる相手次第では，憲法が禁じる武力行使に該当するとして，法整備は行われてこなかった。

　対抗措置の設置や PKO 活動等の拡大について，憲法 9 条の趣旨と乖離しているかどうか，慎重に考える必要があるであろう。

【設　問】
(1) 政府見解に基づいて考えた際，いわゆる NBC 兵器の保有，集団的自衛権の行使，そして「国際紛争を解決する手段」としての戦争の中で，明確に否定されるものは何か。
(2) いわゆる「芦田修正」が挿入されたことにより，憲法 9 条 2 項前段の解釈のとらえ方にどのような差が生まれたか。
(3) 平和安全法制の何が問題か。

参考文献
樋口陽一・大須賀明編『日本国憲法資料集（第 4 版）』（三省堂，2000年）
藤井俊夫『憲法と国際社会（第 2 版）』（成文堂，2005年）
藤井俊夫『憲法と政治制度』（成文堂，2009年）
阪田雅裕編著『政府の憲法解釈』（有斐閣，2013年）
芦部信喜（高橋和之補訂）『憲法（第 7 版）』（岩波書店，2019年）
渋谷秀樹『憲法（第 3 版）』（有斐閣，2017年）

（岡田大助）

第 **5** 講　人権とは何か・人権の体系

┌─ **本講の内容のあらまし** ─────────────
「基本的人権の尊重」は日本国憲法の三原則の一つであり，憲法は詳
細な人権規定を設けて，その保障に重きを置いている。本講では，日本
国憲法における「基本的人権の尊重」の歴史的な意義を述べたうえで，
憲法が保障する様々な権利を性質により類型化し，その意義を論じる。
特に，異なる性質を持つ権利の間で，その保障の手段や，制約の可能
性，また違憲立法審査のあり方が異なることを説く。最後に，明文で規
定されていない権利を憲法の条文に読み込んでいく手法やその意義につ
いて論じる。
└────────────────────────────

第1節　はじめに：人権とは

　人権は，人が人として持つ固有の権利，すなわち他者によって奪われては
ならない権利のことを指す。

　人権は，権力の由来を説明し，政府の権力を制約する原理として用いられ
る。たとえばアメリカ独立宣言（1776年）は，人は生まれながらに創造主
(Creator) により与えられた不可侵の権利 (unalienable rights) を有し，そのう
ちには生命・自由・幸福追求の権利があると述べ，政府はこの権利を十全に
守るために人々の合意により形成されるものであるとする。従って，政府は
人々の権利を守ることに存在意義があり，その機能を果たしえないときには
人々はこの政府を廃し，新たな政府を作ることができる（革命権）。このよう
に人権はアメリカ独立革命を正当化するために用いられ，その後もアメリカ

合衆国憲法は，「人々の権利を守るために権力を制約する」という基本原理に立脚しながら発展してきている。

　人権は人が生まれながらに持つ固有のものであることを裏付ける考え方が，人権は創造主（神）により人に与えられたものであるという天賦人権思想である。人は神の下に平等であり，人としての本質に優劣はない。創造主がすべての人に付与する人権を，その僕である人が否定することはあり得ない。同格の人間として，人は皆，同じ権利を有する，ということになろう。

　このように，抽象的な次元では，人権は前政府的なもの，人が生まれながらに有するものと考えられている。しかし，国民国家を基本単位とする今日の国際社会において，人権は実際には各国の憲法あるいは法に規定され，保障される諸権利を指すことが多い。ただ，人が人であるゆえに固有の権利を有する，という考え方は，憲法上の権利の地位を補強し，国民から一時の政権を授かったに過ぎない統治者は安易にこれを侵害することはできない，という思想に裏づけを与えている。

　以上を踏まえ，本講において，人権とは，日本国憲法及びその下の諸立法によって保障されている権利とする。そして，こうした権利がどのような歴史的経緯で保障されるに至ったのか，そこにどのような内容の権利が含まれていて，現実の立法や社会を通じてどのように具現化されているか，またどのような制約を受けるかを論じていく。

第2節　日本国憲法と人権

1　大日本帝国憲法

日本国憲法における人権規定とその意義について理解を深めるためには，これ以前の大日本帝国憲法との比較が有用である。

　大日本帝国憲法はその第2章「臣民権利義務」において，臣民の権利を列挙していた。ところが，信教の自由について「安寧秩序ヲ妨ケス及臣民タルノ義務ニ背カサル限ニ於テ」（28条）という条件が付され，言論の自由につい

て「法律ノ範囲内ニ於テ」(29条) という条件が付されるなど，すべての権利
規定に明示的な留保が付されている。

　本来，憲法上の権利は立法の上位に位置し，政府あるいは政治的多数派に
よる立法を通じて剝奪することはできないものであり，そうでなければ権利
としての性質を為さない。ところが，大日本帝国憲法に列挙された「権利」
はすべて法律の制約を受けるものとされ，政府が認めた範囲で行使できるに
過ぎなかったのである。

　また，憲法上の権利を保障する手立てとして，司法権によるチェック機能
が今日存在するが，大日本帝国憲法では，裁判所に法律の合憲性を審査し，
憲法違反の法律を無効とする権能はなかった。従って，憲法上の権利を侵害
する法律を立法府が制定したり，憲法に反する行為を政府が行ったりして
も，これを止める憲法上の手立てはなかった (そもそも，憲法上の権利の保障が
法律の範囲内とされていたので，法律が憲法に違反する場合があるという，違憲立法審査
の前提となる考え方すらなかった)。このように，大日本帝国憲法における「権
利」とは，実質的な保障の手段を伴わない名ばかりのものであったのであ
る。

　結局，1930年代以降に国家主義と軍部の台頭を許し，思想統制，言論の弾
圧といった軍事独裁に特徴的な経過を辿って，日本は第 2 次世界大戦に突入
することとなった。

2　ポツダム宣言と日本国憲法

　第 2 次世界大戦の末期に連合国が日本に対して発した「ポツダム宣言」
は，終戦の条件として，軍国主義を排除すること，そして「言論，宗教及び
思想の自由並びに基本的人権の尊重」を通じて「民主主義的傾向の復活を強
化」することを掲げた。この宣言の受諾を淵源として，戦後，日本を占領し
た連合国軍総司令部の強い意向を受けつつ，新たな憲法である日本国憲法が
制定されるに至るのである。

　こうした経緯を経て，日本国憲法は，国民主権，平和主義，そして基本的

人権の尊重を三原則として制定された。この憲法に列挙された諸権利は，その内容，具体性，保障手段において，大日本帝国憲法から飛躍的に拡充されている。憲法97条では，「この憲法が日本国民に保障する基本的人権」について，「現在及び将来の国民に対し，侵すことのできない永久の権利として信託されたものである」と述べ，政府や政治的多数派によっても奪われ得ない「不可侵の権利」という考え方を強調している。

　また，憲法が法律の上位にあるとの位置づけが明確にされる。すなわち，憲法98条において憲法が「最高法規」であることが述べられ，さらにこれを徹底して，憲法の「条規に反する法律，命令，詔勅及び国務に関するその他の行為の全部又は一部は，その効力を有しない」と断じている。そして憲法81条では「最高裁判所は，一切の法律，命令，規則又は処分が憲法に適合するかしないかを決定する権限を有する終審裁判所である」と規定し，裁判所に違憲立法審査権を付与したのである。

　このように，大日本帝国憲法とは対照的に，憲法上の権利を法律に優越させ，憲法上の権利を法律が侵害する場合には，憲法違反として法律を無効化する権限を裁判所に与えているのが，現在の憲法である。

第3節　人権の類型化とその意義

　日本国憲法は具体的にどのような権利を保障しているか。ここでは，権利をその性質によって類型化して説きたい。また，このように類型化することの意義を，特に違憲立法審査権との関連で論じたい。

　人権の分類論には様々なものがあるが，日本国憲法の人権規定を類型的に把握する方法として，まず，自由権と社会権を分けることについては，広範な合意がある。これ以外にどのような類型化によって権利を把握するかは人により異なるが，類型の数が増えすぎると，結局条文の数だけ類型があることに近づき，類型化の趣旨が損なわれてしまう。このため，本節では自由権・社会権・参政権・平等権の4つの類型を重要な特徴のあるものとして論

じ，これに収まらない権利についてはその他の権利として論じたい。

1　自由権

　自由権とは，個人がある事項について自由に行う権利があることを宣言し，そのことに対する国家（政府）の介入を禁じ，ないしは抑制することを企図する一連の権利である。

　日本国憲法では，思想及び良心の自由（19条），信教の自由（20条），「集会，結社及び言論，出版その他一切の表現の自由」（21条），居住，移転及び職業選択の自由（22条），またこれに付随して「外国に移住し，又は国籍を離脱する自由」（同），学問の自由（23条）が保障されている。また，憲法29条が「財産権は，これを侵してはならない」と規定し，財産を私的に所有・活用し，また処分する自由を保障している。上記のうち，経済的活動に関わる憲法22条と29条は自由権のうちでも経済的自由に分類され，これ以外の，個人の内面やその発露に関わる諸権利は精神的自由に分類される。同じ自由権といっても，経済的自由と精神的自由はその性質が異なる。この点は後述する。

　また憲法18条において「何人も，いかなる奴隷的拘束も受けない。又，犯罪に因る処罰の場合を除いては，その意に反する苦役に服させられない」と規定しており，これは「人身の自由」を保障している。そして，この「人身の自由」の例外として掲げられる「犯罪に因る処罰」については，これを行うための刑事手続のあり方について憲法31条から40条にかけて広範かつ詳細な権利保障規定を置いている。

　自由権は自由を保障する性質である以上，これが問題となるのは，この自由は絶対的なものであるか，あるいは制約があるとして，どのような制約が認められるか，である。自由権に対する制約を政府が自在に行えるようでは，前節で論じた大日本帝国憲法同様，権利の権利としての性質を保ちがたくなる。従って，制約を例外的なものと捉えながら，許される制約をどのように厳格に定義するかが重要となる。

2　社会権

　社会権は，社会の一員として，社会の支えあいの中で保障されるべきもの，またその実現を国家に求めるものということができる。言い換えれば，社会生活の中で生じる社会的経済的弱者について，その地位に関わらず享受できる何かがあると考え，その欠落を補う役割を国家に求めるものである。

　日本国憲法は25条において「すべて国民は，健康で文化的な最低限度の生活を営む権利を有する」と宣言し，「国は，すべての生活部面について，社会福祉，社会保障及び公衆衛生の向上及び増進に努めなければならない」と定める。次いで憲法26条では「教育を受ける権利」を掲げ，憲法27条では「勤労の権利」を掲げた上で，「賃金，就業時間，休息その他の勤労条件に関する基準は，法律でこれを定める」と規定する。

　自由権が，個人の自由に対する国家の介入を警戒し，抑制しようとするのに対して，社会権は，むしろ国家の介入を求めるところに特徴がある。歴史的に社会権が登場してきたのは，資本主義経済の発展に伴い，社会的経済的格差が深まり，そのことによる失業や貧困，搾取といった社会的弊害が拡大したことが背景にある。そこで，経済活動に国が介入してでも，弱者を守るという社会権の発想が導かれるのである。

　たとえばアメリカでは，20世紀初頭には「自由放任主義経済（レッセ・フェール）」のもと，今日につながる巨大な資本を持つ企業が台頭した。その一方で，都市労働者や工場労働者が増加し，「機械の歯車」のごとく酷使されるなど，企業と労働者の主従関係が強まり，労働条件の悪化が社会問題化した。ところが，この時代に試みられた労働者保護のための立法は，当時合衆国最高裁で支配的だった「契約の自由」という考え方の名の下で，違憲とされたのである（代表的な判決名から，この時代は Lochner era とも呼ばれる）。また，個々の労働者の弱みを補うために労働組合が結成されると，これを企業活動を妨害する不正な結社として処罰する傾向さえ見られた。

　こうした自由放任主義の転機となったのが1930年代，大恐慌への対応の中でルーズベルト大統領が実施した一連の経済介入政策である。失業対策とし

ての大型公共事業の発注や，農産物の生産調整による価格維持施策など，政府が積極的に経済に介入し，経済的弱者を救おうとした。経済思想の転換ゆえにニューディール（New Deal）と呼ばれる。

　この歴史的経緯に照らすと，日本国憲法がたとえば労働者の権利に関して「賃金，就業時間，休息その他の勤労条件に関する基準は，法律でこれを定める」と定めたことの意義が一層明らかになる。歴史的には，雇う側と雇われる側の自由な意思決定に委ねられるべきと考えられていた賃金や就業時間について，今日の企業と労働者の主従関係の実情に照らせば，国の介入が必要であるという考え方が前提視されているのである。この規定を受けて，国は労働基準法を制定し，最低賃金や，労働時間の上限を定め，各地の労働基準監督局を通じて企業を監督している。

　「自由権から社会権へ」という流れは，このように，経済社会の進展に伴って，保障されるべき権利やそこにおける個人と政府の関係についての人々の認識が変化し，これが憲法に反映されたものということができる。日本国憲法特有の制定事情に限っていえば，これを起草したGHQ民生局のメンバーが，ルーズベルト大統領の感化を受けた「ニューディール派」であったことの影響もあろう。社会主義思想に近いものとして，アメリカでは未だに政治的論争の材料となる諸権利が，日本国憲法では初めから明文規定により保障されることとなったのである。

3　参政権

　参政権は，文字通り政治に参画する権利のことである。「公務員を選定し，及びこれを罷免することは，国民固有の権利」とする憲法15条により選挙権が保障されているほか，被選挙権も基本的に（一定年齢以上の）すべての国民に与えられている。

　自由権や社会権が国民と政府を対置させ，その関係性を定めるものであるのに対し，参政権は，国民自ら政治権力を行使し，政府に参画する権利を定めるところに特徴がある。

　これは国の行く末や国の資源の配分を決める権力を行使するということであり，二つの点で論争を呼びやすい。一つは，現在権力を持つ者から，これを持たない者にたいして，この権利を付与することを妨げようとする動きを生じやすいことである。目に見える形での権利の剥奪は難しいとしても，巧妙な形で，事実上，参政権の意義を抑制しようとすることも可能である。たとえば選挙制度や選挙区割りのあり方，議会審議のあり方などを通じて，一定の者（や政党）の発言力を強めることも可能であり，参政権を具現化する制度設計の次元で，政治家の駆け引きは尽きない。いま一つは，国家の政治権力の所在に関わる話であるため，他の権利に比して，国民と外国人の区別が強調され，正当化されやすい傾向である（この点は第6講で取り上げる）。

4　平等権

　日本国憲法は第14条で「すべて国民は，法の下に平等であつて，人種，信条，性別，社会的身分又は門地により，政治的，経済的又は社会的関係において，差別されない」として，平等に関する包括的かつ具体的な規定を置いている。

　アメリカ合衆国憲法は修正14条で「いずれの州も，いかなる人からも法の平等な保護を剥奪してはならない」と規定したが，誰と誰の間の平等を意味するのか，またどのような場面での平等を意味するのかは明示的に規定せず，判例の蓄積，発展に委ねられてきた。これに対して日本国憲法では，「人種，信条，性別，社会的身分又は門地」という差別待遇の根拠となってはいけない分類を明示し，さらには「政治的，経済的，又は社会的関係」という平等が求められる場面までも明示している。憲法制定時に，「平等」の実現にいかに重きが置かれていたかを示していると言える。

　さらに憲法は第24条で，男女の平等に特化した規定を置いている。すなわち，「婚姻は，両性の合意のみに基いて成立し，夫婦が同等の権利を有することを基本として，相互の協力により，維持されなければならない」として，婚姻関係における平等という基本原則を述べたうえで，家族関係に関す

るあらゆる事項について「法律は，個人の尊厳と両性の本質的平等に立脚して，制定されなければならない」として，立法府に具体的な指示を与える規定を置いている。

　選挙権及び被選挙権に関する憲法44条でも「人種，信条，性別，社会的身分，門地，教育，財産又は収入によつて差別してはならない」ことが明記され，国民主権，民主主義という基本原理の実現のためにも，国民の間に政治的平等を実現することが求められている。

　平等権のうちでも，包括的な規定である憲法14条の特質は，これが間接的に，様々な権利を要求する根拠になりうることである。憲法14条自体は何ら具体的な権利を明記しておらず，単に，政府は人々を平等に扱わなければならないと述べているだけである。そこで，具体的にどういう場面で平等な扱いが求められるかは，立法府及び司法による解釈次第ということになる。

　近年，憲法14条や24条を根拠に，差別的な立法が違憲とされ，従来権利を否定されていた者の救済を裁判所が図る事例が相次いでいる。たとえば2008年の国籍法違憲判決では，父親が日本人，母親が外国人である子どもについて，親の婚姻関係の有無を理由として日本国籍の取得を認めないことが不合理な差別であり違憲とされた。またその5年後には，婚外子の法定相続分を嫡出子の半分とする民法の規定が違憲とされた。日本国籍を取得することや，親の遺産の一定額を相続することは，それ自体は憲法上の権利ではない。しかし，憲法に「平等権」が存在することで，ある者に法的な権利を付与するときには，他の者にも，区別に正当な理由のない限り，同等の権利を付与するべきとの主張につながるのである。

　このような形で，「平等権」は，直接的には憲法上の権利ではない様々な権利について，これを不当に否定されたと感じる者が救済を求める根拠となっている。

5　その他の権利

　憲法はこれ以外に，17条で「公務員の不法行為により，損害を受けたと

き」に賠償を求める権利（国家賠償請求権）や，40条で，「抑留又は拘禁された後，無罪の裁判を受けたとき」に補償を求める権利（刑事補償請求権）を定める。また第32条は「裁判所において裁判を受ける権利」と規定する。

　これらは「国務請求権」と総称されることもあるが，本質的には，個人の権利を守るための様々な「制度」であると捉えるべきであろう。国家賠償請求権や刑事補償請求権は，不当な権利侵害に対する道義的・金銭的救済を求めるための仕組みであり，そのような仕組み（賠償や補償を請求される恐れ）があることで，公務員による権利の侵害を抑止する効果が期待される。また，裁判を受ける権利も，裁判所を介することで，不当な権利侵害を排し，公平な扱いを求めることができる，という制度的な保障であると言えよう。

　なお，憲法の人権規定の総則的規定と言える憲法13条を「包括的基本権」と分類することもあるが，これについては，第5節「新しい人権」で論じる。

第4節　人権の制約と違憲審査基準

　憲法12条は，憲法が保障する自由や権利について「国民は，これを濫用してはならないのであつて，常に公共の福祉のためにこれを利用する責任を負ふ」と規定する。そこで，「公共の福祉」を名目として，憲法が保障する自由や権利を制限することができるかが問題となる。

　かつては，憲法12条の「公共の福祉」が一般的に権利制限の根拠となり得るという説もあった。しかしこれでは，第2節で論じた大日本帝国憲法における，法律の留保が付され，政府がいつでも制約できる名ばかりの権利と同じになってしまう。また，憲法12条は，権利を行使する「国民」に対してそのあり方を訓示する内容となっており，だからといって，これを理由に「政府」が権利を制限してよいということにはならない。

　政府が権利を制限する場合，その根拠は別に求められるべきであろう。すなわち，憲法12条を根拠に一律に制限を正当化することはできず，権利の性

質によって，許される制約は異なると考えるべきである。この場面におい
て，前節で論じた類型論は有用である。そこで，以下類型ごとに制限のあり
方を論じる。

　まず，自由権については，本質的に最大限の自由が確保されるべきもので
ある。これらの権利は，その行使によって他人の重要な権利を過度に（不必
要に）侵害するものであってはならないといった，内在的な制約にのみ服す
るべきであろう。政府による制限は例外的な場合に限られなければならな
い。これに伴い，違憲立法審査権の行使に当たっても，自由権を制約する意
図あるいは効果を持つような立法に対しては，厳しい審査で臨むべきであろ
う。たとえば，やむにやまれぬ目的の上に，最小限の制約を科す手段でなけ
れば違憲である，とする厳格な審査が適切であろう。

　但し，自由権のうちでも経済的自由については，憲法22条と29条が明示的
に「公共の福祉」による制約を認めている。これらの権利については，「公
共の福祉」を理由とした政府による制限が認められていると考えるべきであ
ろう。またその理由としては，第3節の社会権のところで論じた通り，今
日，経済活動に対する政府の介入の必要性が認識され，憲法も経済的自由を
認める一方で，たとえば労働権に関する項目では，賃金や就業時間を法律で
規制することをあえて言明している。

　従って，経済的自由の制限に関する限り，違憲立法審査の場面でも，目的
と手段に一定の合理性があればこれを是認する緩やかな審査基準を用いても
よいと考えることができる。このように，精神的自由の領域と経済的自由の
領域で，許される制限に違いがあるとする考え方は「二重の基準」論とも呼
ばれる。

　次に社会権については，そもそも政府による「制約」が問題となるのでは
なく，逆にどの程度の保障を政府に求めることができるのか，ということが
問題となる。たとえば，「健康で文化的な最低限度の生活」を理由に，一定
の水準の福祉給付を求めることができるのかが，典型的な議論である。これ
については，社会権の各規定は政治的な目標を示したものに過ぎないとの

「プログラム規定説」，また，政治はこれを実現する義務を負うが，その方法については裁量を有するとする「抽象的権利説」，さらには，各規定から具体的な権利を導くことができ，司法を通じて現在の給付水準が憲法に適合するかどうかを判断することもできるという「具体的権利説」が唱えられてきた。詳細は各講に委ねるが，司法は概ね「抽象的権利説」の立場を採用していると考えられる。

　このほか，参政権や平等権を巡る諸問題については，該当する各講で詳述するが，これらの権利に関して，近年，最高裁判所は積極的に違憲立法審査権を行使し，権利の擁護を強めている。参政権や平等権を立法府が蔑ろにすることは難しくなっているのである。

第5節　人権条項の拡張解釈による「新しい人権」の保障

　最後に，憲法は，そこで明示的に保障された権利に留まらず，時代に即して，「新たな権利」を読み込んでいく余地を残していると考えることができる。憲法13条は，権利規定の冒頭に位置する総則的な規定であるが，そこでは「すべて国民は，個人として尊重される」としたうえで，「生命，自由及び幸福追求に対する国民の権利」に対する最大の尊重を「立法その他の国政」に求めている。

　そもそも「個人の尊重」という考え方は，大日本帝国憲法下の家族制度などにおいては見られなかったものであり，憲法制定の瞬間に国民の意識が変わったものとも思えない。従って，これは憲法制定時において，未来へ向けた指導理念（guiding principle）として挿入された文言と捉えるべきである。

　時代の推移を経て，「個人の尊重」という考え方が浸透し，またそれに付随する権利の意識も変わってくる。憲法13条はそれを予定した規定と言えるし，実際に，憲法13条を根拠として他に明文規定のない権利が主張され，これを司法が認めた例もある。たとえば，警察がデモ参加者の写真を撮影した事件に関連して，正当な理由なく個人の容貌を撮影することは憲法13条の趣

旨に反する，とした事件があり，ある種のプライバシー権を認めたものと言える（最大判昭44・12・24刑集23・12・1625，京都府学連事件）。最高裁はその後も個人情報をみだりに開示されない自由を憲法13条の一環として認めるなど，プライバシー権的な発想を認めてきている（最判平20・3・6民集62・3・665）。

　なお，アメリカの例では，合衆国憲法の修正5条（連邦政府への制限）及び修正14条（州政府への制限）の適正手続条項が「何人も，生命，自由，財産を適正な手続なしに奪われてはならない」としているところ，この「自由」の文言が20世紀後半以降，司法により拡張的に解釈され，政治的社会的論争を引き起こしている。というのも，この「自由」の文言を根拠として，「プライバシー権」が導き出され，さらにそのプライバシー権が，女性による妊娠中絶の選択に及ぶとされたり（中絶権論争），2015年の歴史的な最高裁判決で，同性愛者による結婚の自由が導かれたりしているのである。アメリカにおけるプライバシー権は意味が広く，プライベート（私的）な選択は，その人自身の意思に委ねられるべき，という自律（autonomy）を保障する意味を持つ。精神的にも物理的にも，プライベートな空間に政府が介入してはならない，という考え方である。

　日本国憲法13条が指導理念として掲げる「個人の尊重」や，そこにおいて包括的に保障されている「生命，自由及び幸福追求の権利」も，同様に広い可能性を内包するものである。「生命，自由及び幸福追求の権利」は，アメリカ独立宣言の文言を写したものでもあり，これを起草したGHQ民生局の人々の中では，拡張をし続けるアメリカ的な「自由」のイメージがあったことも想像に難くない。憲法制定から70年の間に，日本国民の間でも，何が個人の自由であり，権利であるかについての意識は変化しているだろうし，憲法13条の包括的な文言は，こうした新たな国民意識の受け皿になり得るのである。

【設　問】
(1) 人権を類型化する意義はどこにあるのか。国民，政府，裁判所それ

れぞれの観点から，異なる類型の持つ意味を論ぜよ。

(2)　憲法12条は「この憲法が国民に保障する自由及び権利は，国民の不断の努力によつて，これを保持しなければならない」と規定する。これは具体的にはどういうことであるか。憲法上の権利は，どのような場合に危機に直面し，どのような「努力」によって守られるべきと考えるか。

(3)　憲法が明示的に認めている権利以外に，今日，個人の権利として保障するべきことはあるか。また，その権利を憲法13条の規定の中に読み込んでいくことについて，肯定・否定それぞれの立場から論ぜよ。

参考文献

芦部信喜（高橋和之補訂）『憲法（第6版）』（岩波書店，2015年）

後藤光男編著『法学・憲法への招待』（敬文堂，2014年）

長谷部恭男『憲法（第5版）』（新世社，2011年）

毛利透『グラフィック憲法入門（補訂版）』（新世社，2016年）

（秋葉丈志）

第 **6** 講　人権の享有主体

┌─ **本講の内容のあらまし** ─────────────────────

　憲法は基本的人権を保障しているが，その保障が及ぶのか（人権の享
有主体であるのか），議論となってきた対象として，外国人，天皇・皇
族，そして法人が挙げられる。外国人については，憲法が国民主権に基
づいていることとの関係，天皇・皇族については憲法上，特別の地位を
持つことに由来する議論，そして法人については，自然人と同等に扱え
るのかという議論があり，以下，順次取り上げたい。また，公権力との
間で一般の国民とは異なる情況にある「特別権力関係」において，さら
には，私人間において，人権保障規定がどの程度及ぶのか，論じたい。
└────────────────────────────────────

第1節　外国人

1　総　論

　日本国憲法の下で，外国人はどの程度，権利の保障を受けるか。これにつ
いては，人権の定義に関わるが，広い意味で，人が人たるゆえに有する固有
の権利，ということで言えば，そもそも国民であろうとなかろうと関係のな
いはずである。従って，人間としての尊厳を保ち，人格の自律を尊重され，
野蛮ではない人間らしい扱いを受ける権利は，外国人であろうと有するはず
である。しかし，第5講で述べたように，人権と言っても事実上は憲法上の
権利を指すものとした場合には，より限定されたそれら具体的な権利の享有
主体が誰であるかが，議論となり得る。

　憲法は，そもそもは国民と政府の関係を規定する約束であり，そこにおい

て外国人（日本国籍を持たない者）の位置づけは曖昧である。憲法の諸規定に「国民は」と書かれているものと、「何人も」と書かれているものがあることから、前者は国民に限定された者で、後者は外国人にも適用されるという、文言に基づく解釈を試みる説（文言説）もあるが、必ずしも条文の文意が定かではない場合もあり、解釈の方法としては定着していない。

　そこで現在は、権利の性質によって、外国人にも適用されるものと、そうではないものがあるとして、個々の権利の性質に検討を加えたうえで判断をする考え方（権利性質説）が広く採用されている。

2　権利性質説の適用：マクリーン事件

　この問題の有力判例が、マクリーン事件における最高裁判決（最大判昭53・10・4民集32・7・1223）である。権利性質説の先例を築くとともに、その限界あるいは課題をも内包する点で、今日なお議論を深めるべき点が多い。

　同事件は、日本滞在中に当時盛り上がりを見せていたベトナム反戦運動に従事したとして、在留資格の更新を拒否された米国人が、思想・信条の自由などに違反するとして、その処分の取り消しを求めたものである。この事件で最高裁は、「基本的人権の保障は、権利の性質上日本国民のみをその対象としていると解されるものを除き、わが国に在留する外国人に対しても等しく及ぶものと解すべき」として、権利性質説を採用したうえで、「わが国の政治的意思決定又はその実施に影響を及ぼす活動等外国人の地位にかんがみこれを認めることが相当でないと解されるものを除き、その保障が及ぶ」と言及した。

　ところが最高裁はこのように述べた後、「外国人に対する憲法の基本的人権の保障は、……外国人在留制度のわく内で与えられているにすぎない」として、憲法上の権利の保障を受ける行為であっても、政府がこれを在留期間の更新の際の消極事情として考慮することは適法（消極事情として考慮されない権利までは保障されない）とした。マクリーン氏は思想・信条の自由や表現の自由を一応保障されるが、それらの権利を行使した結果として在留期限の更

新を否定されたとしても，憲法には違反しない，ということである。

　結果的には，基本的人権の保障が一応外国人にも及ぶとしつつ，根本的なところで，外国人には出入国の自由を認めず，かつ政治活動への参加を理由に在留資格の更新を拒否することも是認しており，外国人は，権利の享有主体としての地位は脆弱であるということになる。

3　外国人と社会権

　自由権と異なり，社会権については，権利として外国人にも保障を及ぼすべきかどうか，議論のあるところである。自由権と異なり，社会権は，国に対して何かを求める権利である。果たして，外国人に，日本国政府に対してそのような便宜を求める権利はあるのだろうか。たとえば，外国人も，社会保障や公教育を受ける権利を有するのだろうか。特に，給付を伴う社会保障は，外国人にもこれを及ぼす場合，その分国民の「取り分」が減るか，あるいは税金の増加といった形で国民の負担が増えるか，といった，ゼロサムゲーム（利益と同等の負担が生じる）になる。そこで，社会保障を外国人に及ぼすことについては，国民の抵抗が起きやすい。

　最近でも，外国人材の受け入れ拡大に伴い，公的医療保険の対象が，在住外国人の家族で海外に居住している者にも及ぶのかが議論となった。日本人であれば，たとえば留学中の子どもの医療費も親の保険でカバーされている。しかし，これを外国人の場合も同等に扱うか，ということである。

　社会保障については，現状，政策的に外国人にも適用を認めている領域があるものの，それは法的な権利としては確立していない。最高裁も外国人への生活保護の適用について「行政措置による事実上の保護対象にとどまり，同法に基づく受給権はない」としている（最判平26・7・18判自386・78）。実際，地域に永住資格をもって滞在する外国人が，病気等で困窮状態に陥った時，現実問題として，自治体がこれを放置することはできない。ゆえに人道上の見地から，こうした外国人にも生活保護は支給されている。しかしそのことと，外国人が憲法上の権利としてこうした保護を求めることができるか

は別問題であり，後者について，最高裁判決は否定したものである。

　なお同じ社会権であっても，労働基本権については議論のあるところである。長く国内外の批判を浴びてきたのが，日本の「技能実習」制度である。実習生が事実上労働基準法などの保護の枠外に置かれ，最低賃金以下の賃金で働かされ，長時間の過酷な労働，あるいは安全性を無視した危険労働を強いられているといった指摘がなされている。このような，法律の枠外に置かれた労働力の供給が拡大すると，結局，日本人労働者の労働に関する権利も無意味なものとなる。というのも，日本人の労働者が会社に対して賃金水準や労働条件の改善を求めた場合，その労働者が不可欠な存在であれば会社も交渉に応じざるを得ないだろうが，現在の水準あるいはそれ以下の水準で働く外国人が容易に見つかるのであれば，会社側は交渉に応じず，後者に頼ることが可能になる。従って，労働に関する権利を意味あるものとするためには，日本人と外国人の区別は避けるべきということになる。

　同様に，外国人の受け入れ拡大に伴って，外国人の子どもの教育が社会問題化している。現状，外国人の子どもは義務教育の対象外とされ，学校もまた，外国人の子どもへの教育については，任意に対応している状況である。従って，集住地域等で，外国人の子どもにも対応しようと試みる学校もある一方で，学校側の感度が鈍かったり，あるいはリソースが乏しかったりといった理由で，外国人の子どもが学習から取り残され，不登校となる「未就学」問題も起きている。特に子どもが今後も日本社会で暮していく場合，最低限の教育すら受けていなければ，その子の将来にとっても，社会にとっても，不利益となることが考えられる。「教育を受ける権利」を外国人の子どもにも認めていくことについて，時代の変化に即して検討を深めなければならないであろう。

4　外国人と参政権

　参政権については，現状では外国人による権利の享有が原則として否定されている。国民主権に基づき，国民が国のあり方を決めるという憲法の基本

原理から，国の権力を握り，あるいはそれを左右する力（すなわち参政権）
は，国民に限定されるべきであるとする考え方が根底にある。そして，同様
の理由から，直接的に公的な権力を行使する公務員としての就労について
も，外国人については制限されている。

　韓国籍の特別永住者が，外国籍であることを理由に，保健婦として，東京
都の管理職選考試験の受験を拒否された事件で，最高裁は「国民主権の基本
的な原理」から，「原則として日本の国籍を有する者が公権力行使等地方公
務員に就任することが想定されている」として，外国籍を理由として管理職
任用の道を閉ざすことは憲法に違反しない，とした（最大判平17・1・26民集
59・1・128）。

　但し，参政権のうち，地方参政権については，最高裁は，外国人に選挙権
を付与することは憲法上の要請ではないとしつつも，「住民の日常生活に密
接な関連を有する公共的事務は，その地方の住民の意思に基づき」行うと
いった憲法の定める地方自治制度の趣旨から，政策的な判断として，外国人
のうちでもその地域に住まう永住者等に権利を付与することは，憲法上禁止
されていないとの判決を下している（最判平7・2・28民集49・2・639）。

　一口に外国人と言っても，滞在資格のないいわゆる「不法滞在者」から，
数世代に渡って日本に居住し，ほとんど日本人と変わらない生活を送ってい
る特別永住者まで，法的な地位や，日本という国あるいはその住まう地域と
のつながりは様々である。また，一口に公務といっても，どの程度，公権力
としての権限・裁量や政策形成への影響を伴うかは，多様である。中央省庁
の管理職と，地方自治体の現業職員では，この点相当異なるだろう。

　外国人ということで包括的に権利を否定するのか，より精密に権利が否定
されてもやむを得ない場面とそうでない場面を選別していくのか，基本的な
姿勢が問われている。

5　マクリーン事件の再考：人権規範と権利性質説の調整

　あらためて，権利の享有主体としての外国人について考えるために，マク

リーン事件について検討したい。

　同判決の前提として，外国人には出入国の自由はなく，入国を認めるか，あるいは認める場合にどのような条件（期限や国内で許される活動などを定めた在留資格）で滞在を認めるかは，国（法務大臣）の広範な裁量に任されているという考え方がある。国民国家の基本的な構成要素として，領土の不可侵，主権の確立，国民の範囲の確定が挙げられるが，出入国はそのいずれにも関わると言える。この部分で政府のコントロールが効かなければ，国民国家としての一体性が問われることになる。こうした観点から出入国の許可に広範な裁量を認める議論には一理ある。

　一方で，これはいかなる行政裁量の場合も同様だが，裁量権の行使にも限界があり，その濫用は許されない。この点で，マクリーン事件の一審判決が，国の裁量権を前提としつつも，国が同氏の政治活動等を理由に在留資格の更新を認めなかったのは社会通念に反し，裁量権の濫用に当たるとして処分を取り消したことは，今日あらためて見直されてもよい。

　最高裁判決のように，憲法上の基本的権利を保障すると言いながら，それを理由とした不利益処分（事実上，国外退去にする処分）に制約がないと言うことは，当事者である外国人に強い萎縮効果をもたらす。「言論の自由は認めるが，政府にはそれを理由に逮捕する自由がある」という理屈は，国民に関しては成り立たない。主体が外国人，そして処分の性質が行政処分（在留期間更新の不許可）だったとしても，萎縮効果という点では，同等あるいはそれ以上である。事実上の国外退去という処分は当事者にとって影響が深刻で，これを回避するためには国の要求に従って言論を自制せざるを得なくなる。真に基本的権利を保障するのであれば，このような萎縮効果をもたらす姿勢は採るべきではないということになる。

　外国人の出入国に関する国の裁量は，その運用次第で，国内にいる外国人に対してあらゆる権利を事実上否定することにつながりかねない（在留資格を巡る不利益処分をちらつかせることで，権利の抑制が可能になる）。従って，この裁量は，基本的人権の尊重の枠内とすべきで，これを侵害するような裁量権の

行使は違法，とするマクリーン事件の東京地裁判決は，今日改めてその価値が再認識されてもよい。

第2節 天皇・皇族

1 象徴天皇と政治権力

今日，制度・慣行の両面で，天皇・皇族の人権（ここでは憲法により国民に保障された基本的権利）には，特殊な制約が多く付されている。

制度的制約の第一のものとして，天皇・皇族には，政治的問題，あるいはそれに限らず，全般に，言論の自由が事実上，否定されていることが挙げられる。その理由として，戦前の天皇主権の裏返しとして日本国憲法では国民主権が採用されるとともに，天皇について，一切の政治権力を否定し，「象徴」という地位が付与されたこと（第1条）がある。政治権力の否定は憲法4条の「天皇は，この憲法の定める国事に関する行為のみを行ひ，国政に関する権能を有しない」という規定により明文化されている。

本来，政治権力の否定は必ずしも政治的発言の封印を要するものではないが，現実問題として，歴史的，社会的に，天皇の影響力は強大であり，仮にも天皇が政治的見解を表明すれば，国民の多くが抱く天皇への崇敬の念からしても，国政において事実上無視できず，発言に即して優先的な対応を迫られる事態となろう。それゆえ，政治権力否定という原則に出て，発言の自由までをも抑制せざるを得ないというのが，実情となっている。

2 他の権利の制約

政治的言論の自由のみならず，天皇・皇族の発言や行動は，政府によって極めて慎重に管理されている。さらには，恋愛から結婚，出産に至るまであらゆる選択が国民の目線に晒され，かつ政府・政権の関心事でもあり，一般に国民が有する「プライバシーへの期待」はほとんどないと言えよう。かつて，皇太子が皇太子妃について，政府内に「人格を否定するような動きが

あった」と会見で苦言を呈し，物議を醸したことがある。それだけ耐え難い「私生活」への干渉があったことが推察される。

　加えて，憲法14条並びに24条が定める「婚姻の自由」や「両性の平等」も，天皇・皇族に関する限り，保障の枠外となっている。皇位の継承に関する皇室典範はその第1条において，「皇位は，皇統に属する男系の男子が，これを継承する」と定め，女子による継承を認めていない。さらには，皇族の婚姻に関しては皇族会議の議を要する場合など，皇室典範に詳細な規定があり，婚姻が「両性の合意のみに基いて成立」する憲法24条の基本原則が当てはまらない。

　天皇・皇族の地位については，日本国憲法下で，異質の法体系を為す「飛び地」であるとして，歴史的な事情からそうであることもやむを得ないとの考え方もある。しかしながら，憲法の基本原則である男女平等などに極力例外を作るべきでなく，皇位の継承等においても，その価値を反映して女子に同等の地位・権利を認めるべきといった主張もある。また，最近では皇族自身からも，より自由な発言や行動が散見されるようになり，皇室の内側からも，皇族の「国民」としての権利享有について，問いかけがなされつつある。

　象徴天皇あるいはそれに連なる皇族に求められる政治的中立や，威厳の維持と，人格権など天皇・皇族にも当然認められるべき人としての権利の間で，今後も慎重な調整が必要となろう。

第3節　法　人

1　法人は「人」なのか

　人権の享有主体でありうるか，議論されてきたもう一つの対象が「法人」である。八幡製鉄事件では，会社が政治献金を行うことが，会社の定款が定める目的を逸脱するものとして，株主訴訟が提起された。この訴訟で，最高裁は，政治献金を定款所定の範囲内であるとしたうえで，「憲法第3章に定

める国民の権利および義務の各条項は，性質上可能なかぎり，内国の法人に
も適用される」として，会社にも「自然人たる国民と同様……政治的行為を
なす自由を有する」とした（最大判昭45・6・24民集24・6・625）。このことか
ら，法人にも権利の性質に応じた人権の享有主体としての地位が認められた
と解されてきた。

　ただ，「法人」が「人権」を享有するという命題は，人権の歴史や意義か
らすると，問題がある。人権は，人が人として有する固有の権利である。こ
れに対して，法人は人間ではなく，あくまでも，団体に対して，一定の行為
について法律上の主体としての地位（「人格」）が，法律によって与えられて
いるに過ぎない。たとえば，法人としての会社の設立要件は会社法に規定さ
れ，会社としての権利能力もそこで規定される。そして，これらは国会が立
法を通じて随時改廃できるものである。これに対して，誰が「人間」である
かは法以前の問題であり，人間が人間として生まれ，それゆえに権利を持つ
から人権と呼ぶのである。

　憲法上の権利も，法に優越し，法以前に存在するものである。これに対し
て，「法人」の定義や権利能力は立法に委ねられていることからすると，憲
法上の権利は自然人としての国民を前提にしていると考えるべきである。そ
うでなければ，憲法が先にあり，そのもとで国民から選出された立法府に
よって，会社といった法人が作られるという順序が成り立たなくなる（会社
に，立法府に優越する地位を与えることになる）。憲法以前に存在する自然人と，
憲法の下で立法府により人為的に作り出された「法人」を，あたかも同格に
扱うかのような最高裁の論理は，人間の尊厳に対する挑戦とさえ言わざるを
得ない。

2　法人と個人の権利

　また，「法人」としての企業の政治活動の自由を認める結果，本来，憲法
上権利の保障が予定されている「自然人」たる国民の権利の方が抑圧される
可能性すらある。たとえば，大企業が，巨額の献金を通じて政治を動かすと

なれば，国民の一票一票，あるいは国民が政党に対して行う少額の寄付など意味を持たないことになる。政治資金の規制が必要とされるのは，こうした政治過程の歪みを防ぐためであり，企業の「政治活動の自由」はその観点からも制約される。

　最高裁は，近年の南九州税理士会事件判決では，税理士会による政治献金目的での特別会費の徴収が，加入する個々の税理士の思想信条の自由に違反し，税理士法に定める税理士会の目的の範囲外であるとした（最判平8・3・19民集50・3・615）。判決によれば，税理士は税理士会に加入する義務があり（強制加入団体），実質的に脱退の自由がないことから，こうした点について特に考慮を要するとのことである。

　このように，法人による政治活動の自由を巡っても，最高裁の判決は結論が分かれている。会社にとって政治活動が目的の一つと言えるなら，たとえば税理士会や弁護士会が，税理士や弁護士という職業に関わる法案について賛否を表明したり，会の立場に近い政治家を支援したりすることも，同様に会の目的に資するとは言えないだろうか。逆に，税理士会や弁護士会による政治活動が個々の会員の思想・信条の自由に違反すると言うのであれば，会社による政治活動もまた，個々の株主や社員の思想・信条の自由に違反することにならないだろうか。

　どのような場合に「法人」に権利が認められ，しかもその権利が自然人（法人に関わる個々人）の権利にさえ優越してよいのか，結論を異にする両事件は問いかけている。私見では，「法人」が憲法上の権利を享有する主体であるかどうかは，人権や憲法の本質から，そもそも問いとして不自然であり，会社法や会社の定款といった，当該法人を規律する法令や規則のもとで，どのような活動が法人の設立目的の範囲内と言えるのか，法の解釈の問題として捉えるべきであるように思う。

第4節 特別権力関係

1 特別権力関係とは

　公権力との関係で，特殊な関係に置かれ，一般国民の場合と異なりより包括的な「支配」を受け，それゆえに憲法上の人権保障規定の適用についても，一般国民と政府の間に比してより制限的な状態に置かれる身分を特別権力関係と呼ぶ。その例として，在監者と公務員について検討したい。なお，原則論として，日本国憲法の下では，基本的人権は最大限保障されるべきであり，公権力との間で特別の身分関係にある場合でも，そのことをもって包括的に権利が制限されると考えるべきでなく，権利保障を前提として，一時的な身分ゆえにやむを得ない正当な理由があって権利が制限される，あるいは司法の介入が抑制されることがあるとの理解に立つべきであろう。

2 在監者

　在監者については，特に刑が確定して服役している者については，そのような身分により（刑罰の一環として），収監され，行動の自由を束縛され，国民一般に保障された憲法上の権利に制約を受ける。但し，このことは日本国憲法が31条において「何人も，法律の定める手続によらなければ，その生命若しくは自由を奪はれ，又はその他の刑罰を科せられない」と定め，刑罰の一環として一定の「自由」が剥奪されることを想定していることから，憲法の権利保障の枠外と捉える必要はなく，むしろ枠内と捉えたうえで，どの程度の自由の剥奪が合理的な範囲内と言えるか，考えるべきとも思われる。いずれにしても，判例においては，在監者（但しこの場合は未決拘留者）の権利に関し，「逃亡及び罪証隠滅の防止という勾留の目的のためのほか……監獄内の規律及び秩序の維持のために必要とされる場合にも，一定の制限を加えられることはやむをえない」としつつ，こうした制限はその「目的を達するために真に必要と認められる限度にとどめられるべき」としている（最大判昭

58・6・22民集37・5・793)。

　なお刑事手続の原則に関わることであるが，有罪判決を受けて刑に服している者と異なり，未決勾留の者は，未だ裁判の結果を待っている状態であり，無罪推定の原則からすると，有罪が確定するまでは罪のない者として扱わなければならない。このことから，在監者といっても，未決勾留の者の権利の制限には一層の慎重さが求められるだろう。

3　公務員

　公務員については，自らも公権力を行使する地位にあり，その地位や職務の持つ性質ゆえに，一般国民に比して，憲法上の基本的権利について特別の制約を受けるものという考え方が（強い反対論の中で）受け入れられてきた。特に政治活動の自由，労働基本権に関して，多くの論争を生みつつ，判例上は一定の制約が容認されている。

　最高裁は「公務員の政治的中立性を損なうおそれのある公務員の政治的行為」について，「合理的で必要やむを得ない限度にとどまる限り，憲法の許容するところである」とした。そのうえで，実際には「やむを得ない限度」を相当緩やかに解釈し，「職種や職務権限，勤務時間の内外，国の施設の利用の有無等を区別することなく，あるいは行政の中立的運営を直接，具体的に損なう行為のみに限定されていないとしても」こうした禁止の合理性は失われないとしている。また，詳細は第16講に譲るが，労働基本権の制約についても，当初は最小限の制約に留めるべきとの姿勢を取っていたものが，その後判例を変更し，広範な制約を認め（全農林警職法事件），現在に至っている。

　欧米諸国などでは公務員が組合を結成し，あるいはストライキを行い，また政治的な見解を表明することはごく一般的に行われており，同様に国民主権と基本的人権の保障を掲げる日本で，なぜ公務員について過度な権利の制約が必要とされ，正当化されるのか，議論の余地は大きい。人は各々の職業に伴う職業倫理があり，公務員はその職業を遂行するうえでは，政治的偏向

を排すべきではあろう。しかし，だからといって，職業の遂行に直接関係の
ない，勤務時間外の私的な領域においてまで，基本的人権の制約に服すべき
かについては，慎重に吟味されなければならない。

第5節　私人間効力

　最後に，今日の社会の実態を反映して，憲法上の権利保障規定は私人間に
も適用されるかという問題がある。通常，憲法上の権利は，国家に対して私
人が主張する立場にある。しかし，当事者の双方が私人である場合にもこう
した権利の主張ができるのかという意味で，「私人間効力」の問題と呼ばれ
る。

　私たちは日常生活の中で，国のみならず，様々な社会的権力の影響を受
け，時にはそれによって人格を傷つけられるなどの不利益を被ることがあ
る。たとえば，会社が男女差別的な制度を採用して女性社員のキャリアを困
難にした場合。あるいは，マスメディアが個人のプライバシーを蔑ろにした
り，名誉を傷つけたりした場合。また，学校がいじめを黙認したり助長した
りして，被害者が退学に追い込まれたり，自殺するほどの状態に置かれた場
合。このように，私的な権力が，人の「権利」を侵害することがある。で
は，憲法の人権保障規定を根拠にして，こうした私的な権力に対して，司法
を通じてその行為をやめさせたり，制裁を科したりすることはできるのだろ
うか。

　この問題については，憲法上の諸権利は私人間にも直接適用されるという
直接適用説，逆に適用されないという無効力説（非適用説）もあるが，判例
は，憲法上の諸権利あるいはその背景にある価値観（たとえば男女の平等）が
民法等の法令解釈の際に規範として取り入れられて，結果的に私人にも及ぶ
との間接適用説を採用したものと解されてきた。

　最高裁は，在学中の政治活動を理由に内定を取り消された学生が起こした
訴訟の判決の中で，「場合によつては……民法1条，90条や不法行為に関す

る諸規定」の運用により，「基本的な自由や平等の利益を保護」する方法が
あるとしながらも，「憲法の基本権保障規定の適用ないしは類推適用」につ
いては，たとえ私人間で実質的に支配と従属の関係があったとしても，認め
られないとしたのである（三菱樹脂事件，最大判昭48・12・12民集27・11・1536）。

　最高裁が言及した民法 1 条は「私権は，公共の福祉に適合しなければなら
ない」などと定め，民法90条は「公の秩序又は善良の風俗に反する事項を目
的とする法律行為は，無効とする」と定める。この場合の「公共の福祉」の
中に，みだりに他人の権利を侵害してはならないとの考え方を読み込んだ
り，「公の秩序又は善良の風俗」の中に，基本的人権の尊重という考え方を
読み込んだりすることで，企業など私人の行為に対しても，憲法の人権規範
による統制を間接的に及ぼすことができるということである。

【設　問】
(1) 永住外国人に，地方参政権を付与すべきか。また，国政に関しては
　　どうか。両者は論理的に区別可能か。
(2) 裁判官が私的な会合で法案への賛否を述べたことに対して，裁判所
　　が懲戒処分を科すことは，思想信条の自由や表現の自由に違反しないか。
(3) マスコミや企業による人権侵害に対して，憲法を根拠に司法に救済
　　を求めることは可能か。また，こうした人権侵害を防ぐことを理由
　　に，国がマスコミや企業の活動に対し，何らかの制裁を伴って介入す
　　ることは，適切か。

参考文献

芦部信喜（高橋和之補訂）『憲法（第 6 版）』（岩波書店，2015年）
戸松秀典・初宿正典編著『憲法判例（第 8 版）』（有斐閣，2018年）
長谷部恭男『憲法（第 5 版）』（新世社，2011年）
長谷部恭男ほか編『憲法判例百選Ⅱ（第 6 版）』（有斐閣，2013年）

（秋葉丈志）

第 7 講 人権の制約原理

┌─**本講の内容のあらまし**─────────────────────────

　まず人権の制約原理としての "公共の福祉" についての典型的学説を
概観し，その意義と役割を考える。そして，公共の福祉にもとづく人権
制約の合憲性審査基準として，"比較衡量論" と "二重の基準論" につ
いて検討していく。その際，二重の基準論の根底にある "表現の自由の
優越的地位論" を確認する。さらに，表現の自由に使われる厳格な違憲
審査基準について，具体的に見ていく。その際には，できうる限り重要
な最高裁判例に言及していく。人権の分野では，憲法的に許される人権
制約なのか，それとも許されない人権制約なのかを明確に判断するため
に，その人権の特性にあった違憲審査基準を定立することが重要とな
る。よって，本講は決して軽視されてはならない。
└─────────────────────────────────────

第1節　人権の制約原理としての "公共の福祉"

1　公共の福祉の意味

　日本国憲法では，人権制約を正当化する原理として，"公共の福祉" とい
う文言が四か所で使われている。すなわち，人権総論の部分に位置する憲法
12条・13条と，人権各論の部分に位置する憲法22条・29条がそれである。こ
れらの公共の福祉を憲法体系上，どのように解釈し，位置づけるかは，憲法
制定以来，盛んに議論されてきた問題といえる（いわゆる公共の福祉論）。

　そもそも人権というものは社会性を有し，決して神聖不可侵なものではな
く，絶対無制約に認められるものでもない。すなわち，基本的人権は「公共

の福祉に反しない限り，立法その他の国政の上で，最大の尊重を必要とする」のであり（憲法13条後段），人権には公共の福祉とのバランスによる制限が課せられることは憲法の条文上からも明らかである。そこで，公共の福祉という文言の意味が問題になるが，きわめてラフに考えることが許されるならば，「社会全体に共通する幸福や利益」，要するに「みんなの幸せ」という意味と考えて間違いはなかろう。ただし，決して多数者がつねに優先されるわけではないことに注意が必要である。個人の自律と生存を最大限に尊重する"個人の尊厳"の原理（憲法13条前段）の下では，自由や権利とは99人が反対しても１人の人間がやりたいと思うことをできうる限り保障するものだからである。換言すれば，多数決原理にもとづく民主主義的決定に抗して，少数者がみずからの利益を護るために主張するのが自由や権利なのである。よって，多数者がつねに優先されるならば自由や権利を認めた意味がなくなってしまうのである。

2　ある新聞コラムから公共の福祉を考える

　2012（平成24）年４月17日付けの朝日新聞夕刊の「『窓』論説委員室から」というコーナーに掲載された「店主の言い分」と題したコラムが公共の福祉を考える上で非常に興味深い。

　東京のある下町において，火災の際に延焼を防ぐために道幅を広げた路地が，１軒だけ立ち退きに応じない家があるために，急に狭くなる場所があり，大地震が来たら火の海になりかねないと言われていた。そこで記者は，取材のために，頑固なあるじを想像しながらその家の敷居をまたいだ。すると，現れたのは，予想に反して，前掛けをした，にこやかな初老の男性であった。その商店主の男性は，町内会の防火責任者であり，近所の奥さん方と消防隊をつくっていた。そして，小学校で消火訓練を繰り返し，町内の見回りも欠かさず，消防署の表彰も受けていた。前年の３月11日の東日本大震災の時には，おびえる一人暮らしのお年寄りたちを集会所に集め，夜まで世話をしたという。

　記者が道路拡幅の話を振ってみると，店主は静かにこう語ったという。「ここは戦前の木造住宅が多いですが，大切なのは火をいかに出さないかです。道を広げ，古い家を団地に建て替えるのはいいですが，仮住まい先から結局，戻らない人もいるでしょう。今までも近所の助け合いでボヤのうちに火を消し止めてきました。街を造りかえるより，住民のコミュニケーションが大事だと私は思います。でも，もう仕方がないです。そろそろ立ち退きます」。記者はコラムの最後をつぎの言葉でしめている。「店主の言い分が正しいかはわからない。ただ，公共の福祉というものは，学校で教わったほど簡単ではない」。

　戦前の木造住宅が密集する下町において，火災による延焼を防ぐ方法としてまず頭に浮かぶのは，確かに区画整理による道路拡幅である。まさにそれが行政的発想であろう。しかし，そのためには住居の移転や建て替えが不可避となり，従来の地域コミュニティは崩壊してしまう。また，観光資源になりうる伝統ある老舗やなつかしい下町の景観も失われる。それは非常に惜しいことである。そして，道路拡幅には多額の税金が費やされるであろう。これに対して，店主が言うように，住民間のコミュニケーションを密にして，地域の団結力で防火するという方法もある。すなわち，みんなで消火訓練や夜回りを繰り返し，火災に注意し合うとともに，防火技術を学び，防火意識を向上させていく。これまでもそうやって火災を防いできたのであり，これからも十分に防げるはずである。店主の考え方は確かに少数派かもしれないが，より公共の福祉にかなっているのは店主の方ではなかろうか？ このように公共の福祉は決して多数決とイコールではないのである。

第2節　「公共の福祉」に関する学説の展開

1　様ざまな「公共の福祉」論

　憲法制定以来，「公共の福祉」の解釈については，様ざまな学説が主張されてきたが，ここで典型的な学説を概観していく。すでに過去の学説とな

り，歴史的意義しか有しない学説も多いが，それらを踏まえたうえであるべき公共の福祉の意味を考えることは必要不可欠であろう。

まず，①一元的外在制約説と呼ばれる学説がある。この学説は，憲法12・13 条の「公共の福祉」は，人権の外にあって，それを制約することのできる一般的な原理であり，基本的人権はすべて「公共の福祉」によって制約される一方，憲法22・29条の「公共の福祉」は，特別の意味を持たないとする。天皇機関説事件で有名な美濃部達吉が憲法制定直後に主張した学説である。しかし，この学説は，「公共の福祉」の意味を抽象的に「公益」とか「公共の安寧秩序」と捉え，しかもそれを最高概念として位置づけるので，法律による人権制限が容易に肯定される危険性があり，ひいては明治憲法における「法律の留保」のついた人権保障と同じ結果になりかねないと批判されている。

また，②内在・外在二元的制約説と呼ばれる学説がある。この学説は，大要，つぎのように主張する。すなわち，「公共の福祉」による外在的な制約が認められる人権は，その旨が明文で定められている経済的自由権（憲法22・29 条）と，国家の積極的施策によって実現される社会権（憲法25〜28 条）に限られる。これに対して，憲法12 ・13 条は訓示的ないし倫理的な規定であるにとどまり，憲法13 条の「公共の福祉」は人権制約の根拠とはなりえない。国家の政策的・積極的な規制が認められる経済的自由権や社会権以外の自由権は，権利が社会的なものであることに内在する制約に服するにとどまる。したがって，権利・自由の行使を事前に抑制することは許されず，それぞれの権利・自由に内在する制約の限度で，事後に裁判所が公正な手続によって抑制することだけが許される。これは，憲法制定直後に出版され，憲法概説書として有名な法学協会編『註解日本国憲法』（有斐閣）で主張された学説である。しかし，この学説に対しては，⑦憲法13 条を訓示的・倫理的な規定であるとすると，それを新しい人権を根拠づける包括的な人権条項と解釈できなくなるし，また，④自由権と社会権の区別が相対化しつつあるのに，両者の人権制約の限界を一方は内在的，他方は外在的と単純に割り切る

ことは妥当でない等の批判が加えられている。

　さらに，③一元的内在制約説と呼ばれる学説がある。この学説は，公共の福祉とは「人権相互の矛盾・衝突を調整するための実質的公平の原理」であり，この意味での公共の福祉は，憲法規定にかかわらずすべての人権に論理必然的に内在していると考える。そして，この原理は，自由権を各人に公平に保障するための制約を根拠づける場合（憲法12・13 条）には，「必要最小限度の規制」のみを認め（いわゆる「自由国家的公共の福祉」），社会権を実質的に保障するために自由権の規制を根拠づける場合（憲法22・29 条）には，「必要な限度の規制」を認めるもの（いわゆる「社会国家的公共の福祉」）として働くとしている。これは，終戦直後の日本の憲法学会をリードした宮沢俊義が主張した学説であり，現在でも通説的な地位にあると言われている。しかし，この学説に対しては，人権の具体的限界についての判断基準として，「必要最小限度」ないしは「必要な限度」という抽象的な原則しか示されず，人権制約の合憲性を具体的にどのように判定していくのか不明で，内在的制約の意味が明確を欠くだけに，実質的には，外在的制約説と大差のない結果となりかねないと批判されている。そこで，このような批判を受けて，一元的内在制約説を前提にしつつ，人権制約に関する具体的な違憲審査基準を準則化するために主張された憲法理論が比較衡量論や二重の基準論なのである。これらについては後に項をあらためて論じていく。

2　「公共の福祉」はあくまで人権衝突の調整原理

　前述したように，「公共の福祉」とは，大まかには「みんなの幸せ」「社会全体に共通する幸福や利益」，より詳しくは「人権相互の矛盾衝突を調整するための実質的な公平の原理」である。この点，公共の福祉があくまで人権相互の衝突を調整するための原理であるということは決して忘れられてはならない。例えば，人権体系上，優越的地位にたち，人権のチャンピオンと言われている表現の自由（憲法21条）でさえ，絶対無制約ではありえない。他人の名誉権やプライバシー権（いずれも憲法13条が根拠）を侵害する表現行為は

必要最小限度の制約を受けざるをえない。その制約を正当化するのが「公共の福祉」なのである。場合によっては，人権と衝突するのが他者の人権（個人的利益）ではなく，社会的利益や国家的利益の場合もある。例えば，善良な性的風俗（社会的利益）を護るためにわいせつ文書を制約する場合もあれば，国家機密（国家的利益）を護るために取材の自由を制約する場合もある。しかし，いずれにしても「公共の福祉」による人権制約が認められるのは利益が衝突した場合に限られる。前述した一元的外在制約説のように，「公共の福祉」の意味を抽象的な最高概念たる「公益」とか「公共の安寧秩序」と解して，一般的・外在的な人権制約根拠と位置づけるならば，利益衝突がないにもかかわらず，国家が国家の都合で恣意的に国民の人権を制約することが容易に肯定されてしまう。それでは，まさに明治憲法における人権保障と同じ結果になる。「公共の福祉」があくまで人権（利益）衝突の調整原理であるという点は，憲法を考える際にはつねに念頭に置かれなければならない。

第3節　比較衡量論

　前述したように，比較衡量（利益衡量）論は，一元的内在制約説を前提にしつつ，人権制約に関する具体的な違憲審査基準を準則化するために二重の基準論とともに主張された憲法理論である。そもそも比較衡量論とは，すべての人権について，「それを制限することによってもたらされる利益とそれを制限しない場合に維持される利益とを比較して，前者の価値が高いと判断される場合には，それによって人権を制限することができる」とするもので，個別的比較衡量とも言われる。比較衡量のかわりに利益衡量という用語が使われることもある。公共の福祉という抽象的な原理によって人権制限の合憲性を判断する考え方とは異なり，個々の事件における個別具体的状況を踏まえて対立する利益を衡量しながら妥当な結論を導き出そうとする手法であるから，柔軟に判断することができ，優れた一面を有していることは疑いがない。しかし，比較衡量論は，一般的に比較の基準が必ずしも明確でな

く，とくに国家権力と国民との利益の衡量が行なわれる場合には，概して国家権力の利益が優先される可能性が高いという点に根本的な問題がある。したがって，この基準は，国民が有する二つの人権（例えば，表現の自由とプライバシー権）が衝突した場合，それを調整するために，裁判所が仲裁者として働くような場合に原則として限定して用いるのが妥当であるとされている。

　この比較衡量論が違憲審査基準として使われた有名な判例としては，『石に泳ぐ魚』事件（最判平14・9・24集民207・243）がある。この判例の事案はつぎの通りである。すなわち，のちに芥川賞を受賞した柳美里が執筆した処女小説『石に泳ぐ魚』に登場する人物は，柳と交友関係にあった，顔面に腫瘍のある韓国人女性と酷似していた。すなわち，小説には，その韓国人女性が持っていた顔面の腫瘍，国籍，出身大学，大学での専攻，留学先，家族の経歴や職業などの属性をそのまま有する副主人公が登場し，しかも，奇怪な振る舞いや軽率な行動に出るなど，その言動や人格が随所で改悪され，その韓国人女性の心を深く傷つけるものであった。さらに，その小説では，顔面の腫瘍について，様ざまに侮辱的に描写していた。そこでその韓国人女性は，信頼関係にもとづき話した私的事実を承諾なく小説のモデルにされたことでプライバシーを侵害されたとして，柳と出版社に対して出版差止と損害賠償を請求した。第一審・第二審ともに韓国人女性の側が勝訴したため，柳・出版社の側が上告したものである。

　これに対して，最高裁は「人格的価値を侵害された者は人格権に基づき加害者に対し，現に行われている侵害行為を排除し，又は将来生ずべき侵害を予防するため侵害行為の差止めを求めることができる」とし，差止条件として「侵害行為の対象となった人物の社会的地位や侵害行為の性質に留意しつつ，予想される侵害行為によって受ける被害者側の不利益と侵害行為を差し止めることによって受ける侵害者側の不利益とを比較衡量して決すべきである」とした。そして，「（原告は）公的立場にある者ではなく……公共の利害に関する事項でもない」とし，「本件小説の出版等がされれば，被上告人の精神的苦痛が倍加され，被上告人が平穏な日常生活や社会生活を送ることが

困難となるおそれがある。そして，本件小説を読む者が新たに加わるごとに，被上告人の精神的苦痛が増加し，被上告人の平穏な日常生活が害される可能性も増大するもので，出版等による公表を差し止める必要性は極めて大きい」と判示し，上告を棄却して原告勝訴とした。この点，憲法21条の表現の自由の一環として認められる「出版の自由」と，憲法13条の幸福追求権の一環として認められる「プライバシー権」とが衝突する事案において，違憲審査基準として比較衡量の基準を使って利益を調整した結果，プライバシー権の方を優先し，最高裁で初めてプライバシー権にもとづく出版差止を認容した点で，きわめて注目に値する判決と言える。

第4節　二重の基準論

1　二重の基準論とは？

　人権制約に関する具体的な違憲審査基準として，比較衡量論とともに有名かつ重要なのが，アメリカの判例理論から生まれた"二重の基準論（double standard）"である。二重の基準論とは，精神的自由権と経済的自由権を対比した場合，精神的自由権を制限する立法は，それ以外の経済的自由権等を制限する立法より，厳格な基準によって審査されるべきとする理論をいう。

　それでは，なぜこのように精神的自由権は，経済的自由権よりも，厳格な基準によって審査されなければならないのか？ この点，二重の基準論の基礎には，"表現の自由の「優越的地位」論"がある。そもそも表現の自由は，①個人の人格を形成・展開させるために必要不可欠な人権であり（いわゆる「自己実現の価値」），また，②民主主義の維持・運営に直結している人権である（いわゆる「自己統治の価値」）。さらに，③「真理の最上のテストは，市場の競争においてみずからを容認させる思想の力である」というアメリカ最高裁のホームズ裁判官の言葉に象徴されるように，市民社会において表現の自由が十分に保障されることによって市民は真理への到達が可能になるのである（いわゆる「思想の自由市場」論）。このような表現の自由が持つ特別の価

値にかんがみ，表現の自由が人権体系上，特に優越的な地位にあるとして，表現の自由をいわば〝人権のチャンピオン〟と考えるのが表現の自由の優越的地位論である。この理論からすれば，人権のチャンピオンである表現の自由を含む精神的自由権は，特に尊重されなければならず，その制約は合憲性が厳格にチェックされなければならないことになる。また，経済的自由権（憲法22条・29条）にのみ特に「公共の福祉」の文言が規定され，制約可能であることが明示されているのは，憲法自体が二重の基準論を前提にしているものとも解しうる。さらに，経済的自由権の規制は，精神的自由権の規制と違い，社会・経済政策の問題と関係することが多いので，その合憲性判断には種々の困難な利益調整や政策判断を必要とするが，裁判所にはかかる能力が乏しい。このように，経済的自由権の規制の合憲性を裁判所が厳格にチェックすることは困難であることも二重の基準論の正当性を根拠づけよう。

2　具体的な違憲審査基準

　人権制約立法の合憲性を判断する場合，通常，①「立法目的」と②「立法目的を達成する手段」の二つの側面から具体的に考えることが行われている。さらに，厳格度の異なる三つの基準を事前に用意し，人権の重要性に応じて使い分けるのが学説の通説的見解である。まず，①立法目的が必要不可欠であること，および，②達成手段がやむをえない必要最小限度のものであることを要求する〝厳格な基準〟があげられる。これは最も厳しい基準であり，人権制約立法に違憲性の推定が働くような場面で使われる。つぎに，①立法目的が重要であること，および，②達成手段が目的との実質的関連性を有していることを要求する〝厳格な合理性の基準〟があげられる。ここにいう実質的関連性とは，事実上の関連性という意味であって，関連性が単に論理的に説明がつくというだけでは足りず，その立法が実際に目的を達成するための効果を有しているという立法事実の審査を必要とする。そして，①立法目的が正当であること，および，②達成手段が目的との合理的関連性を有していることを要求する〝合理性の基準〟があげられる。ここにいう合理的

関連性とは，説明原理としての論理的な関連性という意味であって，立法事実をあげつらう必要はない。原則として合憲性が推定され，立法者のいちじるしい裁量逸脱がみられない限りは合憲であるとされる基準である。この点，違憲審査の厳格度は，厳格な基準＞厳格な合理性の基準＞合理性の基準となる。そして，㋐精神的自由権には厳格な基準（例外的に，厳格な合理性の基準）が，㋑経済的自由権等のそれ以外の人権には厳格な合理性の基準か合理性の基準が使われるとするのが学説の通説的見解である。

3　表現の自由の違憲審査基準

　人権のチャンピオンである表現の自由であっても，もちろん公共の福祉（憲法13条）による制約を免れないが，人権体系上，優越的地位を有する人権ゆえ，その規制の合憲性については原則として厳格な基準により判断されるとするのが学説の通説的見解である。さらに，表現の自由が不当に侵害されないように表現の自由に独自の様ざまな個別具体的な違憲審査基準が学説上，主張されている（ただし，最高裁は，表現の自由について多くの場合に厳格な基準を使わず，"必要かつ合理性の基準"というきわめて緩やかな抽象的基準で判断し，合憲判決を下していることはのちに見る通りである）。

　まず，①文面審査としては，（1）萎縮的効果（いわゆるチリング・イフェクト。違憲と判断されることを恐れて，自ら行為を差し控えてしまうこと）があればそれだけで違憲となる"漠然不明確ゆえに無効の法理"や"過度に広範ゆえに無効の法理"。（2）「通常の判断能力を有する一般人の理解において，具体的な場合に当該行為がその適用を受けるものかどうかを判断する基準が読み取れない場合」には，違憲となる"明確性の原則"（徳島市公安条例事件／最大判昭50・9・10・刑集29・8・489）。（3）表現の自由に対する制限は原則として事後的制裁によらなければならず，表現が行われる前に事前の制約を課すことは原則として禁止される"事前抑制の原則的禁止の法理"（『北方ジャーナル』事件／最大判昭61・6・11民集40・4・872）。（4）「行政権が主体となって，思想内容等の表現物を対象とし，その全部又は一部の発表の禁止を目的として，

対象とされる一定の表現物につき網羅的一般的に，発表前にその内容を審査
したうえ，不適当と認めるものの発表を禁止すること」は「検閲」として絶
対的に禁止されるとする“検閲禁止の法理”（札幌税関検査事件／最大判昭59・
12・12民集38・12・1308）などが主張されている。また，②表現内容の規制に
対しては，㋐近い将来，害悪が発生することが明白であり，㋑その害悪が重
大であり，㋒当該規制手段以外に害悪を避けることができない場合にのみ，
その人権制限が合憲となるとする“明白かつ現在の危険の基準”が主張され
ている（泉佐野市民会館事件／最判平 7・3・7 民集49・3・687）。さらに，③表現
の時間・場所・方法の規制（いわゆる「表現内容中立規制」）に対しては，ある
人権が制限されている場合，その制限の目的を達成するためにより緩やかな
他の手段があるのであれば，その制限は違憲であるとする“LRA の基準
（「より制限的でない他の選びうる手段」の法理）”が主張されている（猿仏事件／旭川
地判昭43・3・25下刑集10・3・293）。

4　判　例

　最高裁判所が具体的に判例理論として二重の基準論を採用したと解される
ものとして，経済的自由権（そのうちの職業選択の自由）の制限についての薬局
開設距離制限事件判決（最大判昭50・4・30民集29・4・572）がある。事案とし
ては，薬局を開設しようとした者が知事に開設の申請を行ったところ，薬事
法の薬局開設の距離制限規定（おおむね100メートル）に抵触するとして不許可
処分を受けたので，その取消を求めて出訴したものである。この点，最高裁
は「職業はその性質上，社会的相互関連性が大きいから，職業の自由はそれ
以外の憲法の保障する自由，殊にいわゆる精神的自由に比較して，公権力に
よる規制の要請が強い。憲法22条 1 項が『公共の福祉に反しない限り』とし
たのも特にこの点を強調する趣旨に出たものと考えられる」とまず二重の基
準論を採用することを明らかにした上で，「それが自由な職業活動が社会公
共に対してもたらす弊害を防止するための消極的，警察的措置である場合に
は，許可制に比べて職業の自由に対するより緩やかな制限である職業活動の

内容及び態様に対する規制によっては右の目的を十分に達成することができないと認められることを要する。薬事法に基づく薬局等の適正配置規制は，不良医薬品の供給や医薬品濫用の危険を防止するための警察的措置であるが，目的と手段の均衡を欠く」と述べ，この距離制限がいわゆる消極的・警察的規制であることを理由に憲法22条１項に違反するとしている。

　しかし，ここで注意しなければならないのは，精神的自由権が経済的自由権と比べより重要だから厳格に審査されるべきことを理由に，精神的自由権に対する規制を違憲と結論づけた最高裁判例は皆無であることである。例えば，表現の自由の規制に対する違憲審査についても，最高裁は二重の基準論を採用しておらず，むしろいわゆる〝必要かつ合理性の基準〟というかなり緩やかな違憲審査基準を使って合憲と判断することが多い。最高裁で二重の基準論が使われて精神的自由権の規制が違憲とされたことはなく，二重の基準論が使われるのはあくまで経済的自由権の規制のみである点は，学説上，あまりに恣意的であると批判されている。

　最高裁で表現の自由に〝必要かつ合理性の基準〟が使われた典型的な事例が立川反戦ビラ配布事件（最判平20・4・11刑集62・5・1217）である。事案としては，イラク戦争時，立川自衛隊監視テント村のメンバー３名が，関係者以外の立入りやビラ等の配布を禁止する旨が記載された貼札を無視し，「自衛隊のイラク派兵反対！」等と書かれた反戦ビラ（A４版）を自衛隊駐屯地の官舎の戸別郵便受けに投函したところ，住居侵入の容疑で逮捕・起訴されたものである。これに対して，第一審の東京地裁八王子支部（東京地八王子支判平16・12・16判時1892・150）は「被告人らによるビラの投函自体は，憲法21条１項の保障する政治的表現活動の一態様であり，民主主義社会の根幹を成すものとして，同法22条１項により保障されると解される営業活動の一類型である商業的宣伝ビラの投函に比して，いわゆる優越的地位が認められている」と表現の自由の優越的地位論にたち，「商業的宣伝ビラの投函に伴う立ち入り行為が何ら刑事責任を問われずに放置されていることに照らすと……防衛庁ないし自衛隊又は警察から正式な抗議や警告といった事前連絡なし

に，いきなり検挙して刑事責任を問うことは，憲法21条 1 項の趣旨に照らして疑問の余地なしとしない。……法秩序全体の見地からして，刑事罰に処するに値する程度の違法性があるものとは認められない」と無罪判決を下した。しかし，最高裁（東京高裁判決も同旨）は，「確かに，表現の自由は，民主主義社会において特に重要な権利として尊重されなければなら（ない），……しかしながら，憲法21条 1 項も，表現の自由を絶対無制限に保障したものではなく，公共の福祉のため必要かつ合理的な制限を是認するものであって，たとえ思想を外部に発表するための手段であっても，その手段が他人の権利を不当に害するようなものは許されないというべきである。……たとえ表現の自由の行使のためとはいっても，このような場所に管理権者の意思に反して立ち入ることは，管理権者の管理権を侵害するのみならず，そこで私的生活を営む者の私生活の平穏を侵害するものといわざるを得ない」と罰金刑の有罪判決を下した。この点，二重の基準論を前提に考えるならば，最高裁の結論はあまりに表現の自由を軽視するものであり，やはり第一審の結論が妥当と言わざるをえないであろう。

【設 問】
(1) "公共の福祉" の概念を説明しなさい。
(2) "表現の自由の優越的地位論" の内容と根拠を説明しなさい。
(3) "二重の基準論" の内容と根拠を説明しなさい。

参考文献
芦部信喜（高橋和之補訂）『憲法（第 6 版）』（岩波書店，2015年）
浦部法穂『違憲審査の基準』（勁草書房，1985年）
佐藤幸治『日本国憲法論』（成文堂，2011年）
渋谷秀樹『憲法（第 3 版）』（有斐閣，2017年）
松井茂記『二重の基準論』（有斐閣，1994年）

（藤井正希）

第 **8** 講　私人相互間における人権保障

```
┌─**本講の内容のあらまし**──────────────────────┐
│　私たちが「人権侵害だ」と主張する場合，大抵その相手方は私人であ
│ろう。だが，私人の行為によって他の私人の人権を侵害した場合，憲法
│による救済は難しい。その理由は，憲法は，国家と国民との関係を規律
│し，国家のもつ権力（公権力）を制約することによって国民の享有する
│人権を保障するための法規範だからである。そこで，本講では，憲法の
│人権規定を私人間の人権問題に適用すべき理由を確認したうえで，憲法
│の人権規定の私人間効力に関する学説について説明する。そして，主な
│判例をとりあげたうえで，通説となっている間接適用説について再考す
│る。
└─────────────────────────────────────┘
```

第1節　人権問題と憲法

1　私人相互間における人権保障を考えるべき背景

　人権問題は，私たちの身近なところ，私人と私人との間で起こる，あるい
は起こりやすいと感じている人が多いであろう。例えば，地域社会のなかで
は，人や団体が「○○人はここから出ていけ」，「○○人は祖国へ帰れ」など
と連呼する「ヘイトスピーチ」や，日常生活のなかでは，インターネット上
の掲示板などを利用し，特定の人物を誹謗中傷する「ネットいじめ」といっ
た問題が起きている。また，雇用の分野では，募集・採用時に会社が採用応
募者のもつ特定の思想・信条など本人の資質・能力・適性と関係のない事柄
などで採用を拒否する「就職差別」や，労働者本人の能力と関係のない性

別，身体的理由や年齢，信条，国籍，社会的身分などによって賃金や定年年齢などの労働条件を差別的に取り扱う「雇用差別」といった問題が起きている。これらは，憲法13条の「個人の尊厳」，憲法14条の「法の下の平等」，憲法19条の「思想及び良心の自由」，憲法21条の「表現の自由」に関わる人権問題である。しかしながら，講学上，私人と私人との間で起こる人権問題は，憲法の人権問題ではない。憲法は，国家と国民との関係を規律し，国家のもつ権力（公権力）を制約することによって国民の享有する人権を保障するための法規範であるので，人権問題は，国家と国民との間で起こるものであると捉えられている。他方，日常生活の場面で，私人と私人との間で人権問題が起これば，それは，人権の享有主体である私人間での問題である。私人相互の関係を規律するのは，憲法ではなく，民法を中心とした私法である。したがって，私人と私人との間での人権問題は，私法を適用して，その解決を図るべきであるということになる。しかし，私人によって人権が制限される場合も最近増えてきており，そのなかには人権の制限を超えて人権の侵害と同視しうる無視できないものもある。それゆえ，私人による人権侵害が行われた場合に，どのように人権侵害の救済を図るのかを考えておかなければならない。

2　社会的権力と人権

　憲法の人権規定は，国家との関係で国民の権利・自由を保障するものであるというのが伝統的な考え方である。つまり，人権は対国家的な権利であり，国民の権利・自由を侵害するのは国家（公権力）であると捉えられてきた。ところが，資本主義の高度化にともない，社会のなかに，企業，労働組合，経済団体，職能団体など国家に匹敵する巨大な私的組織・集団が数多く生まれ，それらが社会的権力として私人の人権を脅かすという事態が生じた。また，最近は，情報化社会の下でのマス・メディアによる私人の名誉毀損やプライバシー侵害なども生じ，それが重大な社会問題になっている。さらに，SNS（Social Networking Service）やインターネットが普及し，誰もが情

報の送り手となり得る現代社会においては，一人の人が発信した誤った情報や捏造情報が SNS で拡散された結果，私人の名誉権やプライバシー権が侵害されることも起きている。そこで，国家類似の巨大な私的組織・集団や私人による人権侵害を救済するために，私人相互の関係に対国家的な権利である人権をどのような形で適用していくのかが問題である。

3　憲法の人権規定の適用と私的自治の原則

　人権は，自然権思想を背景として生まれた超実定法的権利であるから，公法か私法かを問わず，すべての法律が認めている実質的な価値であり，その価値が，公法においては国家に対する権利として，私法においては私人に対する権利として実定法化され，保護されていると考えることができる。そのように考えれば，憲法の人権規定を私人による人権侵害に対して直接適用することは許されるという捉え方もできる。しかし，私的自治の原則が私人と私人との生活関係における基本原則である。私的自治の原則とは，私人間の法律関係，すなわち権利義務の関係を成立させることは，一切個人の自主的決定にまかせ，国家がこれに干渉してはならないとする考え方である。私的自治の原則の観点から見れば，私人相互の合意があれば，憲法に反するような契約の締結が当然に憲法違反であるとは言えないことになる。他方，私人相互の合意よりも憲法の人権規定の適用を優先することになれば，私的自治の原則が広く害され，私人間の行為が大幅に制約されることになり得る。したがって，このような点にも配慮しながら，私人の行為による他の私人に対する人権侵害の救済を図らなければならない。

4　憲法の人権規定の私人間への適用

　憲法の人権規定のなかで，私人間に適用されるものは，憲法15条4項の「選挙人は，その選択に関し公的にも私的にも責任を問はれない」という規定があるのみである。憲法という特質からみれば，憲法の人権規定は，国家（公権力）に対して向けられたものであるから，私人間に直接適用されないと

いうのが伝統的な受けとめ方である。すなわち，憲法の人権を私人間に実効的に保障するためには，国会が立法措置を講じなければならないのである。例えば，使用者と労働者の関係は対等ではなく，労働者が劣位の立場に置かれ，また私的自治の原則と契約自由の原則が最も後退する領域でもあるので，労働者の権利保障のために憲法の人権規定の適用が特に必要とされる場面である。そのため，労働基準法には，企業と労働者との間で労働条件を取り決めるにあたって，労働者の人権を保障するために憲法の人権規定を具現化した規定がある。労働基準法は，使用者は，「労働者の国籍，信条又は社会的身分を理由として，賃金，労働時間その他の労働条件について，差別的取扱をしてはなら〈ず〉」（3条），「労働者が女性であることを理由として，賃金について，男性と差別的取扱いをしてはならない」（4条）と規定し，憲法14条の「法の下の平等」を具現化している。また，労働基準法は，「使用者は，暴行，脅迫，監禁その他精神又は身体の自由を不当に拘束する手段によつて，労働者の意思に反して労働を強制してはならない」（5条）と規定し，憲法18条の「奴隷的拘束及び苦役の禁止」を具現化している。

　だが一方で，人権規定の私人間への適用が憲法で明記されておらず，しかも，立法によって具体化されていない場合に，憲法解釈による人権規定の適用の有無が問題になる。憲法の人権規定のなかには，例外的にその趣旨・目的あるいは法文からして，私人間に適用されると考えられるものがある。まず，憲法27条3項の「児童は，これを酷使してはならない」という規定は，私人間に及ぶという趣旨である。このほか，憲法24条の「両性の平等」は，家族関係における平等を求めていると解することができ，また憲法18条の「奴隷的拘束及び苦役の禁止」は，解釈上，人格を無視した自由の拘束である以上，国家のみならず，私人間にも及ぶとされている。これらの人権規定は，憲法自身が，解釈上，私人間にも及ぶことを容認していると解することができる。したがって，私人間の紛争のなかには，これらの人権規定を適用することによって，その解決が図られる場合もあり得ると考える。ただし，これらの人権規定が私人間の紛争に直接適用されるような形になっても，い

わゆる直接適用説そのものではない。

第2節　憲法の人権規定の私人間効力に関する学説

　憲法の人権規定には，その趣旨・目的あるいは法文からして，私人間に適用されないと解される規定が存在する。そこで，そのような人権規定を私人間に適用するための主要な学説を確認する。

1　無効力説

　無効力説は，憲法の人権規定は私人間には適用されないとする見解である。この説は，憲法の人権規定が国家と国民との関係を規律するものであるということが根拠となっている。しかし，この説に対しては，国家に匹敵する社会的に巨大な力を持った企業などから一般個人が人権侵害を受けた場合に，これを保護することができず，憲法の人権規定の趣旨が実質的に損なわれることになるという批判がある。後述する間接適用説が通説となっている今日，この説を支持する学説はほとんどみられない。

2　直接適用説

　直接適用説は，憲法の人権規定を私人間にも直接適用するという見解である。憲法は単なる制度として国家の枠組みを定めたものでなく，国民の生活のすべての範囲にわたる客観的価値秩序であり，憲法の定立する法原則は社会生活のあらゆる領域において全面的に尊重され，実現されるべきであるという考えを根拠としている。この説に対しては，憲法の人権規定の直接適用を認めると，私的自治の原則を大きく損なうおそれが生じる，また人権宣言の歴史的意味や人権の法的性格の変化を余りにも強調して人権規定に一律的に直接的な効力を認めると，国家権力に対抗する人権の本質（防禦権としての性格）を変質ないし希薄化する結果を招くおそれがある，さらに自由権と社会権の区別が相対化し，「知る権利」のように，自由権も社会権的な側面を

もつ場合があるので，そういう複合的な性格をもつ権利の直接適用を認めると，かえって国家（公権力）の介入を是認することによって自由権が制限されるおそれが生じるという批判がある。

3　間接適用説

間接適用説は，法律の概括的条項，とくに，公序良俗に反する法律行為は無効であると定める民法90条のような私法の一般条項の解釈に憲法の人権保障の趣旨を取り込んで，間接的に憲法の効力を私人間に及ぼして適用すべきと考える見解である。この説は，人権は国家権力に対して国民の権利・自由を保護するものであるとする伝統的な考え方に適合し，通説となっている。判例もこの説に立っていると解されている。もっとも，この説によると，私法の一般条項の解釈に憲法の人権保障の趣旨をどの程度取り込むかという側面があり，人権保障の程度が相対化せざるを得ないので，私人間の緻密な利益衡量が必要となる。また，この説では，純然たる事実行為に基づく私的な人権侵害行為に対して，憲法による救済が受けられない場合があるという批判がある。純然たる事実行為というのは，例えば，外国人であるという理由で店舗への入店を拒否されたとか，入れ墨・タトゥーがあるという理由で温泉施設での入浴を拒否されたとか，喫煙者であるという理由でアルバイトの採用を拒否されたという事実として人権が侵害される場合があてはまる。この場合の救済手段として民法709条の不法行為に基づく損害賠償の請求があるが，それにも民法上の不法行為の要件を満たさなければならないという意味では限界がある。

第 3 節　憲法の人権規定の私人間効力に関する主な判例

判例では，使用者と労働者間の雇用関係，私立大学と学生の関係，純然たる事実行為に基づく私的な人権侵害行為が問題になっている。雇用関係では三菱樹脂事件と日産自動車事件を，私立大学と学生の関係では昭和女子大学

事件を，純然たる事実行為に基づく私的な人権侵害行為では公衆浴場入浴拒否事件をとりあげる。

1 三菱樹脂事件 （最大判昭48・12・12民集27・11・1536）

男性は，3ヶ月の試用期間の後に雇用契約を解除することができる権利を留保するという条件の下で三菱樹脂株式会社に採用されることとなった。だがその後，男性が大学在学中に学生運動をしていたことを隠していたとして，三菱樹脂株式会社は，男性の本採用を拒否した。そこで，男性は，社員採用試験にあたり，入社希望者からその政治的思想，信条に関係のある事項について申告を求めることは，憲法19条の思想及び良心の自由を侵害し，また，信条による差別待遇を禁止する憲法14条，労働基準法3条の規定にも違反し，公序良俗に反するものとして許されないと主張した。

最高裁は，憲法19条および14条は「同法第3章のその他の自由権的基本権の保障規定と同じく，国または公共団体の統治行動に対して個人の基本的な自由と平等を保障する目的に出たもので，もつぱら国または公共団体と個人との関係を規律するものであり，私人相互の関係を直接規律することを予定するものではない」とし，直接適用説を否定している。そして，最高裁は，「私的支配関係においては，個人の基本的な自由や平等に対する具体的な侵害またはそのおそれがあり，その態様，程度が社会的に許容しうる限度を超えるときは，これに対する立法措置によつてその是正を図ることが可能であるし，また，場合によつては，私的自治に対する一般的制限規定である民法1条，90条や不法行為に関する諸規定等の適切な運用によつて，一面で私的自治の原則を尊重しながら，他面で社会的許容性の限度を超える侵害に対し基本的な自由や平等の利益を保護し，その間の適切な調整を図る方途も存するのである」と判示している。これは，民法を中心とした私法の規定に憲法の人権保障の趣旨を取り込んで解釈・適用することで，私人間の紛争を解決することができるという間接適用説を示唆しているとみるのが一般的である（〈第4節1〉で述べるように，無効力説という考え方もできる）。ただ，最高裁は，

具体的な解釈として，「憲法は，思想，信条の自由や法の下の平等を保障すると同時に，他方，22条，29条等において，財産権の行使，営業その他広く経済活動の自由をも基本的人権として保障している。それゆえ，企業者は，かような経済活動の一環としてする契約締結の自由を有し，自己の営業のために労働者を雇傭するにあたり，いかなる者を雇い入れるか，いかなる条件でこれを雇うかについて，法律その他による特別の制限がない限り，原則として自由にこれを決定することができるのであつて，企業者が特定の思想，信条を有する者をそのゆえをもつて雇い入れることを拒んでも，それを当然に違法とすることはできない」のであり，また「企業者が，労働者の採否決定にあたり，労働者の思想，信条を調査し，そのためその者からこれに関連する事項についての申告を求めることも，これを法律上禁止された違法行為とすべき理由はない」と判示している。

2　日産自動車事件（最判昭56・3・24民集35・2・300）

　日産自動車株式会社の就業規則には，男子55歳，女子50歳（上告までに変更されて男子60歳，女子55歳に引き上げられた）を定年とする旨定められていた。この男女別定年制が憲法14条の「法の下の平等」に反しないかが問題になった。

　最高裁は，「上告会社の就業規則中女子の定年年齢を男子より低く定めた部分は，専ら女子であることのみを理由として差別したことに帰着するものであり，性別のみによる不合理な差別を定めたものとして民法90条の規定により無効であると解するのが相当である（憲法14条1項，民法1条ノ2〈現行民法2条〉参照）」とし，間接適用説を採用している。間接適用説によれば，民法を中心とした私法の規定に憲法の人権保障の趣旨を取り込んで解釈・適用することで，私人間の紛争を解決することができる。そのため，この事件は，民法が定める「両性の本質的平等」（2条）に，憲法14条1項の性別による不合理な差別を禁止する趣旨を読み込んで解釈したものということができる。

3　昭和女子大学事件（最判昭49・7・19民集28・5・790）

　学生らは，学生政治団体等に加入したことが大学の「生活要録」の規定に
違反するとして退学処分を受けた。そこで，学生らは，退学処分の根拠とな
る大学の「生活要録」の規定が憲法の人権規定に違反することを理由に，学
生たる身分確認を求める訴えを起こした。

　最高裁は，「憲法19条，21条，23条等のいわゆる自由権的基本権の保障規
定は，国又は公共団体の統治行動に対して個人の基本的な自由と平等を保障
することを目的とした規定であつて，専ら国又は公共団体と個人との関係を
規律するものであり，私人相互間の関係について当然に適用ないし類推適用
されるものでないことは，当裁判所大法廷判例（昭和43年（オ）第932号同48年
12月12日判決・裁判所時報632号4頁）〈三菱樹脂事件大法廷判決〉の示すところ
である。したがつて，その趣旨に徴すれば，私立学校である被上告人大学の
学則の細則としての性質をもつ前記生活要録の規定について直接憲法の右基
本権保障規定に違反するかどうかを論ずる余地はないものというべきであ
る」と判示し，無効力説に近い立場をとっている。

4　公衆浴場入浴拒否事件（札幌地判平14・11・11判時1806・84）

　原告らは，被告が経営する小樽市所在の公衆浴場に入浴しようとしたとこ
ろ，外国人であることを理由に入浴を拒否された。そこで，原告らは，入浴
拒否は，憲法14条1項，国際人権B規約および人種差別撤廃条約等に反す
る違法な人種差別であり，これにより人格権や名誉を侵害されたとして，被
告に対し，不法行為に基づき，損害賠償および謝罪広告の掲載を求めた。

　札幌地裁は，まず「私人相互の関係については，……憲法14条1項，国際
人権B規約，人種差別撤廃条約等が直接適用されることはない」と判示し
ている。その理由として「憲法14条1項は，公権力と個人との間の関係を規
律するものであって，……私人相互の間の関係を直接規律するものではない
というべきであり，実質的に考えても，同条項を私人間に直接適用すれば，
私的自治の原則から本来自由な決定が許容される私的な生活領域を不当に狭

めてしまう結果となる」こと，また，「国際人権 B 規約及び人種差別撤廃条約は，国内法としての効力を有するとしても，その規定内容からして，憲法と同様に，公権力と個人との間の関係を規律し，又は，国家の国際責任を規定するものであって，私人相互の間の関係を直接規律するものではない」ことをあげている。だが，札幌地裁は，「私人の行為によって他の私人の基本的な自由や平等が具体的に侵害され又はそのおそれがあり，かつ，それが社会的に許容しうる限度を超えていると評価されるときは，私的自治に対する一般的制限規定である民法 1 条，90条や不法行為に関する諸規定等により，私人による個人の基本的な自由や平等に対する侵害を無効ないし違法として私人の利益を保護すべきである。そして，憲法14条 1 項，国際人権 B 規約及び人種差別撤廃条約は，前記のような私法の諸規定の解釈にあたっての基準の一つとなりうる」と判示したうえで，「原告らは，本件入浴拒否によって，……入浴できないという不利益を受けたにとどまらず，外国人にみえることを理由に人種差別されることによって人格権を侵害され，精神的苦痛を受けたもの」と認定して慰謝料の支払いを命じた。この判決は，私人間における純然たる事実行為に基づく人権侵害行為に対して，憲法の人権規定のみならず，国際人権 B 規約や人種差別撤廃条約の間接適用をも認めている。

第 4 節　間接適用説の問題点と人権の私人間効力の再検討

1　間接適用説の問題点

　私人間の関係において，相互の社会的力関係の相違から，一方が他方に優越し，事実上後者が前者の意思に服従せざるを得ない場合があり，このような場合に私的自治の原則の名の下に優位者の支配力を無制限に認めれば，劣位者の自由や平等を著しく侵害または制限することとなるおそれがある。間接適用説は，優位者によって劣位者の自由や平等が著しく侵害または制限されている場合，それを解決するための考え方である。だが，間接適用説によると，私法の一般条項の解釈に憲法の人権保障の趣旨をどの程度取り込むか

という側面があり，人権保障の程度が相対化せざるを得ないという問題がある。例えば，三菱樹脂事件の場合，男性の側の「思想及び良心の自由」（憲法19条）と企業の側の「営業の自由」（憲法22条）との調整を図って判断することになる。それゆえ，裁判において，当事者双方の主張する憲法の人権保障の趣旨をどの程度強調するのか，つまり男性の側の「思想及び良心の自由」の方を強調して男性を保護するのか，それとも，企業の側の「労働者を選択する自由」をより強調して企業を保護するのかによって，その結論が異なってくることになる。確かに，憲法の人権規定のなかには，株式会社などの営利法人，学校法人，宗教法人など法人にも保障されているものがある（八幡製鉄政治献金事件〈最大判昭45・6・24民集24・6・625〉参照）。だが，法人の利益と個人の人権が衝突した場合に，個人の人権保障規定の適用を排除して社会的権力である法人の利益の方を保護するためには，私人間の慎重かつ緻密な利益衡量が必要であろう。

　また，優位者によって劣位者の自由や平等が著しく侵害または制限されている場合，最高裁は，「このような場合に限り憲法の基本権保障規定の適用ないしは類推適用を認めるべきであるとする見解もまた，採用することはできない。何となれば，右のような事実上の支配関係なるものは，その支配力の態様，程度，規模等においてさまざまであり，どのような場合にこれを国または公共団体の支配と同視すべきかの判定が困難であるばかりでなく，一方が権力の法的独占の上に立つて行なわれるものであるのに対し，他方はこのような裏付けないしは基礎を欠く単なる社会的事実としての力の優劣の関係にすぎず，その間に画然たる性質上の区別が存するからである」（最大判昭48・12・12民集27・11・1536）と判示し，間接適用説によっても私人間の紛争が必ずしも解決されるわけではないことを示唆している。

　さらに，間接適用説が採用されていると解されながら，日産自動車事件と昭和女子大学事件との間で，社会的関係において劣位に置かれている者の人権保障には差異がある。その差異は，私法の一般条項の解釈にあたって憲法の人権保障の趣旨を取り込んでいると見るか否かにあると考える。そこで，

最近，人権の私人間適用にあたって，次のように無効力説を再評価・再構成する見解が唱えられている。確かに，人権は，自然権思想を背景として生まれた超実定法的権利であるから，公法か私法かを問わず，すべての法律が認めている実質的な価値であり，その価値が，公法においては国家に対する権利として，私法においては私人に対する権利として実定法化され，保護されていると考えることができる。それゆえ，憲法の人権規定は私人による人権侵害に対して何らかの形で適用されなければならないと解されている。だが，人権は，それを取り込んだ実定法の特質により拘束されることになる。つまり，憲法に取り込まれた人権は，公権力を名宛人とするという特質により拘束されて，公権力を名宛人とする権利となるのに対して，民法に取り込まれた人権は，民法が私人間を規律する法律であるという特質により拘束されて，私人間で実現されるべき権利となるのである。したがって，憲法上の権利は，直接であれ間接であれ私人間に適用されることはあり得ないということになる。要するに，人権の私人間適用とは，私人間を規律する法律を超実定法的権利である人権に適合的に解釈するということにすぎず，三菱樹脂事件の最高裁大法廷判決は，正確には無効力説の立場に立っていると解することができる。

2　人権の私人間効力の再検討

　私人間の人権問題をどのように考えるかは，人権論の根幹にかかわる問題であることから，すでに取り上げた学説のほかにも種々の学説が提唱されている。

（1）基本権保護義務説

　基本権保護義務説は，基本権が，国に対して，第三者の侵害から各人の基本権法益を保護するための積極的措置を命じているという考え方である。この説は，ドイツの「国家の基本権保護義務論」を参考とし，私人間効力の問題を国家の基本権保護義務の一部分として捉え，間接効力説を再構成するものである。つまり，私人間に効力があるのは，基本権ではなく基本権法益で

あるとして，私人間の紛争を解決するにあたっては，憲法の基本権規定をそのまま適用するのではなく，基本権の趣旨を取り込んで私法の一般条項を憲法適合的に解釈することになるのである。

(2) 国家同視説

間接適用説では，純然たる事実行為に基づく私的な人権侵害行為に対して，憲法による救済が受けられない場合がある。そこで，純然たる事実行為に基づく私的な人権侵害行為を救済するために参考になるのは，アメリカの判例理論による国家同視説である。この説は，憲法の人権規定が公権力と国民との関係を規律することを前提としつつ，公権力が大きくかかわっていたり，高度な公的機能を遂行したりする私人の事実行為を国家行為（state action）と同視して，憲法の規定を直接適用すべきであるという考え方である。

【設　問】

(1) 私的自治の原則の観点から，私人と私人との間で憲法の人権規定に抵触することを取り決めることには，憲法上，どのような問題が生ずるのかを論じなさい。

(2) 憲法の人権規定を私人間の人権問題に適用すべき理由と，憲法の人権規定の私人間効力に関する学説を論じなさい。

(3) 憲法の人権規定の私人間効力に関する主な判例を踏まえて，社会的関係において劣位に置かれている私人の人権保障にとって，間接適用説の抱えている問題点について論じなさい。

参考文献

芦部信喜（高橋和之補訂）『憲法（第 7 版）』（岩波書店，2019 年）

浦部法穂『憲法学教室（第 3 版）』（日本評論社，2016 年）

渋谷秀樹『憲法（第 3 版）』（有斐閣，2017 年）

高橋和之『立憲主義と日本国憲法（第 4 版）』（有斐閣，2017 年）

辻村みよ子『憲法（第 6 版）』（日本評論社，2018 年）

野中俊彦ほか『憲法 I（第 5 版）』（有斐閣，2012 年）

（片上孝洋）

第 9 講 幸福追求権と新しい人権

┌─**本講の内容のあらまし**─────────────────┐

　日本国憲法の制定から70余年が経ち，社会状況等の変化とともに，憲法に規定されていない，プライバシー権・環境権・自己決定権など「新しい人権」が主張されている。新しい人権を憲法上の人権と認め，それを保障するためには，憲法改正による条文の追加や既存の個別の人権への読み込みが考えられる。そこで，本講では，新しい人権の根拠である憲法13条の意義と内容を概説する。それを踏まえて，幸福追求権から導き出される権利，それを新しい人権として承認する基準に関して，これまで主張された新しい人権のなかから，プライバシー権と自己決定権をとりあげて，判例を踏まえながら検討する。

└────────────────────────────┘

第1節　個人の尊厳と幸福追求権

1　憲法上の人権規定と新しい人権

　人権とは，人間が人間である以上，当然にもつ権利や自由のことである。日本国憲法は，「第3章 国民の権利及び義務」においてさまざまな権利・自由を保障しており，そのなかで，表現の自由・財産権・生存権など多くの人権を掲げている。日本国憲法は，人権の享有主体と人権の由来・特質について，国民は憲法第3章で保障する基本的人権を享有することを妨げられず（11条，97条），憲法が国民に保障する基本的人権は「人類の多年にわたる自由獲得の努力の成果であつて，……侵すことのできない永久の権利」である（97条）と明記している。そこで問題は，憲法11条・97条で「この憲法が国民

に保障する基本的人権」とは，憲法第3章に掲げられている権利・自由に限られているのか否かということである。

　日本国憲法の制定から70余年が経ち，社会状況等の変化とともに，プライバシー権・環境権・自己決定権など「新しい人権」が主張されている。だが，国民に保障されている人権は，憲法第3章に掲げられている権利・自由に限られていると解するのであれば，新しい人権を国民に保障するためには，それを憲法第3章に追加するという憲法改正の手続を踏まなければならない。確かに，憲法改正によって新しい人権を憲法に明記することは，立法や裁判の基準となるので，国民の人権保障にとって有益であり，また憲法13条の幸福追求権から新しい人権を導き出せるといったことを論証する労力を多少なりとも省くことができるなどの利点がある。しかしながら，憲法96条1項は日本国憲法が硬性憲法であることを規定しているので，新しい人権を憲法第3章に追加することは簡単なことではない。だからと言って，憲法改正がなされない限り，新しい人権が国民に保障されないとすれば，現実に起きている問題をそのまま放置することになり得る。一方で，日本国憲法は，その条項に抽象的・一般的な文言を用いており，その解釈によって新しい人権を個別の人権規定に読み込んでいくことも可能である。つまり，国の基本法である憲法は，その条項に抽象的・一般的な文言を用いることにより，社会状況等の変化に対し柔軟な解釈によって対応していくことを予定していると考える。ただし，正規の改正手続によって憲法を改めるのではなく，憲法の条項を解釈することによって新しい人権を生み出し続ければ，憲法の人権規定の意義が問われたり硬性憲法の意義が薄められたりすることになり得るであろう。

2　憲法13条の意義と内容

(1) 沿革

　憲法13条は，前段で「すべて国民は，個人として尊重される」とし，個人の尊厳を表明したうえで，後段で「生命，自由及び幸福追求 (life, liberty, and the pursuit of happiness）に対する国民の権利については，公共の福祉に反しない限り，立法その他の国政の上で，最大の尊重を必要とする」と規定している。

　憲法13条後段の「生命，自由及び幸福追求」は，1776年のアメリカ独立宣言に由来する。アメリカ独立宣言において，「われわれは，自明の真理として，すべての人は平等に造られ，造物主によって，一定の奪うことのできない天賦の権利を付与され，そのなかに，生命，自由，および幸福の追求（life, liberty and the pursuit of happiness）が含まれることを信じる」と謳われている。これは，自然権思想の端的な表現であり，さらにその「生命，自由及び幸福の追求」の淵源は，近代憲法の理論的基礎を築いたジョン・ロックの自然権思想にあると考えられている。ロックは，『統治二論』のなかで，すべての人間が「生命・自由・財産（life, liberty and estate）」からなる固有権を享有していると提唱している。

　(2)　個人の尊厳

　憲法13条前段で「すべて国民は，個人として尊重される」と規定している意義について考えてみる。人権を保障することが憲法の目的である。人権という観念は，人間が人間である以上，当然に権利や自由をもつという考え方である。人権は，そもそも個々の「人」に付いてくるので，一人ひとりの人間を尊いものとして大切に扱わなければならない。つまり，人権の保障は，一人ひとりの人間，すなわち個人を自律した人格的存在として尊重することによって成り立っているともいえるのである。それゆえ，日本国憲法は，13条前段によって「個人の尊厳」を基本価値とし，すべての国民を「個人として尊重」することを宣言しているのである。

　(3)　幸福追求権

　人権は，その観念からすると，憲法に個別に規定された権利に限定されるものではないと解する。それでは，日本国憲法は，第3章で個別に規定されていない権利をどのように捉えるかが問題である。日本国憲法は，13条後段で「生命，自由及び幸福追求に対する国民の権利」，すなわち幸福追求権

を，それに続く14条以下で個別の人権を保障している。幸福追求権は，従来その抽象的な文言から，具体的な権利・自由を意味するのではなく，人権保障の一般原理にすぎないと考えられていた。しかし，今日では，幸福追求権は，憲法14条以下の個別の人権規定で保障された人権を含めた包括的な権利であり，憲法で個別に規定されていない権利も，そこには含まれていると考えられている。それゆえ，憲法で個別に規定されていない権利であっても，それは，憲法13条によって保障された幸福追求権の内容として，同条を根拠に主張することができることになる。

第2節　新しい人権の根拠と幸福追求権の射程

　日本国憲法が明文で規定している権利は，制定当時に，それまでの歴史的経緯や当時の政治的社会的状況からして「人間が人間である以上，当然にもつ権利や自由」と考えられたものを列挙したもので，すべての人権を網羅的に掲げたものではないのである。社会が発展するにつれて，憲法の制定当時にはなかったことが起こるようになり，人びとが「人間が人間である以上，当然にもつ権利や自由」と認識するようになったものを憲法上の人権として認める必要が生じてきたのである。

1　憲法上の個別人権の再構成

　新しい人権を憲法上の人権として認める1つの方法は，憲法が明文で保障している個別の人権に読み込むという方法である。その方法がとれるのは，憲法がその条項に抽象的・一般的な文言を用いており，その解釈によって新しい人権を個別の人権規定に読み込んでいくことができるからである。その典型が「知る権利」である。従来の考え方では，表現の自由が保障されていれば，その効果として当然に，すべての情報が国民の前に明らかになるということが期待されていた。しかし，現実はそうではない。現代行政国家においては，国家が政治・経済・社会に関わる多種多様な情報を収集し，その情

報は国家機関によって集中的に管理され，しかもその情報が重要になればなるほど，それを秘匿することが多くなる。そのため，主権者である国民は，政府のもつ情報の公開を求める権利をもっており，その権利として登場したのが知る権利である。もともと，表現の自由は，表現の送り手側の視点から情報を提供する自由を意味していたが，知る権利は，表現の自由を表現の受け手側の視点から再構成する触媒としての役割を果たしているのである。

　そのほかに，「環境権」は，憲法25条の生存権に読み込むことによって対応できる。環境権とは「健康で快適な生活を維持する条件としての良い環境を享受し，これを支配する権利」であると主張されている。この権利は，環境を守るための積極的な作為を国に求める側面を持っている。その面から見れば，環境権は，社会権として性格づけることができるので，憲法25条によって基礎づけられる。つまり，憲法25条1項は，国民が健康で文化的な最低限度の生活を営むことができるように環境保全ないし改善のための諸施策を実施するという責務が国にあり，このような国の責務を果たすための基本理念を定めている。この点は，環境基本法1条の目的規定のなかに，「環境の保全について，……国……の責務を明らかにするとともに」，「国民の健康で文化的な生活の確保に寄与する」という文言があることからも確認できる。それゆえ，環境権は，憲法25条に読み込むことによって十分に対応できるのである。

2　幸福追求権による保障

　新しい人権を憲法上の人権として認めるもう1つの方法は，憲法13条後段の幸福追求権に新しい人権を読み込むという方法である。かつては，憲法13条後段の幸福追求権は，憲法14条以下に列挙された個別の人権規定で保障する人権を総称したもので，そこから具体的な法的権利を引き出すことはできないと考えられていた。しかし，日本国憲法の制定以降，社会が発展するにつれて，人びとが「人間が人間である以上，当然にもつ権利や自由」と認識するようになったものを憲法上の人権として認める必要が生じてきた。その

　ため，最近では，個別の人権規定によって保障されていない権利を憲法13条後段の幸福追求権に読み込んで，そこから新しい人権を導き出そうとするのが一般的になっている。すなわち，日本国憲法は，つねに新しい人権を生み出していく母胎的な役割を果たす観念として幸福追求権を設定していると考えるのである。それでは，憲法13条後段の幸福追求権が具体的に保障する権利をどのように導き出すのかが問題である。

　憲法13条後段の幸福追求権は，あらゆる生活領域に関する行為の自由を保障するとの見解（一般的行為自由説）がある。この見解によれば，人権行使の1つの態様として，バイクに乗るかどうか，あるいは髪型を長髪にするかどうかの自由な決定が保障されることになる。確かに，憲法で個別に規定されていない権利であっても，幸福追求権によって保障されるべきであるが，あまりにも容易に新しい人権を認めてしまえば，憲法第3章において14条以下に列挙された既存の人権の価値さえも低下させてしまうおそれがある。そのため，新しい人権を幸福追求権により保障する場合でも，一定の条件を設定し，それによる絞り込みをしなければならないと考える。そこで，憲法13条後段の「幸福追求権」が同条前段の「個人の尊厳」原理を受けたものであるとして，「人格的生存に必要不可欠な」という絞り込みをして，「個人の人格的生存に不可欠な権利」だけが人権として保障されているとする見解（人格的利益説）がある。この見解が通説である。そのうえで，包括的な権利と個別の人権は一般法と特別法の関係にあり，特別法たる個別の人権規定によって保障されておらず，かつ「個人の人格的生存に必要不可欠な権利」が一般法としての憲法13条の保障対象になるとする見解（補充的保障説）が有力である。しかし，この見解によれば，憲法13条後段の規定する「公共の福祉に反しない限り」という制約が個別の人権規定で保障されていない権利のすべてを覆うことになる。問題となるのは，憲法13条前段の「個人の尊厳」原理との関係である。日本国憲法は，13条前段によって個人を自律した人格的存在として尊重することを宣言しているのである。そうであるにもかかわらず，個別の人権規定で保障されておらず，かつ「個人の人格的生存に必要不可欠

な権利」が憲法13条後段を根拠として保障されるとすると，それについても同条後段の「公共の福祉に反しない限り」という限定が付されることになる。すなわち，憲法13条後段を根拠として保障される権利のなかには，社会全体の利益を理由としても侵害されないものもあるはずであるという疑問に答えることが難しくなるのである。それゆえ，個別の人権規定で保障されていない権利のなかには，憲法13条前段の宣言する個人の自律を保障するための「切り札」としての人権もあれば，同条後段によって保障される一般的行為の自由にすぎない権利もあると解すべきとする見解がある。この解釈にしたがうのであれば，憲法13条前段と同条後段は，それぞれ異なる権利について定めを置いていることになる。この点に関して，「宴のあと」事件で，東京地裁は，「近代法の根本理念の一つであり，また日本国憲法のよって立つところでもある個人の尊厳という思想」から「私生活をみだりに公開されないという法的保障ないし権利」としてのプライバシー権を導いている（東京地判昭39・9・28下民集15・9・2317）。

第3節　幸福追求権から導き出される人権

　もっとも，幸福追求権からどのような具体的権利が実際に導き出されるか，そして，それが新しい人権の1つとして承認されるか否かをどのような基準で判断するかは，なかなか難しい問題である。この点に関して，これまで新しい人権として主張されたものは，プライバシー権，名誉権，環境権など多数にのぼるが，最高裁が正面から認めたものは，プライバシー権としての肖像権ぐらいである。ここでは，プライバシー権と自己決定権について触れることにする。

1　プライバシー権
（1）従来のプライバシー権
情報化社会の発達に伴い，マス・メディアが個人の私生活を暴露したり公

開したりするようになってきた。しかし，私生活は個人の最も私的な部分であるといえる。私生活がみだりに妨害されてしまうことは，個人の人権を尊重することが不可能になる。そこで登場したのが，プライバシー権という新しい権利である。

　プライバシー権とは，アメリカ合衆国の裁判において主張され，発展してきた権利である。もともとは，20世紀初めのアメリカで，大衆紙が有名人の私生活を暴き立てたことに対して，「ひとりで放っておいてもらう権利 (right to be let alone)」として認められてきた。日本においても，判例上重要な事件として，「宴のあと」事件がある。この事件では，作家が外務大臣の経験もある政治家の私生活を暴露した小説が単行本として出版されたことによって，プライバシーの保護が権利であるか否かが争われた。東京地裁は，プライバシー権を「私生活をみだりに公開されないという法的保障ないし権利」と定義し，それが憲法に基礎づけられた権利であることを認めている。そして，東京地裁は，プライバシー権の侵害となる要件として，「公開された内容が（イ）私生活上の事実または私生活上の事実らしく受け取られるおそれのあることがらであること，（ロ）一般人の感受性を基準にして当該私人の立場に立つた場合公開を欲しないであろうと認められることがらであること，……（ハ）一般の人々に未だ知られていないことがらであること」を必要とするという3要件を示し，プライバシー権を侵害したものと認めるのが相当であると判示している（東京地判昭39・9・28下民集15・9・2317）。

　「宴のあと」事件判決を契機に，プライバシー権を人権として認めるべきであるという議論が盛んになり，学説上はこれを認めるのが今日の通説となっている。判例上プライバシー権を正面から認めた重要な事件として京都府学連事件がある。この事件で，最高裁は，憲法13条は「国民の私生活上の自由が，警察権等の国家権力の行使に対しても保護されるべきことを規定しているものということができる。そして，個人の私生活上の自由の一つとして，何人も，その承諾なしに，みだりにその容ぼう・姿態（以下「容ぼう等」という。）を撮影されない自由を有するものというべきである。これを肖像権

と称するかどうかは別として，少なくとも，警察官が，正当な理由もないの
に，個人の容ぼう等を撮影することは，憲法13条の趣旨に反し，許されない
ものといわなければならない」と判示している（最大判昭44・12・24刑集23・
12・1625）。また，最高裁は，前科照会事件で，「前科及び犯罪経歴（以下「前
科等」という。）は人の名誉，信用に直接にかかわる事項であり，前科等のあ
る者もこれをみだりに公開されないという法律上の保護に値する利益を有す
る」と判示している（最判昭56・4・14民集35・3・620）。

(2) 自己情報コントロール権

　高度情報化社会の到来を背景にして，プライバシー権を「自己に関する情
報の流れをコントロールする権利」（自己情報コントロール権）としてとらえる
見解が有力になり，公権力に対してより積極的な保護を求める側面が重要に
なってきている。人格的利益説によれば，「個人の人格的生存に不可欠な権
利」だけが人権として保障されていると解するので，自己に関する情報のな
かでも，基本的には他人から個人を区別する名前，学籍番号，住所，電話番
号のような個人識別情報は，秘匿の必要性が必ずしも高いとはいえず，保護
される度合いが低いと考えられてきた。この個人情報の秘匿の必要性とその
保護の重要性に関しては，早稲田大学江沢民講演会名簿提出事件，住基ネッ
ト訴訟，マイナンバー（個人番号）利用差止等請求事件を取り上げて，その
判旨を確認する。

①早稲田大学江沢民講演会名簿提出事件

　この事件では，1998年，早稲田大学が，重要な外国国賓（当時の江沢民・中
国国家主席）の講演会を開催する際に，参加する学生の名簿を，学生の同意
を得ないまま警備を担当する警察に提供したことがプライバシーの侵害にあ
たるか否かが争われた。最高裁は，個人情報は，早稲田大学が重要な外国国
賓講演会への出席希望者をあらかじめ把握するため，学生に提供を求めたも
のであるところ，本件個人情報のなかの「学籍番号，氏名，住所及び電話番
号は，〔早稲田〕大学が個人識別等を行うための単純な情報であって，その
限りにおいては，秘匿されるべき必要性が必ずしも高いものではない。……

しかし，このような個人情報についても，本人が，自己が欲しない他者には
みだりにこれを開示されたくないと考えることは自然なことであり，そのこ
とへの期待は保護されるべきものであるから，……本件個人情報は，上告人
らのプライバシーに係る情報として法的保護の対象となるというべきであ
る。……このようなプライバシーに係る情報は，取扱い方によっては，個人
の人格的な権利利益を損なうおそれのあるものであるから，慎重に取り扱わ
れる必要がある」とし，「上告人らに無断で本件個人情報を警察に開示した
同大学の行為は，上告人らが任意に提供したプライバシーに係る情報の適切
な管理についての合理的な期待を裏切るものであり，上告人らのプライバ
シーを侵害するものとして不法行為を構成するというべきである」と判示し
ている（最判平15・9・12民集57・8・973）。

　②住基ネット訴訟

　この事件では，行政機関が住民基本台帳ネットワークシステム（以下，「住
基ネット」という）によって住民の個人情報を本人の同意なく収集・管理・利
用することはプライバシー侵害にあたるか否かが争われた。最高裁は，「憲
法13条は，国民の私生活上の自由が公権力の行使に対しても保護されるべき
ことを規定しているものであり，個人の私生活上の自由の一つとして，何人
も，個人に関する情報をみだりに第三者に開示又は公表されない自由を有す
るものと解される」としたうえで，住基ネットによって管理，利用等される
本人確認情報のうち，氏名，生年月日，性別および住所から成る4情報は，
「人が社会生活を営む上で一定の範囲の他者には当然開示されることが予定
されている個人識別情報であり，変更情報も，転入，転出等の異動事由，異
動年月日及び異動前の本人確認情報にとどまるもので，これらはいずれも，
個人の内面に関わるような秘匿性の高い情報とはいえない」し，また「住基
ネットによる本人確認情報の管理，利用等は，法令等の根拠に基づき，住民
サービスの向上及び行政事務の効率化という正当な行政目的の範囲内で行わ
れているものということができ」，さらに住民基本台帳法は，都道府県に対
して，「本人確認情報の適切な取扱いを担保するための制度的措置を講じて

いることなどに照らせば，住基ネットにシステム技術上又は法制度上の不備があり，そのために本人確認情報が法令等の根拠に基づかずに又は正当な行政目的の範囲を逸脱して第三者に開示又は公表される具体的な危険が生じているということもできない」として，「行政機関が住基ネットにより住民である被上告人らの本人確認情報を管理，利用等する行為は，個人に関する情報をみだりに第三者に開示又は公表するものということはできず，当該個人がこれに同意していないとしても，憲法13条により保障された上記の自由を侵害するものではないと解するのが相当で」あり，本人確認情報は，プライバシーに係る情報として法的保護の対象および自己情報コントロール権の対象とならないと判示している（最判平20・3・6民集62・3・665）。

③マイナンバー（個人番号）利用差止等請求事件

住基ネット訴訟と同様，この事件において，行政機関が「行政手続における特定の個人を識別するための番号の利用等に関する法律」に基づき個人番号を収集，保有，管理，利用等を行うことはプライバシー侵害にあたるか否かが争われた。横浜地裁は，「憲法13条によって保障される，個人に関する情報をみだりに第三者に開示又は公表されない自由は，個人に関する情報について，収集，保有，管理，利用等の過程でみだりに第三者に開示又は公表されない自由をもその内容に含むものと解するのが相当である」としたうえで，「番号制度において利用等の対象とされている個人番号自体は，住民票コードを変換して得られる番号であり，それ自体に何らかの個人のプライバシーに属する情報を含むものではないと認められ……個人番号と結びつけられる個人情報も，番号制度の導入前から行政機関等で収集，保有，管理，利用等をされていた情報であって，番号制度の導入により新たに行政機関等が収集，保有，管理，利用等を行うことができるようになったものではな」く，また番号制度は行政の効率化など公共の利益にかなうものであり，漏洩など不正に第三者に開示，公表されることを防止する法制度上の仕組みが設けられているとして，「個人に関する情報をみだりに第三者に開示又は公表されない自由を侵害するものとして違憲であるということはできない」と判

示している（横浜地判令元・9・26，平成28（ワ）1181号）。

（3）個人情報の保護

　高度情報化社会の到来を背景にして，個人情報の収集・記録・利用等に関して本人自身が「コントロール」する必要性は，今日，極めて大きくなってきている。個人情報の保護については，まず，地方公共団体が国に先行して取り組み始め，福岡県春日市（1984年）や神奈川県川崎市（1985年）などが自治体の保有する個人情報に関する保護条例を制定した。その後，国も1988年に「行政機関の保有する電子計算機処理に係る個人情報の保護に関する法律」を制定した。だが，この法律は情報の利用・提供の制限，開示請求権に例外規定が多いこと，訂正請求権を認めていないことなど，不十分な内容であった。さらに，2003年に，民間の事業者が保有する個人情報を保護するための「個人情報の保護に関する法律」（略称「個人情報保護法」）が制定され，その際に「行政機関の保有する電子計算機処理に係る個人情報の保護に関する法律」は改正されて「行政機関の保有する個人情報の保護に関する法律」（略称「行政機関個人情報保護法」）となり，個人情報保護法にほぼ対応する義務を行政機関に課している。

2　自己決定権

　自己決定権とは，個人が一定の私的事項について，公権力による干渉を受けずに自ら決定することができる権利であると呼ばれている。自己決定権にとって，人生の重要な場面や日常生活など多種多様な場面が想定される。具体的には，①自殺・安楽死・治療拒否などの自己の生命・身体に関わる事柄，②結婚・離婚など家族の形成・維持に関わる事柄，③妊娠・出産・妊娠中絶など生殖に関わる事柄，④その他の事柄，が考えられる。そこで，自己決定権にとっての一定の私的事項の範囲が問題となる。

　幸福追求権から導き出される権利の範囲について，個人の人格的生存に不可欠な権利だけが保障されているとする見解（人格的利益説）と，あらゆる生活領域に関する行為の自由を保障するとの見解（一般的行為自由説）とが対立

している。人格的利益説によれば，個人の人格的生存に不可欠な重要な事項についての自己決定権が憲法上保障されているのに対して，一般的行為自由説によれば，あらゆる生活領域に関する個人的事柄についての自己決定権が憲法上保障されていると解する。なお，一般的行為自由説によっても，人格的生存の核心部分と周辺部分とを区別し，後者については規制の合理性判断は比較的緩やかに審査されるとして，違憲審査基準の点で人格的要素を取り込む見解もある。ただ，日本では自己決定権を真正面から認めた判例は存在しないので，自己決定権は，人格的利益説あるいは一般的行為自由説のうち，いずれの説に基づく権利であるかは明確になっていない。それでは，自己決定権に関する判例として，エホバの証人輸血拒否事件と修徳高校パーマ事件を取り上げて，その判旨を確認する。

(1) エホバの証人輸血拒否事件

この事件では，宗教的信念に基づき輸血拒否の意思を明確にしていた患者に対して，医師が十分な説明をしないまま輸血したことは，患者の意思決定を侵害する不法行為となるか否かが争われた。最高裁は，「患者が，輸血を受けることは自己の宗教上の信念に反するとして，輸血を伴う医療行為を拒否するとの明確な意思を有している場合，このような意思決定をする権利は，人格権の一内容として尊重されなければならない」と判示している。そのうえで，最高裁は，本件のような状況の下では，医師が「手術の際に輸血以外には救命手段がない事態が生ずる可能性を否定し難いと判断した場合には」，患者に対し，「そのような事態に至ったときには輸血するとの方針を採っていることを説明して」，医師の下で手術を受けるか否かを患者自身の意思決定にゆだねるべきであったと解するのが相当であるとし，医師の説明義務違反により患者の自己決定の機会を失わせたことが不法行為にあたるとした（最判平12・2・29民集54・2・582）。

(2) 修徳高校パーマ事件

この事件では，パーマをかけることを禁止する旨の校則が高校生の髪型を自由に決定する権利を侵害しているか否かが争われた。校則による髪型の規

制に関して，最高裁は，高校が校則により「パーマをかけることを禁止して
いるのも，高校生にふさわしい髪型を維持し，非行を防止するためである，
というのであるから，本件校則は社会通念上不合理なものとはいえず」と判
示している（最判平 8・7・18集民179・629）。その一方で，髪型の自己決定に
関して，東京地裁は，「個人の髪型は，個人の自尊心あるいは美的意識と分
かちがたく結びつき，特定の髪型を強制することは，身体の一部に対する直
接的な干渉となり，強制される者の自尊心を傷つける恐れがあるから，髪型
決定の自由が個人の人格価値に直結することは明らかであり，個人が頭髪に
ついて髪型を自由に決定しうる権利は，個人が一定の重要な私的事柄につい
て，公権力から干渉されることなく自ら決定することができる権利の一内容
として憲法13条により保障されていると解される」と判示している（東京地
裁平 3・6・21判時1388・3）。

【設　問】

(1) 日本国憲法が国民に保障する人権は「第3章 国民の権利及び義務」
に掲げられている権利・自由に限られているのか否かにつき，その理
由も踏まえながら論じなさい。

(2) 日本国憲法で個別に規定されていない新しい人権を憲法上の人権と
して認めるための方法について論じなさい。

(3) 幸福追求権について，その意義・法的性格について述べたうえで，
幸福追求権を主要な根拠として主張される権利につき，判例も踏まえ
ながら論じなさい。

参考文献

芦部信喜（高橋和之補訂）『憲法（第7版）』（岩波書店，2019年）
佐藤幸治『日本国憲法論』（成文堂，2011年）
渋谷秀樹『憲法（第3版）』（有斐閣，2017年）
高橋和之『立憲主義と日本国憲法（第4版）』（有斐閣，2017年）
辻村みよ子『憲法（第6版）』（日本評論社，2018年）

野中俊彦ほか『憲法Ⅰ（第5版)』（有斐閣，2012年）
長谷部恭男『憲法（第7版)』（新世社，2018年）

（片上孝洋）

第**10**講　法の下の平等

┌─**本講の内容のあらまし**─
　一般的に使われる「平等」は多義的な概念であるため，そのうちどの
概念を基準とするかによって平等か不平等かの判断が分かれる。そこ
で，本講では，先ずは，憲法は「平等」の概念をどのようにとらえてい
るのかを説明する。また，個人の平等を保障するために，憲法は14条の
ほかに15条，24条などを規定しているので，憲法がこれらの条文を規定
する意義を説明する。さらに，個人の平等を保障するのが裁判所の役割
である。法律の定める別異取扱いが「合理的な区別」であるか「不合理
な差別」であるかを審査する裁判所の考え方を説明したうえで，「法の
下の平等」の理解を深めるために，平等に関する代表的な判例にも言及
する。

第1節　平等の理念

　人権の歴史は，社会を構成し，その中で生きるすべての人びとを個人とし
て尊重しようとする努力の軌跡である。個人の尊厳にとって，平等の理念
は，自由とともに重要である。

　近代市民革命以前は，身分制度を基本とする社会であったため，すべての
人が平等であるという観念は存在しなかった。その後，ロックやルソーなど
の唱える自然権思想によって，身分制を前提とする平等観が根本的に見直さ
れ，人は生まれながらにして自由で平等であるという人権の観念が生まれ
た。この人権の観念は，1776年のアメリカ独立宣言において，「われわれ

は，自明の真理として，すべての人は平等に造られ，造物主によって，一定
の奪うことのできない天賦の権利を付与され，そのなかに，生命，自由，お
よび幸福の追求が含まれることを信じる」と，また1789年のフランス人権宣
言において，「人は，自由かつ権利において平等なものとして出生し，かつ
生存する」（1条）と示されている。また，人権を保障するために，権力を制
限するという考え方が生まれ，この考え方は近代立憲主義と呼ばれている。

　近代市民革命を経て，近代諸国において近代立憲主義の憲法が制定され
た。憲法は，人権条項を規定し，その条項の中で，自由と平等が個人の尊厳
にとっての中核をなすものとなっている。また，憲法の目的である人権保障
にとって，自由と平等は車の両輪に似た関係であると言える。つまり，個人
の自由を放任すれば，平等の理念が蔑ろにされることになり，逆に，平等の
理念を追求すれば，個人の自由が制限されることになる。そのため，自由と
平等がバランス良く歩みを進めなければ，人権を適切に保障することができ
ないのである。

1　形式的平等と実質的平等

　近代市民革命の時代において，平等とは，形式的平等を意味していた。形
式的平等とは，機会の平等であると言うこともできる。すなわち，すべての
人に活動の機会を平等に与えていれば，個人の自由な活動を保障しているこ
とになる。また，形式的平等は，各人の差異を考慮することなく，すべての
人を均等に扱うこともできる。だが反面，形式的平等は，当然，人には，性
別，能力，年齢，財産，職業などの点で，さまざまな差異があることを考慮
しないので，結果として個人の不平等を生み出すことになる。

　18世紀後半にはじまった産業革命以降，資本主義が発達して，人びとの中
に，資本家と労働者，少数の富める者と多数の貧しい者という階級や階層が
つくり出され，そしてそれが固定化されるなど，現実の不平等な状態が生じ
ることになった。そのため，平等観も大きな変容を遂げた。現代国家におい
ては，社会に存在する現実の不平等な状態を解消しなければならないという

考え方が強調されるようになると，平等とは，単に機会が平等に与えられているだけではなく，各人の現実の差異を是正し均一化することまで要求する実質的平等を意味するようになっている。

2　国家による平等

　形式的平等と実質的平等は対立する考え方である。実質的平等は，国家によって平等の達成を図ることになる。そのため，実質的平等を重視するあまり，形式的平等を軽視し過ぎる措置をとれば，それがかえって逆差別を生み出し，ひいては自由の否定にもつながるおそれがある。その一例として，「積極的差別是正措置」（affirmative action）があげられる。この措置は，人種や性別などによる差別が長年にわたって行われていた場合，それを是正するために差別を受けていた人びとに対して優先的な処遇を与えることである。確かに，場合によっては，実質的平等を重視する必要はあり得る。だが，自由を基本とする立憲主義の考え方から見ると，原則は形式的平等であり，実質的平等はあくまで例外的措置であると考える。

第2節　法の下の平等と平等権

1　日本国憲法の平等規定

　大日本帝国憲法（以下，「明治憲法」という）には，「法の下の平等」を明記する規定はなく，平等に関しては，「日本臣民ハ法律命令ノ定ムル所ノ資格ニ應シ均ク文武官ニ任セラレ及其ノ他ノ公務ニ就クコトヲ得」（19条）という公務就任資格の平等規定しか置いていなかった。

　これに対して，日本国憲法は，「第3章 国民の権利及び義務」の中で，さまざまな自由を権利として保障するとともに，「法の下の平等」をも保障している。憲法14条は，1項で「法の下の平等」を基本原則として宣言し，2項で貴族制度を廃止し，3項で栄典の授与に伴う特権を禁止している。

2 平等の意味──絶対的平等と相対的平等

　憲法は自由の基礎法であるという観点から見れば,「法の下の平等」は形式的平等を求めていると考える。それゆえ, 憲法14条1項が定める「平等」とは, 事実上の差異を考慮しないで, すべての人を機械的に均一に取扱うという絶対的平等を意味することになる。しかし, 事実上の差異を一切考慮に入れずに, すべての人を機械的に均一に取扱うことは, 場合によっては, かえって不平等を促進することになる。こうした不平等を回避するためには,「平等」とは, 性別, 能力, 年齢, 財産, 職業などの事実上の差異に応じて「等しいものは等しく, 等しくないものは等しくなく扱う」という相対的平等を意味すると解されている。

3 平等の名宛人──立法者非拘束と立法者拘束

　憲法14条1項は,「法の下の平等」を保障している。ここでの論点は,「法の下の平等」とは, 法の適用における平等を求めているのか, それとも法の内容における平等をも求めているのか, である。この論点について,「法の下の平等」とは, 憲法14条1項の「すべて国民は, 法の下に平等であつて」とする文言を字義どおりに解釈すれば, 法を適用する場合に国民を差別してはならないという法適用の平等のみを求めており, 法内容の平等までをも求めていないようにとれる（立法者非拘束説）。すなわち,「法の下の平等」とは, 立法府が制定した法律が前提としてあり, 行政府・司法府がその法律を執行し適用する場合に国民を差別してはならないという意味である。しかしながら,「法の下の平等」が法適用の平等のみを求めているとすれば, 立法府は, 差別的な法律を制定することができる。これでは, 憲法が違憲審査権を司法府に付与することによって, 立法府による人権の侵害を防止する意味がなくなってしまう。また, 法律の内容自体に不平等があれば, その法律を平等に執行し適用しても, 不平等な結果が残るだけである。したがって,「法の下の平等」とは, 法適用の平等のみならず, 立法者をも拘束し, 法内容の平等をも求めていると解する（立法者拘束説）のが通説・判例の立場である。

4　平等原則と平等権

　憲法14条 1 項は，平等原則と平等権を定めている。この規定は，「法の下の平等」を客観的法原則として法律その他あらゆる国家行為を拘束するとともに，平等に取り扱われる権利または差別されない権利という意味での「平等権」をも保障したものと解することができる。また，平等原則の及ぶ範囲は，平等権の及ぶ範囲よりも広いと解されている。

第 3 節　平等違反の審査方法

1　区別の合理性

　憲法14条 1 項が定める「平等」とは相対的平等を意味しているので，合理的な理由があれば，法律上の別異取扱いは許されると解するのが通説の立場である。最高裁は，憲法14条 1 項は「国民に対し絶対的な平等を保障したものではなく，差別すべき合理的な理由なくして差別することを禁止している趣旨と解すべきであるから，事柄の性質に即応して合理的と認められる差別的取扱をすること」は認められると判示している（最大判昭39・5・27民集18・4・676）。すなわち，法律上の別異取扱いが「合理的な区別」であれば，その取扱いを定めた法律は，憲法14条 1 項に違反しないことになる。その反対に，法律上の別異取扱いが「不合理な差別」であれば，その取扱いを定めた法律は，憲法14条 1 項に違反することになる。しかしながら，「合理的な区別」と「不合理な差別」との境となる基準は，決して憲法の条文から容易に導き出されるものではなく，しかも法律の中で，立法府の選択した取扱いの差異を認める基準が「合理的な区別」にあたるのか否かも一見して明らかであるとは言いがたい。

2　平等違反の審査基準

　法律上の別異取扱いが「合理的な区別」であるか否かを判断するための審査基準が必要となる。最高裁は，立法目的が正当で，目的と手段との間に合

理的関連性があれば足りるとする「合理性の基準」を採用してきた。これに対して，学説は次のように考えている。憲法14条1項後段に列挙された事由については，立法目的が必要不可欠で，その目的達成のための手段が必要最小限度のものであるかを検討する「厳格審査基準」，あるいは，立法目的が重要で，その目的と規制手段との間に事実上の実質的関連性があるかを検討する「厳格な合理性の基準」を採用する。その他の事由の差別については，立法目的が正当で，目的と手段との間に合理的関連性があれば足りるとする「合理性の基準」を適用する。

第4節　列挙事由の内容

　憲法14条1項後段は，「人種，信条，性別，社会的身分又は門地により，……差別されない」と定めて，人種以下5つの差別禁止事由を列挙している。ここでの論点は，憲法14条1項後段に列挙された事由は，差別してはならない事由を限定しているのか，それとも，その事由を例示しているにすぎないのか，である。この論点について，最高裁は，憲法14条1項に「列挙された事由は例示的なものであつて，必ずしもそれに限るものではないと解するのが相当である」と判示している（最大判昭39・5・27民集18・4・676）。したがって，憲法14条1項後段に列挙された事由は，差別してはならない事由を例示しているということになる。近時は，例示列挙の立場から，14条1項後段に列挙された事由に特別の意味をもたせ，これらの列挙事由に基づく差別的取扱いについては，合理的根拠を欠くものと推定されるので，より厳格な審査が要求されるとする見解が有力となっている。それでは，人種以下5つの差別禁止事由を概観する。

　(1) 人　種

　人種とは，人類を骨格・皮膚の色・毛髪の形など身体形質の特徴によって分けた区別をいう。人種差別は，世界的に深刻な社会問題である。1965年の国連総会において，人種差別撤廃条約が採択されている（1969年発効，日本は

1995年批准)。日本では，異なる人種で日本国の統治権に服する者がきわめて少数であるため，人種による差別が法的問題になることは少ない。こうした状況の中で，1899年に制定された北海道旧土人保護法は，その名目をアイヌ民族の保護としていたが，民族による差別的な色彩が濃いものであった。そのため，この法律は，1997年に「アイヌ文化の振興並びにアイヌの伝統等に関する知識の普及及び啓発に関する法律」が施行されたことに伴い廃止された。

(2) 信　条

信条は，宗教上の信仰を意味したが，今日では，広く思想上・政治上の主義，世界観などを含むと解するのが通説である。学説には，信条は，根本的なものの考え方を意味し，単なる政治的意見や政党的所属関係を含まないとする見解もあるが，両者の区別は相対的なものであり，後者を排除する理由はないと解する。

(3) 性　別

性別とは，男女の生物学的・身体的性差のことをいう。明治憲法下の日本では，男女差別が当然視されていた。だが，日本国憲法下の日本では，婦人参政権の実現，妻の無能力など婦人を劣位においた民法の諸規定の改正，父系優先血統主義から父母両系血統主義への国籍法の改正などを通じて，性別による差別は大幅に改められた。また，日本は，1985年に女子差別撤廃条約 (1979年採択，1981年発効) を批准したことを受けて，1985年に男女雇用機会均等法を制定し，それと関連して労働基準法を改正して女性保護規定の見直しを行った。さらに，1999年の男女共同参画社会基本法の制定によって，社会のさまざまな領域における性差別の解消を促進するための取り組みが行われている。その一方で，男女平等の見地から，婚姻適齢の男女差 (民法731条)，夫婦同氏の原則 (民法750条) の問題が提起されている。なお，2018年6月13日，成人 (成年) 年齢の引き下げを主な内容とする「民法の一部を改正する法律」が成立した。この法律は，男女の区別をなくし，婚姻適齢を一律18歳と定めている。そのため，婚姻適齢の男女差の問題については，解決さ

れたことになる。

(4) 社会的身分

社会的身分とは，一般に人が社会において占めている地位をいう。だが，社会的身分の意味については，出生によって決定され，自己の意思で変えられない社会的な地位と解する狭義説と，人が社会において一時的にではなく占めている地位で，自分の力ではそれから脱却できず，それについて事実上ある種の社会的評価を伴うものと解する中間説と，広く社会においてある程度継続的に占めている地位と解する広義説が存在する。憲法14条1項後段に列挙された事由に特別の意味をもたせる場合には，狭義説または中間説が妥当であると考えられるであろう。

(5) 門　地

門地とは，家系・血統などによる家柄をいう。天皇・皇族は，まさに門地である。但し，憲法が世襲による天皇制（1条，2条）を採用しているので，天皇・皇族は，憲法自体が認めた例外である。

第5節　平等原則の具体化

日本国憲法は，明治憲法下の不平等状態を解消して平等原則を徹底するために，憲法14条1項のほかに，次の規定を置いている。

(1) 貴族制度の廃止

憲法14条2項は，「華族その他の貴族の制度は，これを認めない」と定めている。貴族とは，一般国民から区別された特権を伴う世襲の身分をいう。貴族制度は，憲法14条1項が門地による差別を禁止していることからも認められない。

(2) 栄典に伴う特権の禁止

憲法14条3項は，「栄誉，勲章その他の栄典の授与は，いかなる特権も伴はない。栄典の授与は，現にこれを有し，又は将来これを受ける者の一代に限り，その効力を有する」と定めている。栄典とは，国家・社会に功労の

あった人を表彰して与える待遇・地位・称号などをいう。栄典の授与は，授与される者の特別の功労に報いるものであるから，一般人との区別が生じても，合理的である。この規定は，名誉の表彰と特権の付与との結びつきを禁止している。そのため，文化勲章受章者に対して文化功労者年金法に基づく年金の支給がこの規定にいう特権に該当するか否かの争いがある。この年金の支給は，合理的範囲内での経済的利益の付与であるから，特権に該当しないものと一般に解されている。

(3) 公務員の選挙における平等

憲法15条 3 項は，「成年者による普通選挙を保障する」ことによって選挙権の平等を定めている。また，憲法44条ただし書は，法律で両議院の議員および選挙人の資格を定めるにあたって，「人種，信条，性別，社会的身分，門地，教育，財産又は収入によつて差別してはならない」と定めている。この規定には，憲法14条 1 項後段に列挙された人種以下 5 つの差別禁止事由のほかに，「教育」，「財産」，「収入」の 3 つの差別禁止事由が追加されている。これら 3 つの差別禁止事由は，GHQ 草案・憲法改正草案要綱・憲法改正草案には明記されていなかったが，かつて「教育」，「財産」，「収入」によって選挙人の資格を制限したことがあったので，衆議院の修正によって追加された。

(4) 家族生活における両性の平等

憲法24条 1 項は，婚姻の自由と夫婦の同権を，同条 2 項は，個人の尊厳と両性の本質的平等を定めている。この規定の主眼は，明治憲法時代の男尊女卑思想に貫かれた家制度を解体し，個人の尊厳と両性の本質的平等に基づく新たな家族像の構築を図ることにあると解されている。

(5) 教育の機会均等

憲法26条 1 項は，すべての国民に対して教育の機会均等を保障する。憲法26条 1 項と憲法14条 1 項の理念をうけて，教育基本法 4 条は「すべて国民は，ひとしく，その能力に応じた教育を受ける機会を与えられなければならず，人種，信条，性別，社会的身分，経済的地位又は門地によって，教育上

差別されない」と定めている。この規定は，単に教育を受ける機会を均等にすることのみならず，教育のあらゆる場合において能力以外の事由によって差別的取扱いをしてはならないことを定めている。

第6節　判例に見る平等問題

平等に関する代表的な判例をいくつか取り上げて，その内容を概観する。

1　尊属殺重罰規定違憲判決

実父に夫婦同様の関係を強要されてきた被告人は，男性から結婚の申込みを受けたが，それを知った実父にさらに虐待を受けた。被告人は，この境遇から逃れようと実父とを絞殺し，尊属殺人罪で起訴された。

1995年改正前の刑法は「自己又ハ配偶者ノ直系尊属ヲ殺シタル者ハ死刑又ハ無期懲役ニ処ス」（200条）と定めていた。尊属殺人罪の場合には，その法定刑のうち無期懲役を基礎にして，現行法上許される2回の減軽を加えても，処断刑の下限は懲役3年6月を下ることがなく，その結果として，いかに酌量すべき情状があろうとも刑の執行を猶予することはできなかった。一方で，普通殺人罪の場合には，「死刑又ハ無期若クハ三年以上ノ懲役ニ処ス」（199条）と定めていたため，刑種を選択することができ，しかも現行法上許される減軽を加えれば，刑の執行を猶予することはできた。そのため，普通殺人罪の法定刑と比べて，尊属殺人罪の法定刑を特に重くすることが，憲法14条1項の禁止する不合理な差別的取扱いにあたるか否かが問題となった。

最高裁は，尊属に対する尊重報恩は，社会生活上の基本的道義であって，このような普遍的倫理の維持は，刑法上の保護に値するから，尊属に対する殺害を通常の殺害よりも重く処罰する規定を設けたとしても，直ちに合理的根拠を欠くものと断ずることはできないが，尊属殺人罪の法定刑を「死刑又は無期懲役」に限っていることは，極端であって，その立法目的達成のため必要な限度をはるかに超え，普通殺人罪の法定刑に比し著しく不合理な差別

的取扱いをするものであり，憲法14条 1 項に違反して無効であると判示した（最大判昭48・4・4刑集27・3・265）。

2　国籍法違憲判決

法律上の婚姻関係にない日本国民である父と日本国民でない母との間に日本において出生した者が，出生後父から認知を受けたことを理由として法務大臣あてに国籍取得届を提出したところ，国籍取得の条件を備えておらず，日本国籍を取得していないものとされたことから，国籍法 3 条 1 項が憲法14条 1 項に違反すると主張して，日本国籍を有することの確認を求めた。

2008年改正前の国籍法は，日本国民である父と日本国民でない母との間に出生した後に父から認知された子について，父母の婚姻により嫡出子たる身分を取得した場合に限り，届出により日本国籍を取得できると定めていた（3条 1 項）。国籍法 3 条 1 項の立法目的は，父母両系血統主義を基調としつつも，日本国民との法律上の親子関係の存在に加え，我が国との密接な結び付きの指標となる一定の要件を設けて，これらを満たす場合に限り出生後における日本国籍の取得を認めることである。だが，国籍法 3 条 1 項は，同じ非嫡出子の身分であるにもかかわらず，父母が婚姻しているか否かによって，日本国籍を取得できる子と日本国籍を取得できない子という区別を作り出している。そのため，このことが憲法14条 1 項に違反するか否かが問題となった。

最高裁は，国籍法が，非嫡出子についてのみ，父母の婚姻という，子にはどうすることもできない父母の身分行為が行われない限り，日本国籍の取得を認めないとしている点は，不合理な差別であり，これを生じさせた立法目的自体に合理的な根拠は認められるものの，立法目的との間における合理的関連性は，我が国の内外における社会的環境の変化等によって失われており，今日において，合理性を欠いた過剰な要件を課するものとなっている，との理由で，国籍法 3 条 1 項は，憲法14条 1 項に違反すると判示した（最大判平20・6・4民集62・6・1367）。

3　婚外子相続分差別違憲決定

　被相続人には，法律上の婚姻関係にあった妻との間の子のほか，法律上の婚姻関係になかった女性との間にも子がいた。2013年改正前の民法は，非嫡出子の法定相続分を嫡出子の2分の1と定めていた（900条4号ただし書）。そのため，被相続人の遺産の相続にあたって，民法900条4号ただし書（以下，「本件規定」という）が憲法14条1項に違反するか否かが問題となった。

　これまでの同様の訴訟において，最高裁は，民法は法律婚主義を採用している以上，法律婚の尊重と非嫡出子の保護の調整を図ったという本件規定の立法目的には合理的な根拠があるというべきであり，本件規定が非嫡出子の法定相続分を嫡出子の2分の1としたことは，その立法目的との関連において著しく不合理であり，立法府に与えられた合理的な裁量判断の限界を超えたものということはできないので，本件規定は，合理的理由のない差別とはいえず，憲法14条1項に違反するものとはいえないと判示した（最大決平7・7・5民集49・7・1789）。

　2013年9月4日，最高裁は，本件規定が憲法14条1項に違反するか否かを審査するための判断枠組み自体を大きく変えずに，法律婚主義の下においても，嫡出子と非嫡出子の法定相続分の規定については，相続制度に関する事柄を総合的に考慮して決せられるべきものであり，また，これらの事柄は時代と共に変遷するものでもあるから，その規定の合理性については，個人の尊厳と法の下の平等を定める憲法に照らして不断に検討され，吟味されなければならない，という新たな観点を示した。この観点から見ると，現在においても法律婚制度自体は我が国に定着していることを認めるが，1947年の民法改正から現在に至るまでの間の家族形態の多様化やこれに伴う国民の意識の変化などを総合的に考察すれば，家族という共同体の中における個人の尊重がより明確に認識されてきているなかで，法律婚制度の下で父母が婚姻関係になかったという，子にとっては自ら選択ないし修正する余地のない事柄を理由としてその子に不利益を及ぼすことは許されず，子を個人として尊重し，その権利を保障すべきであるという考えが確立されてきている。これら

を総合すれば，立法府の裁量権を考慮しても，嫡出子と非嫡出子の法定相続
分を区別する合理的な根拠は失われているので，本件規定は，憲法14条1項
に違反すると判示した（最大決平25・9・4民集67・6・1320）。

4　議員定数不均衡問題

　憲法14条と憲法44条ただし書は，選挙権の平等＝一人一票の原則を定めた
規定であると解されている。最高裁は，1972年に実施された衆議院議員総選
挙の際，1対4.99に達していた投票価値の較差に対して違憲の判断を下して
いるが，選挙自体は事情判決の法理を援用して有効としている（最大判昭51・
4・14民集30・3・223）。最高裁は，「各選挙人の投票の価値の平等もまた，憲
法の要求するところである」と判示している。しかし，最高裁は，違憲とな
る較差の数値基準を明示せず，その代わりに，選挙制度や選挙区割りなどに
ついて立法府に広い裁量があることを前提に，裁量権の行使が合理性を欠く
場合になってはじめて，較差が違憲状態になるという枠組みを示している。
しかも，最高裁は，立法府が定数配分を改正するための猶予期間まで認め，
その合理的期間内に投票の価値の不平等が是正されなければ，違憲となるこ
とを示している。

　1994年の公職選挙法の改正によって，小選挙区比例代表並立制が採用され
ることになった。この改正後に実施された総選挙につき選挙区割規定を違憲
無効として提起された訴訟において，最高裁は1対2.309の人口較差につい
て，「1人別枠方式」は国会の裁量の範囲を逸脱せず，投票価値の不平等も
不合理な程度までには達していないとして，合憲の判断を下した（最大判平
11・11・10民集53・8・1441）。その後，しばらく，この判決が踏襲されていた
が，2009年の総選挙につき，最高裁は，最大格差が1対2.304にまで拡大し
た主要因が「1人別枠方式」にあると見て，「憲法の投票価値の平等の要求
に反する状態に至っていた」と判断したが，是正に要する合理的期間を徒過
してはいないことをもって，結果的に合憲の判断を下した（最大判平23・3・
23民集65・2・755）。

　2012年12月の総選挙は，最高裁から違憲状態にあったと判断された選挙区割りのまま実施されたために，最大格差が１対2.425にまで拡大した。その結果，2013年３月から４月にかけて，高等裁判所では，今回の選挙を違憲と判断するものが15件にのぼり，そのうち２件（広島高裁と同岡山支部）が選挙を違憲で無効とする判決を下した。現行憲法のもとでの選挙自体の無効判決は，下級裁判所を含め，初めてであった。その後，最高裁の判断が注目されたが，2013年11月，最高裁は，国会が一票の格差を２倍未満に抑えるための「０増５減」による定数配分の見直しに取り組んでいることを指摘しつつ，今回の総選挙の区割りは，前回の2009年選挙時と同様に「憲法の投票価値の平等の要求に反する状態にあったものではあるが，憲法上要求される合理的期間内における是正がされなかったとはいえず，本件区割規定が憲法14条１項等の憲法の規定に違反するものということはできない」と判示した（最大判平25・11・20民集67・８・1503）。

【設　問】
(1) 憲法で保障されている「平等」の概念について論じなさい。
(2) 憲法14条１項は「法の下に平等」と定めているが，「法の下に平等」の意味について論じなさい。
(3) 法律上の別異取扱いが憲法14条１項に違反するか否かを判断する審査基準について論じなさい。

参考文献
芦部信喜（高橋和之補訂）『憲法（第７版）』（岩波書店，2019年）
浦部法穂『憲法学教室（第３版）』（日本評論社，2016年）
渋谷秀樹『憲法（第３版）』（有斐閣，2017年）
高橋和之『立憲主義と日本国憲法（第４版）』（有斐閣，2017年）
野中俊彦ほか『憲法Ｉ（第５版）』（有斐閣，2012年）

（片上孝洋）

第**11**講　思想良心の自由・信教の自由・学問の自由

・・・・**本講の内容のあらまし**・・・・・・

　日本国憲法は「思想良心の自由」「信教の自由」「表現の自由」「学問の自由」の保障を憲法19条「思想及び良心の自由」，憲法20条「信教の自由」，憲法21条「表現の自由」，憲法23条「学問の自由」の４か条で個別に保障している。これら４か条は一括して精神的自由権と呼ばれ，経済的自由に対する優越的な地位に置かれている。精神的自由は国王や政府などの国家から諸個人に与えられたものではなく，国家以前に人間が本来持っている権利であり人間が人間であるところの根本的な自由としての権利である。憲法19条「思想及び良心の自由」は内面における精神的自由を一般的に保護する総則的規定であり，精神活動が外部に表明された場合，宗教的な側面は信教の自由（20条），表現活動の側面は表現の自由（21条），学問的な側面は学問の自由（23条）としてその保護を受ける。それらは厳密に判断された後，一定の制約を受ける場合もあるが，精神活動が内心に留まる限り内心の自由は絶対無制約である。本講は「思想良心の自由」「信教の自由」「学問の自由」を取り上げ，日本国憲法が保障する人間の基本的な精神活動の自由について検討を行う。

第１節　思想及び良心の自由

1　歴史的背景

　良心を意味する conscience は「ともに知る」という意味を持つが，歴史的にみて良心の自由の確保は中世の教会権力の宗教的迫害に対する闘争から始まる。宗教的迫害からの自由の保障がまず内心の自由，信教の自由として

意識され，この宗教的自由を獲得することで近代的自由の体系は形成されていった。

　日本国憲法19条は思想及び良心の自由を保障するが，本条のように独立の条文で思想及び良心の自由を規定する例は少ない。これは日本が経てきた明治憲法下での苦い経験とその反省を基にすることを理由とする。明治憲法下では思想良心の自由，学問の自由の保障規定は無く，信教の自由の保障規定は置かれてはいたが，その保障は不十分であった。このため精神的自由は様々な形で抑圧され，戦前の治安維持法によって内心そのものが侵害される事例が相次ぎ，不当な思想弾圧が行われた。

　第二次大戦後，ポツダム宣言10項「言論，宗教および思想の自由，並びに基本的人権の尊重は，確立せられるべし」との要求と，連合国軍総司令部の「政治的，民主的及び宗教的自由に対する制限撤廃に関する覚書」等，一連の指令により政府は治安維持法等の思想弾圧立法の廃止を義務付けられた。このような経過を経て思想良心の自由は日本国憲法19条で明文化された。

2　内心の自由の意味

(1)　思想・良心の一体説と分離説

　憲法19条の保障する「思想及び良心」の意味するものについて，当初，思想と良心とを一体のものと捉える一体説と，両者を区別する分離説の２つの立場が登場した。分離説における思想とは内心の論理的則面を指し，良心とは内心の倫理的側面を指す。しかし思想と良心との区別は困難であり，ともに人間の内心の精神作用であることに変わりはなく，思想と良心を一体のものと捉え，思想・良心を「内心における考え方ないし見方」と捉える一体説が通説とされる。

(2)　広義説（内心説）と狭義説（信条説）

　思想良心を一体のものと捉えた場合，その保障範囲が論点となる。この点について，学説では２つの立場が在る。

　１つは広義説（内心説）と呼ばれ，他方は狭義説（信条説）と呼ばれる。両

者の論点に関する重要な判例「謝罪広告事件」（最大判昭31・7・4民集10・7・785）は「思想良心の自由」のリーディング・ケースとされる。名誉を回復するための謝罪広告掲載命令が争点となった事件であるが，肝心の憲法19条の保障内容についての最高裁自身の判示は行われず合憲となった。判決には2つの対象的な個別意見が付与された。一方の意見は，思想良心は事物に関する是非弁別の内心の自由と捉え，人の内心活動一般を広く保護しようとする藤田八郎裁判官の反対意見であり広義説（内心説）の基礎となった。他方，憲法19条の保障する思想良心とは世界観・人生観・主義・主張など個人の人格形成に関わる内面的精神作用と捉える田中耕太郎裁判官の補則意見であり，憲法19条の保障範囲を限定的に捉えその保障をより効果的に確保しようとする狭義説（信条説）の基礎となった。広義説（内心説）に立てばその保障を相対化させるとの批判もある。また狭義説（信条説）では思想良心の自由の保障する範囲は信仰に準ずべき世界観，人生観等の個人の人格形成の核心をなすものとされ，単なる事実の知・不知は保障範囲とされず，このように保障範囲を限定してしまうことは思想及び良心の自由の保障を弱めてしまうとの批判もある。

3　内心の自由が保障するもの

憲法19条が明文化する「侵してはならない」思想良心の自由の保障内容について以下の5項目が挙げられる。

（1）内心の絶対性

憲法19条は「思想及び良心の自由は，これを侵してはならない」と規定するが，思想良心は内心という人格の中核に位置するものであり，その侵害は個人の尊厳及び民主主義の精神基盤の崩壊につながる。日本国憲法は内心領域に留まる限りどのような思想良心をも保障する。たとえそれが国家体制を批判する内容や民主主義，憲法の根本理念を否定するものであっても内心領域における限りそれは絶対的に保障される。自由な民主主義や憲法体制を擁護すべきことは当然である。しかし民主制を守るという名目のもとに権力に

とって都合の悪い思想が抑圧されるなら，民主主義にとっての基本的な前提基盤が民主主義の名により破壊されることになる。日本国憲法における思想及び良心の自由は，いかなるものも自由でなければならない。日本国憲法19条は内心の自由の絶対性を完全に保障するものであり，特定の思想及び良心を持つことを強制したり，禁止したりすることは許されないことは言うまでもない。個人が自由に自己の内心において感じ考える精神活動の自由に積極的価値を持たせ如何なる内心も自由であり，むしろ多数者に否定されるような少数者の内心を保護するところに思想及び良心の自由の本質があるのである。

(2) 沈黙の自由と内心の告白の強制・推知の禁止

内心の表明を要求されたり，あるいはまた何らかの行為を強制されることによって内心を推知されることは許されない。このような自由を沈黙の自由という。国家が個人の信条調査を行ったり，江戸時代に行われたキリスト教弾圧のための踏絵等の行為や，密告を受理したりすることも許されない。沈黙の自由の侵害が問われた教職員に「自己観察」を記入させる勤務評定長野式方式においては最高裁は教員の自己評定義務を認める判決（長野地判昭39・6・2判時374・8）を支持している（最判昭47・11・30民集26・9・1746）。

(3) 内心を理由とする不利益を課せられないこと

戦前の治安維持法下での思想弾圧や思想犯への処罰，戦後の占領時下での公職追放やレッド・パージなど，思想・良心を理由とした不利益処分を受けない自由を憲法19条は保障している。しかし入社の際の思想調査による不利益が問われた三菱樹脂事件（最大判昭48・12・12民集27・11・1536)，学校作成の内申書に制度の思想・良心の記載をすることによる不利益が問われた麹町中学内申書事件（最判昭63・7・15判時1287・65）など，いずれも最高裁は19条違反を認めてはいない。

(4) 内心に反する外的行為の強制の禁止

思想・良心に反する行為の強制によって個人が深刻な苦痛を被る場合に憲法19条はその行為を免除する可能性を含む。思想や信条に反する義務の履行

を拒否することや義務の免除を一般的に肯定すれば社会は成り立たない。しかし公権力により課される義務が個人の思想良心と相反する場合の調整は，諸外国での良心的兵役拒否の制度に見られるように真摯な対応が可能であり，裁判員制度の良心的拒否などが今後の課題であろう。判例では公立学校の入学式や卒業式で教師が国家斉唱を拒否したことが問題になった君が代起立斉唱命令事件（最判平23・5・30民集65・4・1780），入学式におけるピアノ伴奏を拒否した音楽教諭が戒告処分を受けたことが問題になった君が代ピアノ伴奏拒否事件（最判平19・2・27民集61・1・291）等がある。いずれも19条違反を認めてはいないが，思想良心の自由の間接的な制約の有無が言及され，今後も検討が必要な課題である。

(5) 内心を形成する自由を妨害されないこと

　特定の思想を誹謗したり，あるいは勧奨することによって内心の自由な形成を妨害されることは許されないことを憲法19条は保障している。内心の形成の自由は人間が本来当然にもつ権利であり，また民主主義の基盤を支える基本的前提条件でもある。思想教育や思想宣伝，政治言論などは禁止され，学校や刑事施設などの閉ざされた空間での特定のメッセージの押し付けなども許されない。

　このように憲法19条の保障する思想及び良心の自由は，内心における精神活動を一般的に保障し，その内容について価値判断が行なわれ，自由を保障するか否かが決まるものではない。自己の良心に反する発言や行動を強制されず国家や社会のうちで自己の良心に従って生きる自由ということができるであろう。

第2節　信教の自由

1　歴史的背景

　信教の自由は，歴史的な宗教の対立や弾圧を背景に，宗教の自由の確立と，国家と教会の分離が求められ，人権宣言や各国の近代憲法にほぼ例外な

く規定されており，今日でも重要な精神的自由の一つと考えられている。

　日本では明治憲法下，28条において信教の自由は規定されていたが，限定付きの自由であり，かつ法律の留保が規定されていた。神権天皇制の下で神社神道が国家神道として扱われ，事実上の国教となり軍国主義の柱として利用された。それ以外の宗教のなかにはキリスト教や大本教など，弾圧を受けた宗教も少なくなかった。

　こうした状況を前提に，ポツダム宣言や連合国総司令部の神道指令は，神道神社に対する公的支援の廃止と政教分離を求め，また神道教義からの軍国主義的な国家主義的思想の除去を命じた。このような歴史的経緯から日本国憲法は信教の自由を保障し，さらに政教分離を詳細に規定し，国家と宗教の分離を明確にした。

　まず個人に対して，憲法20条1項前段で「信教の自由は，何人に対してもこれを保障する」と定め，2項で「何人も，宗教上の行為，祝典，儀式又は行事に参加することを強制されない」と規定し，信教の自由を保障している。

　そして国家に対して，憲法20条1項後段で「いかなる宗教団体も，国から特権を受け，又は政治上の権力を行使してはならない」と定め，3項で「国及びその機関は，宗教教育その他いかなる宗教活動もしてはならない」と規定し，国家と宗教の分離を定める（政教分離）。さらに憲法89条で「公金その他の公の財産は，宗教上の組織若しくは団体の使用，便益若しくは維持のため，……これを支出し，又はその利用に供してはならない」と規定し財政面からの政教分離を定める。

2　信教の自由の意味

　憲法20条で規定する信教の自由が保障する宗教とは何を指すかにつき，下級審判決は宗教を「超自然的，超人間的本質（すなわち絶対者，造物主，至高の存在等，なかんずく神，仏，霊等）の存在を確信し，畏敬崇拝する心情と行為」と定義する「津地鎮祭訴訟」（名古屋高判昭46・5・14行集22・5・680）。信教の

自由の保障観点からは他の宗教を否定することのないよう広く捉える必要がある。宗教の定義は多様であるが，政教分離の観点からは宗教をある固有の教義体系を備えた組織的背景を持つものと限定して捉えることが必要であろう。

3　信教の自由の保障するもの

　信教の自由は，内心における信仰選択の自由と，信仰を外部に表明する自由を保障する。内心における信仰選択の自由は信仰の自由として保障され，思想・良心の自由の宗教的側面の保障ともいえる。また信仰を外部に表明する自由は宗教的行為の自由として保障され，宗教上の表現・結社の自由として保障されるものともいえる。

　(1)　信仰の自由

　信仰の自由は，個人が任意に宗教を信仰する自由あるいは信仰しない自由，信仰する宗教を選択し変更する自由，信仰を告白する自由や沈黙する自由を保障する。この自由は思想・良心の自由と同様に個人の内心の自由であり絶対に侵すことは許されない。また信仰を理由とする不利益や公権力などによる信仰内容の告白の強制は許されない。

　(2)　宗教的行為の自由

　宗教的行為の自由は信仰に関して，宗教上の儀式，式典，行事，布教等を個人または他の者と共同して任意に行う自由，あるいは行わない自由を保障する。当然，宗教的標章を身に付ける自由も保障されると考えられる。明治憲法下の苦い経験をもとに，憲法20条 2 項は特に宗教的行為への参加を強制されない自由を明文化している。公権力が宗教上の儀式や拝礼を強制したり，宗教的行為を合理的理由なく制限することは許されない。加持祈祷事件（最大判昭38・5・15刑集17・4・302），牧会活動事件（神戸簡判昭50・2・20判時768・3），キリスト教徒日曜日事件（東京地判昭61・3・20行集37・3・3・347），エホバの証人剣道実技拒否事件（最判平 8・3・8民集50・3・469）等では，法令上の一般的規制が宗教的行為を制限するか否かが問われた。個別の

事案を具体的に検討し，その規制には慎重な配慮が必要である。

（3）宗教的結社の自由

　宗教団体を結成し活動する自由をいい，その団体への加入，不加入，もしくは脱退の自由を含む。公権力が宗教団体の結成を促したり妨げたり，あるいはその活動に介入することは許されない。宗教的結社の自由は，宗教法人法の制定により具体的に保障されている。同法は宗教団体に法人格を与えることを目的とするが，同法81条が予定する解散命令制度は裁判所がその宗教法人の解散を命じることができる旨を規定する。宗教法人オウム真理教解散命令事件（最決平8・1・30民集50・1・199）では，本件解散命令は必要やむを得ない法的規制であるとし，信教の自由の重要性を考慮した慎重な審査が行われた。反面，オウム真理教とその後継分派に対しては観察処分が続いており，宗教的結社の自由の侵害にあたるとの指摘もある。引き続き慎重な判断が必要であろう。

4　政教分離原則

（1）政教分離原則の意味

①　国家と宗教の結びつきの主要形態

　信教の自由の保障には国家の宗教的中立性や非宗教性の確保が必要であるが，政教分離の形態には三つの類型がある。

　a）国教承認型　　イギリスが典型であり国教を建前とする。イギリス国教会に対する特権的地位を保障するが，それ以外の宗教に対しても広汎な宗教的寛容や信教の自由保障を確立している制度である。デンマーク，ノルウェーなどが挙げられる。

　b）政教同格型　　国教を認めず複数の宗教団体を公法上の団体とし，特権を認める。国家と宗教団体は独立して存在するが一定の協力関係を保ち，競合する事項については政教条約（コンコルダート）や教会条約を締結し，両者の友好的な関係の下に処理する制度をいう。ドイツ，イタリア，などが挙げられる。

　c）厳格分離型　　国教を認めず国家と宗教を厳格に分離し，宗教団体は私法上の団体として扱い，いかなる特権や公認も認めない。国家の主教的中立性ないし非宗教性が厳格に要求され，国家と宗教団体相互の干渉や協働を禁止する制度をいう。アメリカ，フランスが典型例である。

　政教分離の本質は国がいかなる宗教にも特権や公認を与えず，公金を付与しないという二つの要素が挙げられる。日本国憲法は先に挙げた歴史的背景を基に，世俗的政治的目的と宗教との結合を禁止するものとして政教分離原則の厳格分離型を採用しているといえる。

　②　政教分離原則の内容

　憲法20条1項と3項で規定される政教分離原則の内容について，以下の4項目が挙げられる。

　a）特権付与の禁止　　憲法20条1項後段は，いかなる宗教団体に対しても特権の付与と政治上の権力行使を禁止する。これにより国教制度や公認宗教制度は禁止されるが，文化財保護のための補助金支給や宗教法人に対する非課税措置などは特権の付与には当たらないとされている。

　b）政治上の権力の禁止　　また憲法20条1項後段は，宗教団体の政治上の権力行使を禁止する。政治上の権力とは国又は公共団体に独占されている立法権や課税権などの統治権力を指し，国は宗教団体に政治上の権力を行使させてはならない規定と解される。

　c）公権力の宗教活動の禁止　　憲法20条3項は国及びその機関に対し，宗教教育その他いかなる宗教的活動もしてはならないと規定する。宗教教育とは宗教を宣伝し広めること又は排除することを目的とする教育のことを指す。宗教的活動については前述津地鎮祭訴訟や殉職自衛官合祀拒否訴訟（最大判昭63・6・1民集42・5・277），箕面忠魂碑・慰霊祭訴訟（最判平5・2・16民集47・3・1687）等がある。宗教活動の禁止が原則であるにも関わらず，関り合いの存在が前提となり，前提条件の逆転という批判がある。

　d）公金支出の禁止　　憲法89条は政教分離原則を財政面から規定する。公金その他の公の財産を支出し，またはその利用に供え，特定の宗教に対し

て援助や助長，促進や干渉を行うことは政教分離に反すると解される。

(2) 政教分離原則の法的性格

信教の自由は政教分離が保障される時にのみ可能であり，国家と宗教の絶対的断絶こそが信教の自由の最善の保障となる（後藤光男『政教分離の基礎理論―人権としての政教分離―』成文堂2018，123頁）。信教の自由と政教分離原則は，権利という単一のコインの二つの両側面と捉えられる。

政教分離の法的性格については従来，人権説と制度的保障説の二つの立場がある。日本における政教分離規定は「信教の自由そのものを直接保障するものではなく，国家と宗教との分離を制度として保障することにより，間接的に信教の自由を確保しようとする」（前述：津地鎮祭訴訟）とされ，制度自体を保障することにより関連する権利を保障すると解されている。また信教の自由と政教分離を目的と手段の関係として把握する立場もあり，いずれも政教分離原則の権利性を否定するものであることに違いはない。

① 政教分離と目的効果基準

政教分離原則は国家の宗教的中立性ないし非宗教性を求めるものである。日本国憲法は先に挙げた政教分離原則の厳格分離型を採用してるといえるが，判例では政教分離を国家と宗教との関わりそのものを一切禁止するものではないとし，国家と宗教との関わり具合の程度を問題とした。この点に関して最高裁は前述津地鎮祭訴訟以来，いわゆる目的・効果基準といわれるアメリカの判例法理を判断基準として示した。憲法20条3項で禁止される宗教的活動に該当するか否かを，当該行為の目的と効果に鑑みて，①「その行為の目的が宗教的意義をもち」，②「その効果が宗教に対する援助，助長，促進又は圧力，干渉等になるような行為であり」，宗教との関わり合いが相当とされる限度を超えるものであると認められる場合のみ違憲となるとするものである。しかしこの基準はアメリカと比較し緩やかな分離を正当化するために機能しうることが危惧される。学説では，目的・効果基準の厳密な適用を条件として肯定するのが多数説であるが，この基準を用いることに批判的な立場もある。同じ目的・効果基準を採用し異なる結論が導かれる諸判決も

あり（前述津地鎮祭訴訟や殉職自衛官合祀拒否訴訟（最大判昭63・6・1民集42・5・277），箕面忠魂碑・慰霊祭訴訟（最判平5・2・16民集47・3・1687），愛媛玉串料訴訟（最大判平9・4・2民集51・4・1673）等），理論の有効性を再検討し厳格分離説からの基準論の構築が今後の課題であろう。

②　政教分離違反行為からの救済

　政教分離が疑われても，政教分離を主観的権利とみなすことは困難であると考えられており，個人が適法に提訴することは難しく，ほとんどの政教分離関係の訴訟は客観訴訟としての住民訴訟として提訴されている。内閣総理大臣公式参拝訴訟（最判平18・6・23判時1940・122）では最高裁は違憲判断を行うことなく棄却した。しかし，政教分離を人権と捉えるならば，政教分離が疑われる国の行為により間接的な圧力を受けたことが証明できる個人は，当該行為の差し止めを求める原告適格が認められ，訴訟の提訴が可能となると考えられる（後藤・前掲著145頁）。

(3)　政教分離原則の緊張関係

　信教の自由の保障のための政教分離原則であるが，政教分離を厳格に貫くと，個人の信教の自由を侵害する場合がある。信仰を理由とした免除や代替措置が特定の宗教の優遇とみなされ，むしろ信教の自由を損なう可能性がある。前述エホバの証人剣道実技拒否事件等の判決に見られるよう，判断には個別具体的な検討を行い，その根底には信教の自由への最大限の配慮が必要であることはいうまでもない。空知太神社訴訟（最大判平22・1・20民集64・1・1），愛媛玉串料訴訟（最大判平9・4・2民集51・4・1673）は，政教分離原則に違反することを国が認めた二つの政教分離違憲判決である。

第3節　学問の自由

1　歴史的背景

　学問の自由の概念は19世紀中頃のドイツ憲法において制度上明確にされたが，当初は大学における学問と教授の自由（大学の自由）として限定され，市

民的自由とは切り離して展開されてきた。19世紀後半以降，大学等が政治や産業社会の資金に財政依存するに従い，学問の自由の保障が必要とされるようになった。

　日本では明治憲法下，学問は国家のために行われ学問の自由を保障する規定は無く，むしろ国家の干渉と圧力下による研究と教育を行うという状況であった。そして滝川事件（1933年）や天皇機関説事件（1935年）等，権力による干渉や弾圧が行われるようになり真の学問の自由は存在しなかった。このような歴史的背景を踏まえ，憲法23条で「学問の自由は，これを保障する」と明文化し，学問研究が事実と理性にのみ基づき，いかなる制約も受けることなく自律的に発展を遂げることを保障することを定めた。

2　学問の自由の意味

（1）学問の自由の主体

　学問の自由は当初，大学の自由として発展してきたが大学等の高等教育機関だけの特権ではなく，学問の自由は「教授の自由」を除き，すべての人に保障される自由である。とはいえ，大学は学問研究の中心的機関であるゆえ大学における学問の自由の保障には特に配慮が必要であり，学問の自由には「大学の自治」の保障が含まれることになる。

（2）学問の自由の内容

　学問の自由は，①学問研究の自由，②研究発表の自由，③学問研究の教授の自由，の三つを保障する。また特に大学の自由に着目し，大学の自治の保障もその内容に含む。

①　学問研究の自由

　学問研究が個人の自由な立場で事実と理性に基き，公権力の干渉や制約を受けることなく行われる自由を保障するものである。学問研究の自由は，思想・良心の自由の一部とも考えられる場合があるが，学問研究は単なる内心の精神活動ではない。研究目的がどのような内容であっても許されるわけではなく，先端科学研究の領域，例えばクローン技術における倫理問題等への

適法な制約は許容されるであろう。

②　研究発表の自由

　真理の発見や探求を学問の自由の中心とするならば，その研究成果の発表の自由も同様に重要な位置を占める。表現の自由保障の一部としても考えることができ，学問研究の意義を支える大切な保障である。

③　学問研究の教授の自由

　学問研究の成果を教授する自由は，大学等の高等教育機関での教育について保障され，講義内容や方法について刑罰法規や一般的に考えられる基準に違反する場合を除き，公権力や社会的権力の干渉や介入は許されない。従来は教授の自由は大学その他の高等教育機関においてのみ認められると考えられていたが，初等中等教育機関に関しても教授の自由は原則的に認められると考えられる。しかし，初等中等教育機関における教授の自由は，学問研究の成果を教授する自由ではなく児童生徒の学習権を実現するために教員に委ねられた自由である。そのため教育範囲や程度につき一定の合理的制約を受けることは許容され，憲法26条から解するのが妥当であろう。

(3)　大学の自治

　学問の自由の保障は，大学の自治を保障する。大学の自治の内容として，①教員・学長等の人事の独立，②施設・学生・財政に関する管理の自主独立，③研究・教育内容，方法に関する自主独立が挙げられる。学問の自律的な発展を十分に保障するためには，大学での研究・教育の自立と独立の確保が必要であり，大学内部の行政が公権力による干渉や介入なしに自主的に行われなければならない。大学の自治に関する環境は，2003年の国立大学法人法制定，2014年の学校教育法改正等，法制度の変化がみられる。大学の自治を制度的保障とみる立場もあるが，大学の自治の保障には大学の自治の担い手である研究教育者自身の人事権が明確に保障されなければならないであろう。

　また大学の自治についての判例は部分社会論として論じられることが多い。東大ポポロ事件（最大判昭38・5・22刑集17・4・370）や昭和女子大事件

（最判昭49・7・19民集28・5・790）等では，大学は「一般市民社会と異なる特殊な部分社会」であるとされ，大学の自主的，自律的な判断に委ねられるべきであり司法審査の対象にはならないと判示された（最判昭52・3・15民集31・2・234）。

　大学の自治に関する司法審査は一般市民法秩序との関係性の有無からではなく，学問的判断に関わるか否かによる関係性から判断されるべきであるとの批判もあり，今後の大学の自治の変化に着目していく必要がある。

【設　問】
(1) 憲法19条が精神的自由の総則的規定として独自の条文で明文化された歴史的背景と，その保障内容を論じなさい。
(2) 信教の自由における政教分離原則の意義を論じなさい。
(3) 学問の自由における部分社会論の判例を一つ挙げ，その論点を整理しなさい。

参考文献
芦部信喜『憲法学Ⅲ人権各論（1）（増補版）』（有斐閣，2000年）
有倉遼吉・時岡弘編『条解日本国憲法（改訂版）』（三省堂，1989年）
後藤光男『政教分離の基礎理論―人権としての政教分離―』（成文堂，2018年）
芹沢斉ほか編『新基本法コンメンタール憲法』（日本評論社，2011年）
畑博行・小森田秋夫編『世界の憲法集（第5版）』（有信堂高文社，2018年）
原秀成『日本国憲法制定の系譜Ⅰ』（日本評論社，2004年）

（竹嶋千穂）

第**12**講　表現の自由

> ┌─**本講の内容のあらまし**─────────────────
> 　表現の自由は，人権体系上，優越的地位を占める権利であり，いわば
> “人権のチャンピオン”といえる。本講では，このような表現の自由に
> ついて，まず権利の具体的な内容を概観していく。その際には，表現の
> 自由の優越的地位論や思想の自由市場論といった伝統的な憲法理論にふ
> れていく。つぎに，表現の自由に対する制約を考える。ここでも伝統的
> な憲法理論である二重の基準論にふれて，表現の自由につき厳格な違憲
> 審査基準が必要とされる理由を学んでいく。さらに，判例研究として
> は，立川反戦ビラ配布事件を取り上げ，東京地裁第一審判決と最高裁上
> 告審判決の結論の違いを考える。そして最後に，表現の自由に関する今
> 日的な問題として，ヘイトスピーチ規制を検討していく。

第1節　表現の自由とは？

1　表現の自由の内容

　憲法21条に規定された“表現の自由”とは，人の内心における精神作用を
方法のいかんを問わず外部に公表する精神活動の自由，いわゆる外面的精神
活動の自由を意味する。一言でいえば，要するに「言いたいことを自由に
言ってよい」ということであるが，その手段は言葉に限らず映像，絵画，彫
刻，音楽，パントマイム等，内心における精神作用を外部に公表することが
できるならばどんなものでもよい。同条の文言では，集会の自由，結社の自
由，言論の自由，出版の自由の四つが例示されているが，「その他一切の表

現の自由」との文言を根拠に多くの個別的な具体的人権が解釈上，導かれるとされている。例えば，知る権利，報道の自由，取材の自由，アクセス権，反論権，デモ行進の自由，政治活動の自由，選挙運動の自由，差別的表現の自由，営利広告の自由，性的表現の自由などがそれにあたる。また，表現の自由は，情報発信のみならず，情報受領，情報収集という情報の自由な流れの全過程を保障するものであるとも言われている。

　そのなかでも現代の高度情報社会を象徴する人権が知る権利やアクセス権である。すなわち，20世紀の現代社会は，高度情報社会であり，情報がきわめて高い価値を持つ社会となった。目には見えない情報が，政治や社会を動かし，時には驚くほどの値段でやり取りされる。このような社会では，情報は当然に強者のもとに集まることになる。具体的には，国や地方公共団体などの公権力や，巨大資本たるマスメディアに情報が集中していく。すると，それらの情報強者は，その情報を独占して恣意的に活用することにより，個人の権利を侵害することになりかねない。そこで，市民が公権力に対して知る権利を，マスメディアに対してアクセス権（"right of access" すなわちマスメディアに接近する権利。反論権はアクセス権の一類型）を主張することが人権として保障されるようになったのである。確かに，インターネットの普及により，個人が情報に接したり，情報を発信したりすることは以前よりもかなり容易になった。しかし，個人と公権力やマスメディアとでは，情報の収集力，発信力にいまだ格段の違いがあり，知る権利やアクセス権の重要性は依然として高い。

2　表現の自由の優越的地位論

　表現の自由（憲法21条）は，人権体系上，優越的地位を占める人権とされ，特に重要な権利と位置づけられるのが通例である。それを一般に，表現の自由の優越的地位論と呼ぶ。その理論的根拠としては，通常，つぎの三点があげられる。すなわち，表現の自由が最大限に保障されることによってこそ，①個人は人格を形成し，発展させることができる（いわゆる個人の自己実

現の価値）。また，②民意にもとづく民主政治も実現される（いわゆる国民の自己統治の価値）。さらに，③真理への到達が可能となる（いわゆる思想の自由市場論）。アメリカの表現の自由研究の第一人者であったＴ・Ｉ・エマーソンも，表現の自由が㋐個人の自己実現，㋑真理への到達，㋒政策決定への参加，㋓安定と変化の間の均衡の四つの価値に仕えていると指摘している。この点，㋒政策決定への参加というのは，表現の自由が十分に保障された政策決定過程に市民参加を認めることにより民主政治が実現されるという意味で，自己統治の価値と同趣旨である。また，㋓安定と変化の間の均衡というのは，保守的な言論と革新的な言論が表現の自由の下でぶつかりあうことによって，社会の均衡が取れ，社会が安定に向かうという意味である。日本の学説では，表現の自由の重要性を象徴する概念として，自己実現の価値と自己統治の価値の二つがとりわけ強調された。

　そもそも文明を持っている動物は人間だけであり，もっとも高度な生き物であることは言うまでもない。しかし，人間は産まれてきた時は動物の中でもっとも未熟で産まれてくるのであり，少なくとも18年間程度は周りの人間が手をかけて育てあげなければ一人前の大人に成長することはできない。そのような人間が，一人前の大人に成長するために，最初にまず行うことは，パパやママ，ゴハンなどの片言の言葉を覚え，それらを使い，周りの人間と言葉によるコミュニケーションをとることである。すなわち，言葉によるコミュニケーションは，人間が人格を発展・向上させ，一人前の大人に成長するために，もっとも簡易で原初的な手段なのである。そして，その言葉によるコミュニケーションを直接に根底から支えているのが表現の自由である。個人の自己実現の価値は，そのことを端的に表す言葉といえる。

　また，民主主義（憲法前文，43条）とは，民意にもとづく政治であり，国民の声を最大限に反映して政治を行うことが要請される。そのためには，政治についての正しい情報が国民に十分に与えられ，十分な政治的議論がなされなければならず，また，国民の政治的な意見や意思の表明が不当に制限されてはならない。とりわけ選挙時における表現の自由は，まさに民主主義を根

底から支え，民主主義の実現にとって必要不可欠なものとなるのである。独裁者はまず言論統制を強力に行い，独裁国家では表現の自由がありえないことは，過去の歴史的事実からして明らかなのである。国民の自己統治の価値は，そのことを端的に表す言葉といえる。

3　思想の自由市場論

　さらに，アメリカ連邦最高裁の裁判官であったオリヴァー・ホームズの意見である「真理の最上のテストは，市場の競争においてみずからを容認させる思想の力である」は思想の自由市場論を端的に表す言葉といえる。すなわち，表現の自由の下における思想の自由な競争によって，多くの戦闘的教義がひっくり返り，究極的な善である真理が判明したように，真理には競争に打ち勝つ思想の力があるのである。例えば，「お金のためには人を殺してもいい」というのも一つの思想であるが，自分一人だけで考えていたのではそれが正しいかどうか判断しかねるとする。その場合に，市民社会の中で表現の自由の下，みんなで熟議を尽くせば，やがてそれは間違った悪い思想と判断され，結局，駆逐され，市民社会から消えていく。また，「電車ではお年寄りには席を譲るべきである」というのも一つの思想であるが，自分一人だけで考えていたのではそれが正しいかどうか判断しかねるとする。その場合に，市民社会の中で表現の自由の下，みんなで熟議を尽くせば，やがてそれは正しく良い思想と判断され，結局，市民社会の中に真理として生き残ることになる。市民社会における表現の自由には，このような思想の選別機能があるのであり，それを積極的に評価しようとするのが思想の自由市場論なのである。

　このような表現の自由の優越的地位論は，表現の自由の問題を考える場合に，つねに念頭に置かれる必要がある。"言いたいことを自由に言うことができる"という社会の寛容の雰囲気，国民の安逸な気分こそが，人権が尊重される社会，自由な民主主義社会の第一歩であり，母胎である。表現の自由のない民主国家はありえず，表現の自由が保障された独裁国家もありえな

い。表現の自由は，その国の人権の保障度，民主政治の実現度のいわばバロメーターといえる。その意味で，表現の自由は"特別な人権"なのである。ただし，表現の自由の優越的地位論は，人権に価値の序列を認めるものではなく，それ以外の人権の価値を減殺するものでもない。よって，その理論を他の人権の制約根拠に使ってはならない。あくまで表現の自由は，他の人権と相互補完，相互依存の関係にあることを決して忘れてはならないのである。

第 2 節　表現の自由に対する制約

1　二重の基準論

このように表現の自由は，人権体系上，優越的地位を占めるとともに，いわゆる萎縮的効果（チリング・イフェクト。違憲と判断されることを恐れて，自ら行為を差し控えてしまうこと）をもっとも嫌うデリケートな人権とされ，人権の中で一番傷つきやすい権利とも言われている。よって，表現の自由を「公共の福祉」（憲法13条）にもとづき制約する場合には，安易な規制は許されず，最大限の配慮が必要となる。この点，表現の自由を制約する場合の大原則としてアメリカの判例によって理論化されたのが，いわゆる二重の基準論であり，日本の学説や判例にも大きな影響を与えてきた。具体的には二重の基準論とは，表現の自由の優越的地位論を前提にして，「精神的自由権と経済的自由権を対比した場合，精神的自由権を制限する立法は，それ以外の経済的自由権等を制限する立法よりも，厳格な基準によって審査されるべきとする理論」をいう。

言うまでもなく日本国憲法における人権制約の根拠は「公共の福祉」のみであるが，「公共の福祉」の文言は条文上，12条・13条の人権総論の部分と，人権各論の部分では経済的自由権たる職業選択の自由（22条）と財産権（29条）にのみ規定されている。この点，精神的自由権たる思想・良心の自由（19条）や表現の自由（21条）には「公共の福祉」の文言が規定されていない

にもかかわらず，経済的自由権たる22条と29条のみに特に「公共の福祉」の
文言が規定されているのは，日本国憲法自体が二重の基準論を前提にしてい
るものと解釈することができる。すなわち，表現の自由をはじめとした精神
的自由権には「公共の福祉」の文言をあえて規定しないことにより，経済的
自由権では認められている社会政策的な規制は認められず，必要最小限度の
内在的な制約のみが許され（12条・13条の「公共の福祉」），しかもその許否は厳
格な基準によって審査されることが示されているのである。

　経済的自由権の規制は，社会政策や経済政策の問題と関係することが多い
ので，その規制立法の合憲性判断には多方面における困難な利益調整と政策
判断を必要とする。しかし，情報収集能力に乏しく，本来的に受動的機関た
る裁判所には，かかる調整や判断を適切妥当に行うことを期待しがたい。こ
れに対して，精神的自由権の規制は，社会政策や経済政策の問題とあまり関
係しないので，裁判所がその規制立法の合憲性を判断することに比較的に困
難は少ないと言える。このような裁判所が持つ審査能力の限界からくる司法
の自制も二重の基準論の根拠の一つと言われている。

2　厳格な違憲審査基準の必要性

　二重の基準論からして，原則的に表現は自由でなければならず，あくまで
規制は例外であり，しかもその制約は（1）必要不可欠な目的がある場合に
（2）やむをえない必要最小限度の手段でのみ許されるものでなければならな
い。そして，その目的や手段の要件の有無は，きわめて厳格にチェックされ
なければならないのである（いわゆる厳格な違憲審査基準）。この点，表現の自
由に対する厳格な違憲審査基準として学説上，主張されているものとして
は，漠然不明確ゆえに無効の法理，過度に広範ゆえに無効の法理，明確性の
原則，事前抑制の原則的禁止の法理，検閲禁止の法理，明白かつ現在の危険
の基準，LRA の基準等があげられる。

　具体的には，①「漠然不明確ゆえに無効の法理」や「過度に広範ゆえに無
効の法理」は，立法の制約が漠然として不明確であったり，過度に広範であ

る場合には，それだけで違憲になるとするものである。②「明確性の原則」は，通常の判断能力を有する一般人の理解において，具体的な場合に当該行為がその適用を受けるものかどうかを判断する基準が文言から読み取れない場合には，それだけで違憲となるとするものである（徳島市公安条例事件／最大判昭50・9・10刑集29・8・489）。③「事前抑制の原則的禁止の法理」は，表現の自由に対する制限は事後的制裁によらなければならず，表現が行われるに先だって事前の制約を課すことは原則として禁止されるとするものである（『北方ジャーナル』事件／最大判昭61・6・11民集40・4・872）。④「検閲禁止の法理」における検閲は，「行政権が主体となって，思想内容等の表現物を対象とし，その全部または一部の発表の禁止を目的として，対象とされる一定の表現物につき網羅的一般的に，発表前にその内容を審査したうえ，不適当と認めるものの発表を禁止すること」をいい，絶対に禁止される（札幌税関検査事件／最大判昭59・12・12民集38・12・1308）。⑤「明白かつ現在の危険の基準」は，㋐近い将来，害悪が発生することが明白であり，㋑その害悪が重大であり，㋒当該規制手段以外に害悪を避けることができない場合にのみ，その制約が合憲となるとするものであり，表現内容の規制に適用される（泉佐野市民会館事件／最判平7・3・7民集49・3・687）。⑥「LRA（より制限的でない他の選びうる手段）の基準」は，立法の制約について，その制約の目的を達成するためにもっと緩やかな他の手段があるのであれば，その制約は違憲であるとするものであり，表現内容中立規制（すなわち表現の時間・場所・方法の規制）に適用される（猿仏事件／旭川地判昭43・3・25下刑集10・3・293）。

第 3 節　判例研究 ― 立川反戦ビラ配布事件

1　事実の概要

このように戦後の日本の憲法学においては，アメリカの判例や学説から多くを学び，表現の自由についての体系的な憲法理論がつくられてきた。その際，その理論の根底には，つねに「表現の自由は安易に規制してはならな

い」という強い信念が存在していた。それゆえ，表現の自由を制約する立法
の合憲性は厳格な違憲審査基準により審査されるべきであるということは当
然のこととされたのである。しかし，日本の裁判所，とりわけ最高裁は，表
現の自由の重要性には言及しつつも，必ずしも学説が主張しているような厳
格な違憲審査基準を適用せず，表現の自由の制約を安易に認める傾向にあ
る。この点は，妥当なものとは言い難く，しばしば学説によって激しく批判
されてきた。ここではその一例として，いわゆる立川反戦ビラ配布事件を見
ていくことにする。この事件は，イラク戦争（2003年3月開戦）当時，戦争に
反対する市民団体である"立川自衛隊監視テント村"のメンバー3人が，関
係者以外の立入りやビラ等の配布を禁止する旨が記載された出入り口の貼札
や住民による直接の抗議の申し出を無視し，「自衛隊のイラク派兵反対！」
等と書かれた反戦ビラ（A4版）を自衛隊駐屯地の官舎の戸別郵便受けに投
函したことにより，住居侵入罪で逮捕・起訴されたものである。その際，被
告人は二か月以上も勾留されている。

2　東京地裁第一審判決

　この点，本件の第一審判決（東京地八王子支判平16・12・16判時1892・150）
は，学説を踏まえて表現の自由を重視し，被告人を無罪にしており，学説に
おいても，きわめて高く評価されているが，判旨は以下の通りである。すな
わち，「被告人らが立川宿舎に立ち入った動機は正当なものといえ，その態
様も相当性を逸脱したものとはいえない。結果として生じた居住者及び管理
者の法益の侵害も極めて軽微なものに過ぎない。さらに，被告人らによるビ
ラの投函自体は，憲法21条1項の保障する政治的表現活動の一態様であり，
民主主義社会の根幹を成すものとして，同法22条1項により保障されると解
される営業活動の一類型である商業的宣伝ビラの投函に比して，いわゆる優
越的地位が認められている。そして，……商業的宣伝ビラの投函に伴う立ち
入り行為が何ら刑事責任を問われずに放置されていることに照らすと……防
衛庁ないし自衛隊又は警察から……正式な抗議や警告といった事前連絡なし

に, いきなり検挙して刑事責任を問うことは, 憲法21条1項の趣旨に照らして疑問の余地なしとしない。……法秩序全体の見地からして, 刑事罰に処するに値する程度の違法性があるものとは認められない」。

　判決が無罪の理由としたのはつぎの諸点である。すなわち, ① 戦争に反対するビラを配布するという動機は正当である。② 違法性には程度があるのであり, 本件の違法性はきわめて軽微である。③ 戦争に反対するビラ配布は, 民主主義社会の根幹をなす政治的表現活動であり, 優越的地位が認められる。④ 例えば宅配ピザ屋のチラシのような商業的宣伝ビラの配布が放置されているのと比べて不均衡である。⑤ 警察からの警告 (例えば, 「もう一度やったら逮捕する」) 等の事前連絡があって然るべきである。いずれももっともであり, 本判決が学説でも高く評価されているのは当然といえる。

3　最高裁上告審判決

　これに対して, 第二審の東京高裁は, 本件行為の法益侵害の程度がきわめて軽微であったとはいえないとして逆転有罪判決を下し (東京高判平17・12・9判時1949・169), それに続く最高裁判決 (最判平20・4・11刑集62・5・1217) も, つぎの通り判示をしている。すなわち, 「確かに, 表現の自由は, 民主主義社会において特に重要な権利として尊重されなければなら (ない), ……しかしながら, 憲法21条1項も, 表現の自由を絶対無制限に保障したものではなく, 公共の福祉のため必要かつ合理的な制限を是認するものであって, たとえ思想を外部に発表するための手段であっても, その手段が他人の権利を不当に害するようなものは許されないというべきである」(いわゆる「必要かつ合理性」の基準) と規範を定立し, 被告人が立ち入った動機や態様, 居住者や管理者の法益侵害の程度等の個別事情を一切, 考慮することなく, 「本件で被告人らが立ち入った場所は, 防衛庁の職員及びその家族が私的生活を営む場所で……あり, 自衛隊・防衛庁当局がそのような場所として管理していたもので, 一般に人が自由に出入りすることのできる場所ではない。たとえ表現の自由の行使のためとはいっても, このような場所に管理権者の意思

に反して立ち入ることは，管理権者の管理権を侵害するのみならず，そこで
私的生活を営む者の私生活の平穏を侵害するものといわざるを得ない」と述
べ，被告人を有罪（罰金刑）としている。

　最高裁は，表現の自由が問題となる場合，この「必要かつ合理性」の基準
を適用することが多い。具体的には，前提として「表現の自由は民主主義社
会において特に重要な権利として尊重されなければならないが，表現の自由
も絶対無制限に保障されるものではないのだから，公共の福祉のため必要か
つ合理的な制限は許される」という趣旨を簡潔に述べ，その後，表現の自由
を制限する必要性と合理性をきわめて形式的，抽象的に肯定し，規制を許容
してしまう。この必要かつ合理性の基準は，それ自体きわめて抽象的な基準
であり，最高裁のようにそれを具体的な個別事情を考慮せずに漫然と適用す
るならば，より判断が抽象的となり，説得力のない紋切り型の結論になって
しまう。かかる基準は，表現の自由についての違憲審査基準として適切なも
のとは解しえない。

4　判決の結論が違う理由

　最高裁は，「管理権者の意思に反して立ち入ることは，管理権者の管理権
を侵害するのみならず，そこで私的生活を営む者の私生活の平穏を侵害す
る」と判示しているが，「管理権者の意思」を重視するこのような考え方
は，いちじるしく表現の自由を侵害する結果になりかねない。すなわち，管
理権者が拒否の意思を示せばその後，一切，表現行為ができないのでは，表
現の機会がきわめて狭められてしまい，表現の自由の持つ効用をまったく発
揮できなくなってしまう。第一審判決が「自衛官らの中にもイラク派遣に関
して多様な意見を有する者がいる可能性は否定できない」と判示しているよ
うに，住民の中にも反戦思想を持つ者がいる可能性も十分にあり，その点も
考慮すべきなのである。

　また，最高裁が違法性の程度について少しも考慮していない点も，きわめ
て問題である。この点，第一審判決は，たとえ違法性があるにしても，二か

月以上も勾留して裁判で刑罰を科すほどの違法性があるのかを問い，違法性の程度を考慮している。これに対して，最高裁は，形式的に管理権者の意思に反して立ち入れば，管理権者の管理権と居住者の私生活の平穏を侵害するから違法であるとして，具体的な個別事情を考慮せず，何らの利益衡量もなく，簡単に刑罰を肯定している。しかし，この場合，表現の自由の重要性を十分に踏まえた上で，「二か月以上も勾留して裁判で刑罰を科すほどの違法性」があったかどうかを，個別的な具体的事情にかんがみて利益衡量して判断をしなければならなかったのである。そのような判断をすれば，第一審判決の結論が妥当であると言わざるをえないであろう。

第4節　ヘイトスピーチ規制について

1　ヘイトスピーチとは？

　表現の自由に関するきわめて今日的な新しい問題として，ヘイトスピーチ規制の是非がある。ヘイトスピーチとは，通常，"憎悪表現"と定義されるが，とりわけ人種や国籍，民族，ジェンダーなど特定の属性を有する集団をおとしめたり，差別や暴力行為をあおったりする侮蔑的表現をさして使われることが多い。そして，日本においては，そのなかでも在日韓国朝鮮人に対する不特定多数人による"デモ"という形態でのヘイトスピーチがとりわけ問題となっている。例えば，2013（平成25）年の2月上旬，新大久保のコリアンタウンの繁華街でかかるヘイトスピーチ・デモがあり，「不逞朝鮮人を死ぬまで追い込むぞ」「朝鮮人をガス室に送れ」「朝鮮人を殺せ，殺せ」「ゴキブリ」「日本からたたき出せ」等のシュプレヒコールをしながら男女を問わず100人以上の人びとが行進した。その際には，「朝鮮人を一匹残らず殲滅せよ」「良い韓国人も悪い韓国人もどちらも殺せ」等のプラカードが掲げられ，多くの日の丸や旭日旗が振られた。参加者の多くは，在日韓国朝鮮人の排斥を目的とするインターネットのホームページ掲示板における告知を見て集まったものであり，これまでの既存の右翼団体の街宣や集会等とは異な

り，普通の一般市民であるのがきわめて特徴的であった。

2　現行の法制

　このようなヘイトスピーチに対する取り組みとしては，2016年に成立・施行されたヘイトスピーチ対策法（正式名称は「本邦外出身者に対する不当な差別的言動の解消に向けた取組の推進に関する法律」）がある。本法は，特定の人種や民族への差別をあおるヘイトスピーチを解消することを目的とした法律であるが，罰則規定はなく，「不当な差別的言動のない社会の実現」との基本理念を掲げ，啓発活動の実施，相談体制の整備，人権教育の充実などの施策を求める理念法に過ぎない。それゆえ，実効性の点で問題があると指摘されている。

　確かに，名誉毀損罪（刑法230条）や侮辱罪（刑法231条），威力業務妨害罪（刑法233条）などの名誉・信用に対する罪，あるいは暴行罪（刑法208条）や脅迫罪（刑法222条），強要罪（刑法223条），殺人教唆罪（刑法199条・61条）などの生命・身体に対する罪が適用され，刑事責任を追及できるヘイトスピーチ事例も考えられる。しかし，名誉・信用に対する罪は特定の個人や団体を，また生命・身体に対する罪も特定の個人を対象にしており，人種や国籍，民族などで分けられる不特定多数人からなる「集団」に対する言動には適用できず，かかるヘイトスピーチを取り締まれない。また，民事責任についても，例えば特定民族の人びとが営む商店等の前で，執拗にその民族を対象としたヘイトスピーチをすることによって客が減少したような場合には，売上が減少した分について損害賠償を請求できる可能性はあるが（民法709条等），損害や因果関係の立証には非常な困難がともなうであろう。このように，現行法ではヘイトスピーチの規制はきわめて困難なのである。

3　規制の必要性

　それでは，このようなヘイトスピーチに対して憲法上，法的規制は行われるべきであろうか。この点，ヘイトスピーチに対する法的規制は表現の自由

を侵害し，違憲であると解するのが憲法学説上の通説的な見解である。しかし，不特定多数人によるヘイトスピーチの圧力により，それが向けられた人びとのみならず周囲の人びとも，沈黙を強いられ，あるいは功利的に沈黙を選択し，口を閉ざす。とりわけリスクが伴う政治的主張を対外的に行うことは禁忌するようになる。すると，やがて社会の中から気楽にものが言える雰囲気が消滅し，自由な意見交換，とりわけ政治的な意見交換が行われなくなってしまう。これは，"思想の自由市場"が市民社会の中から消失することを意味する。また，民主主義を実現するためには，すべての社会の構成員が自分の所属する社会における様ざまな決定に参加することができなければならないが，ヘイトスピーチが人種や民族等，特定の属性に向けられることによって，その属性を有する人びとは，蔑まれ，社会的に排除されることになる。ヘイトスピーチの有害性は，社会のマイノリティに属する人びとの社会参加の機会を阻害し，ひいては民主主義それ自体を破壊しかねないところにもあるのである。

　やはり日本においても，かかるヘイトスピーチに対しては，早急に然るべき法的規制を行うべきである。実際，フランスやドイツ等，ヨーロッパ諸国では，ヘイトスピーチ規制は当然のものとなっている。ただし，その際には，表現の自由に対して不当な萎縮的効果を及ぼさないように最大の配慮が必要不可欠となる。また，許される表現と許されない憎悪表現を明確に区別するのはきわめて困難で，国家権力の恣意的介入の危険性もある。この点，表現の自由を十全に保障しつつ，ヘイトスピーチを適正に規制していくことは，非常に困難な作業であるが，まさに喫緊の課題と言える。憲法学においても，それを可能とする憲法理論を構築していく必要がある。具体的には，ヘイトスピーチの法的規制の可能性と必要性，さらにはあるべき規制方法を憲法的に論証しなければならない。"ヘイトスピーチと憲法"は今後しばらくの間，法学において避けては通れない一大論点であり続けるだろう。

┌─【設　問】
│ (1) 表現の自由が人権体系上，優越的地位を占める理由を確認するとと
│ 　　もに，さらにそれ以外の理由を自分で考えてみなさい。
│ (2) 立川反戦ビラ配布事件においては，東京地裁第一審判決と最高裁上
│ 　　告審判決のどちらを支持するか。また，それはなぜか。
│ (3) ヘイトスピーチは規制すべきか。規制するとした場合，表現の自由
│ 　　を十全に保障しつつ，ヘイトスピーチを適正に規制していくにはどう
│ 　　すべきか。

参考文献

芦部信喜（高橋和之補訂）『憲法（第6版)』（岩波書店，2015年）
佐藤幸治『日本国憲法論』（成文堂，2011年）
渋谷秀樹『憲法（第3版)』（有斐閣，2017年）
松井茂記『日本国憲法（第3版)』（有斐閣，2007年）
師岡康子『ヘイト・スピーチとは何か』（岩波書店，2013年）

（藤井正希）

第13講　経済的自由

┌─**本講の内容のあらまし**─────────────────────
　日本の大学生の多くは，卒業に向けて就職活動を行う。そしてその際
は，東京であろうと地方であろうと，自分の望む仕事のある場所へ出か
けて仕事を探す。そして，働いて稼いだお金で，自分の人生設計を実現
していく。憲法が保障する「経済的自由」を，そうとは意識しないまま
に享受していると言える。「経済的自由」には，職業選択の自由や移動
の自由，そして財産権が含まれる。これらの権利が，上記のような学生
の自由な行動を裏打ちしているのである。本講では，これらの権利の背
景や考え方を述べた上で，その限界や制約を巡る議論を，判例を踏まえ
ながら論じる。憲法が私たちの日常生活や行動パターンにも影響するこ
とを実感してほしい。
└──────────────────────────────────

第1節　経済的自由とは

1　概　要

　憲法は22条1項で，「何人も，公共の福祉に反しない限り，居住，移転及
び職業選択の自由を有する」と規定し，29条1項で「財産権は，これを侵し
てはならない」と規定している。ここではこれらを総称して「経済的自由」
と呼ぶ。個人が経済活動を自由に行い，その果実（財産）を自ら享受するこ
とができるという意味では自由権の一環と言える。但し，後述するように，
言論の自由等の精神的自由に比べ，より広く国家による介入・規制が認めら
れる特質も持っている。

2　経済的自由の意義と課題

　経済的自由を憲法が保障することにはどういう意義があるだろうか。たとえば「居住，移転及び職業選択の自由」。これが完全に否定された世界では，人は生まれたときから死ぬときまで同じ場所に暮らし，決められた職業に徹するしかない。異なる職業に就くことも，そのために移動をすることもできない。「住みたい場所での好きな仕事」を求めて就職活動をする現代の大学生には考えられない世界だろう。実際に江戸時代の日本では人は「士・農・工・商」の身分に分けられていた。身分を変えることや，勝手に藩を越えて移動することはできなかった。「居住，移転及び職業選択の自由」とは別世界である。

　また，財産権が完全に否定されたらどうだろうか。それは，自分がいくら働いても財産（お金や土地，もの）を獲得し，所有することが許されない世界である。その実例としては，かつてアメリカなどでも行われていた奴隷制度が挙げられよう。今日私たちは，自分で働いてお金を稼ぎ，それで買ったものは自分の所有物として，自由に使い，処分することができて当たり前と思っている。しかし，それは今日の世界でもなお当たり前のことではない。この，財産を持つ権利も，憲法によって保障されているのである。

　経済的自由はこのように，個人の生き方に大きな影響を与えているが，社会のあり方にも関わるものである。個人が自由に経済活動を行い，その果実を享受できるという考え方は，資本主義経済とよくマッチする。資本を蓄積し，それを自由に投資し，さらなる果実を生み出すという循環は，個人，あるいは企業が，経済活動の自由や財産権を保障されていることで実現できることだからである。

　経済的自由は有益な権利であるが，他人や社会に害を与える経済活動までが放任されるわけではない。このため，いかなる場面では経済活動の規制が許されるのか，という問題が生じ，憲法上の論点となるのである。以下の節ではこの点を順に考えていきたい。

第2節　職業選択の自由，営業の自由

1　職業選択の自由

　憲法第22条は職業選択の自由を保障しているが，そこには「公共の福祉に反しない限り」という明示的な制約が付されている。精神的自由の領域では，「公共の福祉」を理由に安易に制限が行われることがあってはならないと考えられている。たとえば言論は時に不快感をもたらしたり，ある人には騒音と考えられたりするが，これを理由に抑制を始めれば，結局自由な言論は不可能になってしまうという危険性がある。それゆえに，規制は最小限でなければならない。ところが，憲法22条は経済的自由には「公共の福祉」による制約があることにあえて言及し，制約により前向きである。

　実際，職業の選択に関しては，様々な規制がある。たとえば，医者を目指すことは誰にでもできる（この点は身分による職業の固定とは異なる）が，実際に誰もがなれるわけではない。医科大学を卒業し，必要な国家試験に合格し，医師免許を取得しなければ医師になることはできないのである。これは，医療が人の命に関わる重大な行為であることから，医師には高い知識や技能が求められるからであろう。このように，医師という職業に就くためには，法の規定に基づく免許を要するという規制が行われている。これが「公共の福祉」に基づく制約の一例である。

2　営業の自由

　職業選択の自由に関する具体的事件の多くは，職業選択の自由の一環としての「営業の自由」に関わる規制に反発し，その合憲性を争うという形で起こっている。職業の選択とは，たとえばある人がスーパーを経営したいと考え，経営者になることである。しかし，実際に店舗を開業しようとすることに対して，様々な規制がかけられたとする。スーパーの経営者になるなとは言われなくとも，その仕事を現実に遂行する（営業する）ことが制約され

る。これが「営業の自由」に関わる事案である。

　こうした規制が過度なものになれば，事実上職業選択そのものの否定になりかねない。日本全国ほとんどの場所でスーパーの開業が認められなくなるような法律ができたなら，多くの人にとって事実上，スーパーの経営者になることができないに等しい。このような形で，職業選択の自由には，その職業を遂行する（営業する）自由が伴うと考えられるのである。

3　営業の自由の違憲審査基準：積極目的規制と消極目的規制

　営業の自由に対する規制についてはこれまで度々裁判所に違憲訴訟が提起されている。憲法22条には「公共の福祉に反しない限り」という制約が明記されている。問題は，どのような規制ならこの範囲内なのか，またどのような規制はこれを超えて憲法22条違反になるのか，という線引き＝違憲審査基準ということになる。

　この線引きについて，裁判所は規制の目的によって違憲審査基準を分けているとの理解が従来なされてきた。それによれば，社会経済政策の一環として行われる「積極目的」の規制については立法府の判断を極力尊重する緩やかな審査基準が用いられる一方，国民の安全の保護といった警察的規制（「消極目的」の規制）については，立法府に対してより制約をかける，厳格な審査基準が用いられる。

　たとえば小売市場事件では，小規模業者の経営の保護という観点からなされる小売市場の「適正配置」（小売市場間に一定の距離を置くことを通じて商圏の重複を避ける措置で，これを満たさない開設は許可しないという規制）について，「国が社会経済の調和的発展を企図するという観点から中小企業保護政策の一方策としてとった措置」と認定したうえで，「その目的において，一応の合理性を認めることができないわけでなく，また，その規制の手段・態様においても，それが著しく不合理であることが明白であるとは認められない」（従って憲法22条には違反しない）としている（最判昭47・11・22刑集26・9・586）。この緩やかな審査基準は「明白性の基準」とも呼ばれている。

　他方で，薬局開設の距離制限事件では，規制は「主として国民の生命及び健康に対する危険の防止という消極的，警察的目的のための規制措置」としたうえで，こうした目的での規制については，「このような制限を施さなければ（中略）国民の保健に対する危険を生じさせるおそれのあることが，合理的に認められることを必要とする」とした。すなわち，他のより制限的でない手段によって目的が達成されるなら，そちらを採用すべきとの姿勢で，立法府の裁量を抑制するものである。そして，競争の激化が不良医薬品の供給の危険につながるという政府の主張を「観念上の想定にすぎず，確実な根拠に基づく合理的な判断とは認めがたい」として，距離制限を違憲としたのである（最判昭50・4・30民集29・4・572）。

　なお，こうした規制で頻繁に訴訟となってきたのが，公衆浴場の適正配置規制である。最高裁は昭和30年という早い段階で，公衆浴場の適正配置について判決を下しており，そこでは，公衆浴場の濫立により「無用の競争」が生じることにより「浴場の衛生設備の低下等好ましからざる影響を来たすおそれ」のあることを認め，「国民保健及び環境衛生の上から」当該規制は公共の福祉に即したものとして合憲としている（最判昭30・1・26刑集9・1・89）。ただ，規制の目的をこのように捉えると，上記の目的二分論では消極目的の規制に当たり，より厳しい司法審査が求められることになる。しかし近年では規制目的を捉え直したうえで，引き続き緩やかな司法審査のもとで合憲判断が維持されている。平成元年には最高裁の二つの小法廷が判決を下し，一つは適正配置規制を「公衆浴場業者が経営の困難から廃業や転業をすることを防止し，健全で安定した経営を行えるように」する手段であるとして「積極的，社会経済政策的な規制目的に出た立法」と位置づけた（最判平元・1・20刑集43・1・1）。またもう一つの方もこの規制には消極・積極の両目的があるものと捉えている（最判平元・3・7民集156・299）。

4　違憲審査基準の意義

　裁判所の違憲審査基準，特に積極目的規制と消極目的規制を分ける考え方

は，どこから来るのだろうか。というのも，一般の国民の感覚では，国民を
守る「警察（消極）目的」規制こそ政府にやってほしいことであり，こうし
た規制に反対する声は比較的少ないと思われる。しかし規制目的二分論で
は，むしろこうした警察（消極）目的規制について，政府（立法府）の裁量に
対して強い縛りをかけることになるのである。

　これについては，「自由」という価値観に重きを置く考え方，また裁判所
の判断能力，という二つの観点から考えることができよう。まず警察（消極）
目的規制は，安全を希求し，恐怖を回避する人間の本能的な感覚に訴えるも
ので，本質的に支持を受けやすく，反対しにくい。このため独裁者はしばし
ば人の恐怖感情に訴えることで，自分の下に権力を集約していくのである。
従って，「自由」を守ろうと思えば，こうした警察目的の規制にこそ注意
し，「国民を守る」という理由での規制の拡大やそれに伴う権力の集中を防
ぐことも考えなければならない。そこから，司法による監視が一層重要であ
り，審査基準を厳格化するという発想が得られる。

　いまひとつの観点は，立法府と司法府の役割分担，また裁判所の判断能力
から考えるというものである。小売市場事件での裁判所の判決文がこれをよ
く説明している。すなわち，社会経済政策の領域における規制の「必要の有
無」や「対象・手段・態様」の判断には「社会経済の実態についての正確な
基礎資料が必要であり」，規制が「社会経済にどのような影響を及ぼすか，
その利害得失を洞察するとともに，広く社会経済政策全体との調和を考慮す
る等，相互に関連する諸条件についての適正な評価と判断が必要」である。
そして「立法府こそがその機能を果たす的確を備えた国家機関」なのであ
る。基礎資料の収集から，法的問題に留まらない社会的な洞察・分析・評価
は，裁判所よりも立法府の機能と考えるべきであり，だから立法府の判断を
極力尊重するという姿勢である。

　このように，裁判所による違憲審査基準の選択には，権力と人権のあり
方，司法と立法の役割分担といった議論が内在する。「職業選択の自由」に
ついても，この権利をどう捉えるか，また政府の役割をどう捉えるかで，違

憲審査基準のあり方も変わってくるということができる。

5　違憲審査への姿勢：立法事実への着目

ところで，裁判所の違憲立法審査の「質」を大きく変えうるのが，国が主張する立法目的やその前提となる条件（社会環境，諸制度との連関など）といった「立法事実」の分析に裁判官がどの程度熱心に取り組むかという点である。いかなる立法であっても，国は一応の立法目的とそれを支える事実関係を主張するだろう。しかしこの主張を吟味すれば，立法目的の前提が時代の変化によって崩れていたり，法の運用が主張されている立法目的から乖離していたりすることもあろう。

この点が露見したのが，酒類販売の免許制が職業選択の自由に違反するかが争われた事件である。多数意見は，規制目的にはなお一定の合理性があるとしたものの，補足意見，反対意見はこれに疑義を唱えた。特に反対意見は，酒税の徴収を確実にするためという政府の主張する立法目的について，立法後40年を経て，税収に占める酒税の割合（＝規制の重要性）が減っており，かつ徴収には他に有効な手段があることを指摘した。そして，「職業選択の自由を尊重して」免許制を廃止することが「酒類製造者，酒類消費者のいずれに対しても，取引先選択の機会の拡大にみちを開くものであり（中略）酒類消費者が享受し得る利便，経済的利益は甚だ大きい」と述べて，免許制の「弊害は看過できない」とした（最判平4・12・15民集46・9・2829）。

経済活動の自由を原則として保障するのは，これが個人にとっても経済全体にとっても便益が大きいという考え方に由来する。その意味で，政府の主張する規制の目的を漫然と受け入れるのではなく，その規制が現時点でも真に合理的で必要なものか，「立法事実」に立ち入って検討していくことは大事なことであろう。

第3節 移動の自由

1 移動の自由の意義

憲法22条1項は,「居住, 移転及び職業選択の自由」を保障している。

移動の自由は, 後述するように様々な権利と関連しうるが, 本講の焦点である経済的自由とも密接に関わる。身近な例を挙げれば, たとえば学生が就職活動をするうえで, 国内の移動の自由がなければ, その選択の幅は大きく狭められるだろう。あるいは事業者が事業を行ううえで有利な場所に事業所を設置したいと思っても, そこに人を移すことができなければ, 事業を進めることはできない。憲法22条1項は国内の人の移動への法的障壁を取り払い, 人々が国内で自由に経済活動を行うことを可能とするものである。

但し, 憲法22条1項には「公共の福祉に反しない限り」という条件が付いており, 事例は少ないものの, 人の移動の規制が試みられた例がないわけではない。第2次世界大戦直後には, 都会への人口流入を抑制するために都会地転入抑制緊急措置令 (昭和21年), そしてこれを延長する都会地転入抑制法が制定された (昭和23年限りの時限立法)。この法律は「都会地における人口の過度の集中に因る窮迫した住宅, 雇用及び食糧の事情並びに災害に対処するため」(1条) として, 東京都の特別区や, 横浜市・川崎市への人の転入を原則として禁じる内容だった。また近年では, 特定の宗教団体の信者の転入届 (住民登録) を自治体が受け付けずに訴訟に発展した例がある。

さて, 憲法22条2項は「外国に移住し, 又は国籍を離脱する自由」を保障する。これも自由な経済活動を後押しするものである。歴史的には, 日本は海外へ多くの移民を送り出す「送り出し国」だった。19世紀末から戦後にかけて, 日本人は北米 (特にアメリカ) や南米 (特にブラジル) に大量に移住した。多くの場合, その動機は経済的なものであり, 日本人は移住先で農園等の労働者となり, また自ら農園や果樹園を経営するに至った。また戦後の経済発展のもとで, 多くの日本人ビジネスマンが企業の海外駐在員として, 家

族を伴って外国に赴任した。このように，国境を越えた経済活動に日本人は
長く従事してきたのである。その中には，現地の国籍を取得したいと願う者
も出てくるかもしれない。ところが日本国籍を離脱できなければ現地の国籍
を取得できない場合もある。こうした文脈で，国籍を離脱することが本人の
自由とされていることには意義がある。

2　他の権利との関連性並びに外国人への適用

　ところで，移動の自由は条文上経済的自由と一体化して記述されている
が，他の基本的人権との関連性も高い。

　たとえば，帆足計事件では，アメリカとソ連が対立する冷戦の時代，日本
の国会議員が国際会議出席のためにモスクワを訪れようとしたところ，旅券
法の規定を根拠に旅券発給の拒否処分を受けた。日本国民の海外渡航には旅
券の取得と，出国の際に出入国管理官の証印を受けることが法律により規定
されている。従って，旅券を取得できなければ，事実上国外渡航を禁じられ
たことになる。このことが憲法22条の定める移動の自由の侵害にならないか
が争われたが，最高裁判所は旅券法の規定を公共の福祉のための合理的な制
限としたうえで，「我国の当面する国際情勢」を理由に処分を是認した（最
判昭33・9・10民集12・13・1969）。

　さらに，マクリーン事件では，当時国際世論を分断していたベトナム戦争
への反戦運動に関わっていたアメリカ人の在留期間の更新を法務大臣が拒否
したことが争われた。最高裁判所は，政治活動の自由は原則として外国人に
も及ぶとしつつ，在留期間の更新を許可するかどうかについては法務大臣に
広汎な裁量があるとして，更新拒否の処分を許容した。またその際，憲法22
条1項は「日本国内における居住・移転の自由を保障する旨を規定するにと
どまり，外国人がわが国に入国することについては何ら規定していない」と
した（最判昭53・10・4民集32・7・1223）。このように，外国人が日本に出入り
し，居住する権利は一般に認められておらず，そのことは様々な権利（表現
の自由等）を結果的には制約する効果も持つことになる。

第4節　財産権

1　財産権の意義とその制約

　憲法29条1項は「財産権は，これを侵してはならない」と定めつつ，2項で「財産権の内容は，公共の福祉に適合するやうに，法律でこれを定める」とし，3項では「私有財産は，正当な補償の下に，これを公共のために用ひることができる」と定める。「侵してはならない」と強い権利性を制限しながら，その後に「公共の福祉」あるいは「公共のため」の制約の存在を強調する項目が並び，権利の重要性についてジレンマを示している。

　このジレンマには，財産権を巡る歴史的発展が関係しているだろう。財産権は，もともとは個人が個人であるために基本的な権利として成立した経緯がある。私たちは自ら働き，その労働で得た対価を自分の「もの」として所有し，また活用することで，自分らしさを表現し，また自分の人生を計画的に歩んでいける。どんなに働いてもその果実が他人の所有となれば，それは奴隷労働ということになる。また自己の所有物がいつ剥奪されるかわからない状況では，人生の目的や見通しが立たない。このように，財産権は，人が人らしく生きるために必要な基本的権利と位置づけることもできる。

　さらに，財産権は，資本主義経済を支える概念としても機能してきた。資本家は資本を蓄積し，これを投資することでさらに大きな事業を展開できる。そのことが，国の経済そして社会の発展にプラスという考え方である。資本が蓄積できなかったり，いつ剥奪されるかわからなかったりする状況では，リスクを取って多額の投資をすることなどできない。投資の成果がいずれ自分のもとに戻るという考え方があって初めて資本主義経済は成り立つのである。このように，個人の権利としても，また国の基本的な経済制度を支える考え方としても，財産権には重要な意義がある。

　ところが，社会が発展するにつれて，財産権に一定の制約を課す必要も生じてきた。たとえば，山の中ならともかく，人口の密集した市街地で，自分

の土地だからと無秩序な開発をすれば，周囲の多くの人に迷惑が及ぶ可能性がある。そこで，土地の利用に一定の制約が課されることになる。あるいは，老朽化した建物が密集し，いつ大火災が起こるかわからない情況で，再開発計画が持ち上がったとする。その一環として土地や建物の収用が行われることがある。これは「公共のために」個人の財産が没収される例である。公共の道路やダム建設のために多くの住民が立ち退きに遭う例も同様である。いずれも個人の財産権と，公共の福祉の観点からの規制や政策が対立する場面である。

　そこで今日の課題は，個人の財産権を尊重しつつ，いかなる場合にこれを制約ないし剥奪することができるか，その際の手続や補償はいかにあるべきか，ということになる。

2　先行判例と違憲審査基準

　財産権に関しては，個人の所有という近代的な概念と「共有」という従来から存在してきた考え方を巡る対立がまずあり，これが森林法違憲判決という財産権に関わる初の違憲判決につながった。森林法では，森林の細分化を防ぐことによる森林経営の安定を目的として，複数人が共有する森林に関して，持分が半分以下の者による分割請求（単独所有への移行）を禁じていた。しかし最高裁は，この立法目的と立法手段の間に合理的関連性がないとして，違憲としたのである（最大判昭62・4・22民集41・3・408）。

　森林法違憲判決では，職業選択の自由を巡る判決に見られたような，立法目的を積極的なものと消極的なものに二分する考え方を前提としつつ，相対化しているように思われる。判決は，財産権に対する規制目的には「社会公共の便宜の促進，経済的弱者の保護等の社会政策及び経済政策上の積極的なものから，社会生活における安全の保障や秩序の維持等の消極的なものに至るまで多岐にわたる」ゆえに，規制が公共の福祉によるものとして憲法上認められるかどうかは，「規制の目的，必要性，内容，その規制によって制限される財産権の種類，性質及び制限の程度等を比較考量して決すべきもの」

とした。そのうえで，裁判所としては，立法目的が「公共の福祉に合致しないことが明らかであるか，（中略）規制手段が右目的を達成するための手段として必要性若しくは合理性に欠けていることが明らか」である場合に限り，憲法29条2項に違反するとの比較的緩やかな審査基準を示した。そうは言いつつも，森林法に関しては結果的に厳しい判断をしており，裁判所の真意については議論のあるところである。

　なお，証券取引法におけるインサイダー取引の規制が経済的自由を侵害するかどうかが争われた近年の判決で，最高裁は規制規準について上記森林法違憲判決で示された基準をほぼそのまま引用しながら，規制目的の例示の部分から「積極的」「消極的」という文言を削り取った。このことから，少なくとも財産権の規制に関して規制目的を二分する考え方を裁判所は採用していないとの見方が強まっている（最大判平14・2・13民集56・2・331）。

3　補償の条件と程度

　憲法29条3項は私有財産を「正当な補償の下に」「公共のために」用いることができるとする。そこで「公共のために」（所有者の意に反してでも）政府が私有財産を用いることができるのはどういう場合か，また「正当な補償」とは何を指すのかが，問題となる。

　「公共のために」私有財産が剥奪される最たる例は，ダム建設や道路工事に伴う土地や建物の収用である。では，このような公共施設建設のための収用と異なり，政府が個人の財産を没収して，他人に売り渡すような場合はどうだろうか。たとえば住宅密集地を再開発するために土地を収用し，再開発業者に売り渡す例である。

　この点について最高裁判所は，戦後の農地改革の一環として，自作農創設特別法により農地が買収され，個人に売り渡されることについて，「農地改革を目的とする公共の福祉の為の必要に基いて」行われたものであり，個人に売り渡されたという事象のみを捉えて買収の公共性を否定することはできない，とした（最判昭29・1・22民集8・1・225）。

　ところで，公共のために行われる財産権の制約には様々なものがあるが，いかなる場合に補償を要するか。これについては，「特別の犠牲」を強いる場合には補償をすべきとの考え方が広く採用されている。広く一般に適用される規制や，社会生活において受忍すべき制限は補償を要しない一方で，特定の個人に負担を強いる規制（自宅の収用など）や，その財産の本質的価値を損なうような規制には補償を要するとするものである。

　最後に，「正当な補償」とは何かが問題となる。これについては，その財産の市場価格全額を補償すべきとの考え方（完全補償説）と，合理的な補償であればよいとの考え方（相当補償説）が対立してきた。戦後の農地改革を巡る判決では，最高裁は「合理的に算出された相当な額」でよいとして後者の考え方を採用した（最大判昭26・12・23民集7・13・1523）。その後，土地収用法を巡る判決では，土地の収用に際してなされる補償は「完全な補償，すなわち，収用の前後を通じて被収用者の財産価値を等しくならしめるような補償をなすべき」（最判昭48・10・18民集27・9・1210）としているが，これにより裁判所があらゆる文脈を通じて完全補償説を採用したとは断言できない。事案の性質によって何が正当な補償であるかは異なると考えることもできる。

4　条例による規制

　憲法29条は財産権に対する法律による制約を述べているが，地方自治体が条例により財産権に制約を及ぼすことはできるか。奈良県ため池条例事件では，ため池の堤とうに農作物を植えることなどを禁止する条例の合憲性が争われたが，最高裁はこれを退け，当該規制は受忍すべき範囲のものであり，堤とうの使用行為は財産権の行使として保障されているものではないとした（最大判昭38・6・26刑集17・5・521）。結果的に条例による規制を認めており，今日，条例による規制は（法律の範囲内で）広く行われている。

5　補償規定の類推適用

　なお，財産権の侵害に対する補償を類推適用して，予防接種による事故に

ついて，憲法29条3項を根拠として国に補償を求められるかが議論となってきた。これについて東京地裁は，予防接種を「一般社会を伝染病から集団的に防衛する」ために半ば強制的になされているものとしたうえで，そのために重篤な副作用で死亡あるいは後遺障害を被るに至った被害者の損失を，その「個人の者のみの負担に帰せしめてしまうことは，生命・自由・幸福追求権を規定する憲法13条」等の精神に反するとした。そのうえで，財産権の制限が特定の個人に特別の犠牲を強いる場合には，「直接憲法29条3項を根拠として補償請求をすることができないわけではない」とし，「財産上特別の犠牲が課せられた場合と生命，身体に対し特別の犠牲が課せられた場合とで，後者の方を不利に扱うことが許されるとする合理的理由は全くない」として，憲法に基づく救済を認めた（東京地判昭59・5・18判時1118・28）。

　ただ，控訴審の東京高裁は，正当な補償があれば制限や剥奪が可能である財産と，補償があれば制限してよいということにはならない生命や身体を同一に扱うことを否定し，「憲法29条3項とは全く無関係」と断じた。その一方で，国家賠償法上の「過失」の認定を柔軟に行うことで被害者を救済した（東京高判平4・12・18判時1445・3）。

　憲法29条3項による救済か，憲法13条等，その他の条文に基づく救済か，あるいは立法に基づく救済か。被害者の観点からはとにかく救済が行われることが重要である。それとともに，憲法の解釈は多様な立法領域を跨いで影響があることから，憲法を根拠とする救済には，そのような幅広い影響についても考えていく必要がある。

【設　問】

(1) ある学生が空き時間を利用して，知り合いを自分の車に乗せて目的地まで運び，お金をもらうアルバイトを始めた。ところが道路運送法に基づくタクシー事業の認可を受けていない「白タク」として摘発されたとする。このような規制は憲法に違反しないか。

(2) 経済的自由の規制を巡る憲法訴訟において，規制目的を消極目的と

積極目的に分ける意味はあるか。代表的判例を踏まえてその妥当性を論ぜよ。

(3) 津波被害の恐れのある海沿いの町で，沿岸部の土地から住民を立ち退かせて，高台に移転させる計画が浮上した。ところが，移転を迫られた住民 A が，先祖代々生業を営んできた土地を手放したくないと移転計画に反対した。また，高台の土地を所有する地権者 B も土地の譲渡に反対した。A および B の土地を自治体が買収し強制的に移転計画を進めることは，憲法に違反するか。

参考文献

芦部信喜（高橋和之補訂）『憲法（第 6 版）』（岩波書店，2015 年）

長谷部恭男『憲法（第 5 版）』（新世社，2011 年）

長谷部恭男ほか編『憲法判例百選 II（第 6 版）』（有斐閣，2013 年）

樋口陽一ほか『新版　憲法判例を読みなおす－下級審判決からのアプローチ』（日本評論社，2011 年）

戸松秀典・初宿正典編著『憲法判例（第 8 版）』（有斐閣，2018 年）

（秋葉丈志）

第14講 生存権

┌─**本講の内容のあらまし**──────────────────
　まず，生存権の内容を概観する。その際，貧困格差社会化，超高齢社
会化が進む日本社会における生存権の意義を確認する。つぎに，生存権
の歴史的背景を見ていく。近代の自由権の時代から現代の社会権の時代
への変遷，日本国憲法に生存権が規定された経緯はぜひ知っておく必要
がある。その後，生存権についての憲法解釈上の論点として，生存権の
法的性質，「健康で文化的な最低限度の生活」の意義，憲法25条1項と
2項の関係を検討していく。さらに，生存権の判例として，食料管理法
違反事件，朝日訴訟，堀木訴訟，中嶋訴訟の事案と判旨を理解する。そ
して，最後に，ベーシック・インカム導入の是非という生存権に関する
新しい問題を考えていく。
└──────────────────────────────┘

第1節　生存権とは？

1　生存権の内容

　現代の日本社会においては，“子どもの貧困”，“女子の貧困”，“中高年の
貧困”，“ワーキングプア”など，貧困問題の解決が大きな課題となってい
る。例えば，厚生労働省・国民生活基礎調査（2017［平成29］年6月公表）によ
れば，300万円未満の世帯が全体の3分の1を超えている。そして，貧困線
（全世帯の可処分所得を1人当たりに換算して所得を低い順から並べた中央値の半分。約
122万円）に満たない収入で暮らす人の割合を示めす「相対的貧困率」は
15.6％，また，17歳以下の子ども全体のうち，貧困線に届かない収入で暮ら

す子どもの割合を示す「子どもの貧困率」は13.9％であり，実に国民の約7人に1人が貧困の状態にある。特にひとり親世帯の貧困率は5割を超え，母子世帯の8割以上が「生活が苦しい」と回答し，4割近くの世帯は「貯蓄なし」と回答している。さらに，厚生労働省・生活保護の被保護者調査（2018［平成 30］年3月公表）では，生活保護受給者数が約215万人にものぼっている。このような貧困を我われは日常生活のなかで目にしたり，実感したりすることは少ないかもしれないが，統計上の数字が示しているように，日本は確実に貧困格差社会化しつつあるのである。

　また，すでに超高齢社会（65歳以上の人口の割合が全人口の21％を超える社会）を迎えている日本は，今後ますます高齢化が進むと予測され，高齢者は2025年には約30％，2060年には約40％に達するとさえ言われている。それゆえ，日本では，現在，年金，介護，医療などの社会福祉や社会保障の制度の充実が強く叫ばれている。特に年金制度は，定年退職でリタイアした高齢者の生活を支えるまさに命綱であり，持続可能で安定した制度を構築しなければ，国民の安心した老後はありえなくなってしまう。しかし，保険料の未納・滞納，給付金額の不当な切り下げ，支給開始年齢の引き上げ等，年金にまつわる様ざまな問題が発生している。現在，生産年齢人口の3人で1人の高齢者を扶養していると言われているが，近い将来，2人で1人の高齢者を扶養しなければならなくなると予測される問題もある。この点，現在の年金制度が近い将来に財政的に破綻することを予想する者さえ決して少なくはない。

　このような貧困や格差の問題，あるいは，超高齢社会における年金，介護，医療の問題等の解決に威力を発揮する人権が憲法25条の生存権なのである。すなわち，生存権とは，「健康で文化的な最低限度の生活」を営む権利をいい，この「健康で文化的な最低限度の生活」とは，人間の尊厳（憲法13条前段）を確保することができる生活を意味する。そして，生存権は，社会権（社会的・経済的弱者が人間に値する生活を営めるように，国家の積極的な配慮を求めることができる権利）の代表的な人権であると言われ，社会生活を営む上において"人間が人間らしく生きる"ためには不可欠なものである。具体的に

は，生存権には自由権的側面と社会権的側面とがあり，自由権的側面とは，国民は自らの活動によって健康で文化的な最低限度の生活を確保する自由を有し，国家によってそれを侵害されない権利をいい，これに対して，社会権的側面とは，国民は国家に対して健康で文化的な最低限度の生活の実現を要求することができる権利をいうとされている。もちろん権利の中心は，後者の社会権的側面にある。この点，"貧困格差社会""少子高齢社会""男性中心社会"などと評される現代日本において，生存権をめぐる社会問題には枚挙にいとまがなく，生存権の持つ重要性は，今後，ますます高まることが予想され，生存権の積極的な活用が強く期待されるのである。

2　生存権の歴史的背景

　生存権をはじめとする社会権の歴史的成り立ちについては，人権の歴史を考える上できわめて重要であり，ぜひとも押さえておく必要があろう。すなわち，18・19世紀の近代国家では，絶対王政から市民を解放するために都市に住む裕福な商工業者（いわゆるブルジョアジー）を中心にして市民革命がおき（例，アメリカ独立戦争やフランス革命），勝利した市民によって市民の権利を保障する文書がつくられた（例，アメリカ独立宣言やフランス人権宣言）。それらの文書では，王様から市民的自由を獲得するという革命の目的からして，個人の生命や身体の自由，あるいは財産権などの自由権（「国家からの自由」）の保障がとりわけ強調された。そこから，専断的な権力を制限し国民の権利を保障することを目的として憲法にもとづいて政治を行うという近代立憲主義が成立することとなった。そして，このような考え方においては，個人の自己責任が極端に重視され，貧困は個人の自己責任だから国がわざわざ救う必要はないとされた。

　しかし，20世紀にはいり資本主義が高度に発達すると，持てる者（資本家）と持たざる者（労働者）との社会的対立が顕在化し，失業や貧困などの社会問題が深刻となった。すなわち，自由の名の下における競争や市場原理が，富める者をさらに豊かにする一方で，貧しき人びとをますます貧しくして

いったのである。そこで，現代国家では，資本主義の発展に伴う弊害を除去し，個人の実質的平等を実現するため，国家が市民生活へ積極的に介入すべきであるとする現代立憲主義が主張された。現代立憲主義は，「国は強い者の自由を制限してでも弱い者を救うべきである」という考え方を基礎とし，そこから生存権をはじめとする社会権（「国家による自由」）が主張されることになった。この点，1919年，ドイツのワイマール憲法（151条1項）において，世界で最初の生存権が登場したとされている。

　もちろん生存権は，1989（明治22）年制定の大日本帝国憲法（明治憲法）には規定されていなかった。第二次世界大戦の終結後，日本を占領したGHQ（連合国軍総司令部）が日本政府に交付したマッカーサー改憲草案にも，また，日本政府が作成した改憲原案にも同様に存在していなかった。憲法25条の生存権は，新憲法制定過程において，衆議院での審議で当時の社会党によって提案され，その結果，日本国憲法に加えられることになったのである。具体的には，高野岩三郎や鈴木安蔵，森戸辰男らの在野の学者が結成した憲法研究会作成の「憲法草案要綱」のなかに，オーストリアの法学者であるアントン・メンガーの生存権理論やワイマール憲法の規定を踏まえ，「国民ハ健康ニシテ文化的水準ノ生活ヲ営ム権利ヲ有ス」と規定された条文がその原型になったとされている。このように日本国憲法は，マッカーサー改憲草案をベースにしてはいるが，国会で3ヶ月以上にもわたり十分な審議がなされた上で修正が加えられ，しかも民間の憲法草案も反映されていることは，十分に認識されなければならない。この点，「日本国憲法は，占領下で押しつけられた憲法だから無効である（あるいは，改正が必要である）」といういわゆる“押しつけ憲法論”は決して根拠のあるものではないのである。

第2節　生存権の憲法解釈

1　生存権の法的性質

　生存権をめぐる憲法解釈として，従来から激しく議論されてきたのは，生

存権の法的性質という論点である。この点，学説上，①プログラム規定説（判例），②抽象的権利説（通説），③具体的権利説（少数有力説），④給付請求権説（または，言葉どおりの具体的権利説。最新学説）の四つの説が主張されている。学説上の議論としては，プログラム規定説を採用したとされる後述の朝日訴訟や堀木訴訟の最高裁判決を批判して，「どこまで生存権に法的権利性を付与できるか」という問題意識で展開されてきた。

　まず，①プログラム規定説とは，憲法25条1項はすべての国民が健康で文化的な最低限度の生活を営み得るように国政を運営すべきことを国の責務として宣言したにとどまり，直接個々の国民に対して具体的権利を賦与したものではないとする学説である。すなわち，生存権は法的権利ではなく，国家を政治的・道徳的に義務づける，いわば努力目標に過ぎないことになる。この説の根拠としては，㋐資本主義社会においては自助の原則が妥当し，国家に助けを求めることは背理である。㋑生存権の実現には予算の制約がある。㋒生存権の条文はきわめて抽象的である。しかし，この説に対しては，条文は「権利」と明示しているのであり，プログラムと解することは生存権をいちじるしく軽視するものであるとの批判がある。

　つぎに，②抽象的権利説とは，憲法25条は単なるプログラムではなく，立法者に対して立法その他の措置を要求する権利を規定したものであり，それに対応して国に法的義務を課している。生存権は憲法上，具体的権利として認められている権利ではないが，この規定を具体化する法律の存在を前提として，その法律にもとづく訴訟において，憲法25条違反を主張することは許されるとする学説である。この点，生存権を具体化する法律として，生活保護法，国民健康保険法，労働者災害補償法，失業保険法，国民年金法，児童福祉法，老人福祉法，障害者基本法など，広範にわたり多くの立法がなされており，それらの法律が憲法の要求を満たさない場合には，生存権を根拠に司法的救済を受けうることになる。しかし，この説に対しては，国会が立法を怠っている分野では生存権を根拠に司法的救済を受けることができないとの批判がある。例えば，原発事故による放射能被害から逃れるために自主避

難している人が，健康で文化的な最低限度の生活を営みえない状況の場合，そのような自主避難者を特別に保護する法律はないから，自主避難者は生存権を根拠に特別の司法的救済を受けることができないのである。

　また，③具体的権利説とは，生存権は，国民が立法権に対してその権利の内容にふさわしい立法を行うように請求できる具体的な権利であり，立法権が義務を履行しないことによって生じる生存権の侵害に対しては，その不作為が違憲であることの確認を裁判所に求めること（立法不作為違憲確認訴訟）ができるとする学説である。憲法25条は，その権利主体，権利内容，名宛人などについてはかなり明確な内容を持っていること，および，行政は法律にもとづいて行なわれなければならないこと（法律による行政の原理）からして，同条項は，行政権を直接に拘束することができるほどに明確で詳細なものではないが，立法権と司法権を拘束できるほどには十分明確な内容であることをその根拠とする。しかし，この説に対しては，立法不作為違憲確認訴訟で違憲が確認されたとしても国会が適切な立法をする保証はない，また，立法不作為違憲確認訴訟という訴訟形態は現行法上，認められていない等の批判がある。

　さらに，④給付請求権説とは，憲法25条を直接の根拠にした具体的な給付請求まで肯定する学説である。"言葉どおりの具体的権利説"とも言われ，1990年代に入ってから主張されはじめた最新の学説であり，もっとも人権保障にあつい学説でもある。この説は，「健康で文化的な最低限度」の生活水準を満たす給付がどのようなものであるかを裁判所が正確に判決で確定することはできないとしても，原告が「健康で文化的な最低限度」以下であることが明らかである範囲内の給付に限定して請求してきた場合には，その限りでは給付も含めた具体的な権利が認められるべきと主張している。例えば，少なくともあと5万円なければ健康で文化的な最低限度の生活を営みえないことが明白な人がいた場合，その人は生存権にもとづき行政に対して5万円の給付請求をすることができ，それが拒否された時には裁判に訴えることができることになる。しかし，この説に対しては，憲法25条を直接の根拠にし

て具体的な給付請求を安易に認めるならば，濫訴により司法的混乱を招きかねないという批判がある。

2　「健康で文化的な最低限度の生活」の意義

憲法25条1項の「健康で文化的な最低限度の生活」の意義について，学説上，相対的確定説と絶対的確定説との対立がある。この点，相対的確定説は，「健康で文化的な最低限度の生活」は不確定な政策的要素を総合考慮した上で適当に定められるべきものだから，客観的・一義的には確定しえないとする（後述の朝日訴訟の最高裁判決）。これに対して，絶対的確定説は，「健康で文化的な最低限度の生活」が人間としての生活の最低限度という一線を有する以上，理論的には特定の国における特定の時点においては一応，客観的・一義的に確定しうるとする（朝日訴訟の第一審判決）。絶対的確定説をとれば生存権の規範的効力を強化することができるから，人権保障に資すると考えられる。

しかし，裁判所が判決するにあたり，その時代と地域における「健康で文化的な最低限度の生活」を積極的に確定して判示する必要は必ずしもないことには注意すべきである。すなわち，裁判所は，国会や内閣がそのような保護基準を設定した理由と根拠資料をもとに，その基準にもとづく生活が「健康で文化的な最低限度の生活」に達しているかどうかを，ただ法的に判断しさえすればよい。その判断は，裁判所が客観的な「健康で文化的な最低限度の生活」を明確に確定せずとも可能である。そして，その判断には，政策的考慮は不要である。予算の限界等の政策的考慮が憲法上の権利を制限するのは本末転倒の議論であり，憲法の理念が国会や内閣の政策を指導すべきだからである。そして，何が「健康で文化的な最低限度の生活」なのかは，違憲判決を受けた国の方が判決をもとに再考の上で具体的に確定し，今後の政策に反映させればよいのである。

3　憲法25条１項と２項の関係

　憲法25条の１項と２項の関係をどのように解するかについて，一体説と分離説との争いがある。この点，一体説とは，１項と２項を一体的な関係ととらえる学説である。すなわち，１項は生存権保障の目的ないし理念を，２項はその実現のための国の責務を定めたものであるとする。いわば１項と２項を目的と手段との関係のように理解するものと言える。この考え方が通説であり，後述する最高裁判例もこれを前提にしているものと考えられる。これに対して，分離説とは，１項と２項とを分離してとらえ，別個の役割を担わせる学説である。すなわち，１項の最低限度の生活の保障を前提として，２項をさらにより広い社会国家的な視野から捉え，最低限度を越えた生活を保障する国の責務を規定したものであるとする。この分離説は，後述する堀木訴訟の控訴審判決（大阪高判昭50・11・10行集26・10・1268）で採用されたと言われている。同判決は，２項は国の事前の「防貧政策」を定めたものであり，その政策を実施した結果なおこぼれ落ちた者に対して，国は１項にもとづいて事後的に「救貧政策」をとる必要があるとする。このように，１項は事後的な救貧政策に関する規定，２項は事前の防貧政策に関する規定というように１項と２項に別個の役割を担わせるところに特徴がある。しかし，この分離説は，最高裁では採用されていない。

第３節　生存権の判例

1　食料管理法違反事件

　事案としては，戦後の食料難で米が配給制であった時代，食料不足を補うためにいわゆる闇米を購入して自宅に持ち帰る途中で検挙・起訴され，食糧管理法違反により有罪判決を言い渡された被告人が，「憲法25条は生活権を保障しているにもかかわらず，配給された食料のみでは生活を保持し健康を維持できないから，国民が不足する食料を購入することは生活権の行使であり，これを違法とする食糧管理法の規定は憲法違反である」として上告した

ものである。

　これに対して，最高裁（最大判昭23・9・29刑集2・10・1235）は，プログラム規定説を前提にして，「憲法25条第1項は……すべての国民が健康で文化的な最低限度の生活を営み得るよう国政を運営すべきことを国家の責務として宣言したものである。……国家は，国民一般に対して概括的にかかる責務を負担しこれを国政上の任務としたのではあるけれども，個々の国民に対して具体的，現実的にかかる義務を有するのではない。言い換えれば，この規定により直接に個々の国民は，国家に対して具体的，現実的にかかる権利を有するものではない。社会的立法及び社会的施設の創造拡充に従って，始めて個々の国民の具体的，現実的の生活権は設定充実せられてゆくのである」と判示し，被告人の主張をしりぞけた。

2　朝日訴訟

　朝日訴訟（最大判昭42・5・24民集21・5・1043）とは，生存権（憲法25条）の法的性質が争われた生存権裁判のなかでもっとも有名かつ重要な判例の一つである。具体的には，原告は，重症の結核をわずらい入院し，働くことができないことから生活保護を受けていたが，当時の生活保護法にもとづき厚生大臣が定めた最高月額600円の日用品費という保護基準が，憲法および生活保護法の規定する「健康で文化的な最低限度の生活」を維持するのに足りない違法なものであると主張して提訴したものである。

　これに対して，最高裁はつぎのように判示した。すなわち，まず前述のプログラム規定説を前提にして，「憲法25条1項は，『すべて国民は，健康で文化的な最低限度の生活を営む権利を有する。』と規定している。この規定は，すべての国民が健康で文化的な最低限度の生活を営み得るように国政を運営すべきことを国の責務として宣言したにとどまり，直接個々の国民に対して具体的権利を賦与したものではない。具体的権利としては，憲法の規定の趣旨を実現するために制定された生活保護法によって，始めて与えられているというべきである」。また，「健康で文化的な最低限度の生活」の意義に

ついて，「健康で文化的な最低限度の生活なるものは，抽象的な相対的概念
であり，その具体的内容は，文化の発達，国民経済の進展に伴って向上する
のはもとより，多数の不確定的要素を綜合考量してはじめて決定できるもの
である。したがって，何が健康で文化的な最低限度の生活であるかの認定判
断は，いちおう，厚生大臣の合目的的な裁量に委されており，その判断は，
当不当の問題として政府の政治責任が問われることはあっても，直ちに違法
の問題を生ずることはない」と判示し，原告の主張をしりぞけた。

3　堀木訴訟

　堀木訴訟（最大判昭57・7・7民集36・7・1235）とは，つぎのような事案で
ある。すなわち，原告の女性は視力に全盲の障害があり，障害福祉年金を受
給しながら，内縁の夫とその間にできた子供とともに生活していた。その
後，内縁の夫と離別したことから，子供を養い生活するために，児童扶養手
当の受給資格認定を申請した。しかし，障害福祉年金を受給していたため，
児童扶養手当法の併給禁止規定を理由に申請は却下された。そのため，当該
規定が憲法13条，14条，25条に違反するとして提訴したものである。

　これに対して，最高裁は，プログラム規定説を前提にして，「憲法25条の
規定の趣旨にこたえて具体的にどのような立法措置を講ずるかの選択決定
は，立法府の広い裁量にゆだねられており，それが著しく合理性を欠き明ら
かに裁量の逸脱・濫用と見ざるをえないような場合を除き，裁判所が審査判
断するのに適しない事柄であるといわなければならない」ことを理由に，
「生存権に関する立法裁量は，明らかな裁量の逸脱・濫用でない限り司法審
査の対象とならない」と結論づけ，原告の主張をしりぞけた。

4　中嶋訴訟

　このように，これまで憲法25条に関わる生存権裁判において，最高裁で原
告勝訴判決がでることはなかったが，めずらしい原告勝訴の最高裁判決とし
て今後の影響が非常に注目されるのが，平成に入ってから争われた中嶋訴訟

である。事案は，以下の通りである。すなわち，原告は生活保護を受給していたが，みずからが不遇な子ども時代を送ったことから，わが子の高校進学のために，生活保護費から生活費を切り詰め，学資保険に加入して月３千円の保険料を支払い続けた。そして，進学時に50万円の保険満期返戻金を受けたところ，福祉事務所によって，それが収入と認定されて生活保護費が減額された。そこで，その行政処分の違法性を争い，提訴がなされたのが本件である。

　福岡地裁（福岡地判平7・3・14判タ896・104）は原告敗訴を言渡したが，福岡高裁（福岡高判平10・10・7判時1690・42）は一家の生活実態や一般の高校進学率の現状，生活保護世帯の高校進学の困難さ等を詳細に認定した上で，原告勝訴とした。そして，最高裁（最判平16・3・16民集58・3・647）も「給付される保護金品並びに被保護者の金銭及び物品（以下「保護金品等」という。）を要保護者の需要に完全に合致させることは，事柄の性質上困難であり，同法（生活保護法）は，世帯主等に当該世帯の家計の合理的な運営をゆだねているものと解するのが相当である。そうすると，被保護者が保護金品等によって生活していく中で，支出の節約の努力……等によって貯蓄等に回すことの可能な金員が生ずることも考えられないではなく，同法も，保護金品等を一定の期間内に使い切ることまでは要求していないものというべきである。……要保護者の保有するすべての資産等を最低限度の生活のために使い切った上でなければ保護が許されないとするものではない。このように考えると，生活保護法の趣旨目的にかなった目的と態様で保護金品等を原資としてされた貯蓄等は，収入認定の対象とすべき資産には当たらないというべきである」と判示し，原告勝訴とした。この点，生活保護費から努力して学資を捻出したら，それが収入と認定され，生活保護費が減額されるのでは，自助努力を否定するに等しく，まったく不合理といわざるをえない。最高裁判決は当然であろう。

第4節　ベーシック・インカム導入の是非

　究極の社会保障制度として，現在，世界各国で議論の対象になっているのがベーシック・インカムである。ベーシック・インカム（以下，BI）とは，国家が個人の基本的所得を保障する制度のことである。すなわち，その人が裕福であろうが貧困であろうが，誰と一緒に住んでいようが，国内のどこに住んでいようが，国民すべてに対して政府から定期的に一定額の所得（例えば，月に10万円）が支払われることになる。BI については，日本では，賛成論よりも反対論の方が断然に有力である。この点，典型的な反対論は以下の通りである。すなわち，①財政の確保が困難なのではないか。②勤労意欲が低下するのではないか。③経済競争力がなくなるのではないか。④労働市場の競争激化により，かえって雇用の機会が奪われるのではないか。⑤ "働かざる者は食うべからず" の思想に反するのではないか。⑥政府から国民への "手切れ金" になるのではないか。

　しかし，厚生労働白書（平成27年版）によれば，2010（平成22）年の国勢調査において約１億2,806万人であった日本の総人口は，今後，出生数の減少と死亡数の増加により長期的な減少過程に入り，2048年には9,913万人と１億人を割り込み，2060年には8,674万人になると推計されている。半世紀の間に約３分の１もの人口が失われることになるのである（国立社会保障・人口問題研究所「日本の将来推計人口（平成24年１月推計)」）。このような人口減少社会では，もはや持続的な経済成長は不可能であり，その必要もないであろう。

　また，イギリスのオックスフォード大学で AI（人工知能）などの研究を行うマイケル・オズボーンが，カール・フライとともに執筆した「雇用の未来―コンピューター化によって仕事は失われるのか」という論文によれば，コンピューターや AI，ロボットの技術革新が今後，急激に進展すれば，これまで人間にしかできないと考えられていた数多くの労働が，機械に代替されることによって自動化され，人間の労働は不要になるという。例えば，自動

車がAIにより自動走行できるようになれば，タクシーやトラックは無人化され，そのドライバーは失業することになる。このように，人間の労働の多くが機械に代替され，人間が働く必要のない社会の到来は確実に近づいているのである。そのようなAI社会では，国がいくら膨大な予算を費やし，公共事業等で無理やり雇用を創出しても，失業をなくすことは不可能である。失業を悪とするのではなく，幸福の契機とする社会が求められるのである。

　日本国憲法の下では，25条の生存権の保障が，BIの重要な憲法的根拠になる。BIは，すべての国民に「健康で文化的な最低限度の生活」をするための所得を給付するという制度であり，まさに生存権にかなった制度と言える。そもそも貧困の主たる原因は，単に"お金がないこと"である。とするならば，貧困を解消する最善の策は，すべての人びとに生活できるお金を給付することである。前述した人口減少社会とAI社会の進展は，確実にBI導入の必要性を高めるであろう。この点，BIに対する国家レベルでの取り組みとしては，2017年1月，フィンランドが国家レベルではヨーロッパで初めてBIの試験的導入を開始し，貧困対策の新たな可能性として注目を集めている。具体的には，2018年12月までの2年間，無作為に選出された2千人の失業者に対して月に560ユーロ（日本円で約6万8千円）を支払うという内容であり，この実験でBIの導入が失業率の低下にもたらす影響を調べるという。また，BIを自治体レベルで試験的導入や検討をしている例としては，ユトレヒト（オランダ），グラスゴー（イギリス），オリエント（カナダ），オークランド（アメリカ）等があるという。今後，日本においても，憲法的観点のみならず様々な観点から，BI導入の研究や実験が進められる必要があろう。

【設　問】
(1) 生存権の法的性質についての四つの学説のうち，どれを支持するか。また，それはなぜか。
(2) 朝日訴訟と堀木訴訟について，原告を勝たせるための憲法の論理を

　考えてみなさい。
（3）日本は，ベーシック・インカムの制度を導入すべきか。賛成意見と
　　反対意見を踏まえて，考えてみなさい。

参考文献

芦部信喜（高橋和之補訂）『憲法（第6版）』（岩波書店，2015年）

浦部法穂『憲法学教室（第3版）』（日本評論社，2016年）

佐藤幸治『日本国憲法論』（成文堂，2011年）

長谷部恭男『憲法（第7版）』（新世社，2018年）

原田泰『ベーシック・インカム―国家は貧困問題を解決できるか』（中央公論新社，
　　2015年）

（藤井正希）

第15講　教育の自由と教育を受ける権利

┌─**本講の内容のあらまし**

　第1節では，まず教育の自由について，その内容を見ていく。その際には，教育の自由と教授の自由との異同をおさえる。つぎに，大日本帝国憲法の教育と日本国憲法の教育を比較し，あるべき教育を考える。そして，旭川学力テスト事件を取り上げ，普通教育における教育の自由の限界を検討していく。第2節では，教育を受ける権利の中心が子どもの学習権であることをまず理解する。つぎに，教育権の所在につき対立する国民教育権説と国家教育権説を概観し，再び旭川学力テスト事件を取り上げる。そして，教科書検定の合憲性については家永教科書裁判を，また，学習指導要領の合憲性については伝習館高校事件を素材に考えていく。さらに，義務教育の無償の範囲についての学説や判例を整理する。第3節では，教育現場での教育勅語の活用を検証する。

第1節　教育の自由とは？

1　教育の自由の内容

　教育の自由とは，国民が国家等の外部の干渉や圧力を受けることなく教育を実現する自由をいう。具体的には，親の家庭教育の自由，学校選択の自由，教育内容選択の自由，教師の学校での教育の自由，国民一般の私立学校設置の自由，社会教育等の教育活動の自由などがそれにあたる。このなかで学説・判例上，もっとも議論があるのは，教師の学校での教育の自由である。本講においても，この意味での教育の自由に焦点をあてて論じていくことにする。教育の自由は，革命期のフランスで，ニコラ・ド・コンドルセが

主張したのが始まりで，それ以来，近代公教育の基本原理とされている。この点，教育の自由は，憲法上，明文規定はないが，大学における教育の自由については，教授の自由という形で憲法23条の学問の自由で保障されていると考えられている。これに対して，初等中等教育機関の教育の自由については，学問の自由を大学のみならず初等中等教育機関の教育にも拡大し，憲法23条を根拠にして保障されるとする学説がある一方，学問の自由と教育の自由の差異に着目し，憲法23条には初等中等教育機関における教育の自由は含まれず，むしろ憲法26条の教育を受ける権利を根拠にして保障されるとする学説もある。さらに，一般的な憲法的自由として保障されるとする学説も主張されている。

2　日本国憲法における教育

　天皇主権を採用する大日本帝国憲法（明治憲法）の下においては，忠君愛国，滅私奉公を美徳とする教育勅語の精神が教育の根本にすえられ，国家主義にもとづく教育がおこなわれていた。具体的には，万一，国家に危急の大事が起った時には，大義にもとづいて勇気をふるい，一身を捧げて皇室国家のために尽くすこと，すなわち，国家のために死ぬことが求められた。そのような護国の精神に富んだ忠良なる“臣民”を養成することが，まさに教育の目的であったのである。その結果，例えば神風特攻隊の隊員のように，太平洋戦争において多くの若者が戦場で命を散らすことになったのである。

　しかし，国民主権を採用し，個人の尊重（憲法13条前段）を根本原理とする日本国憲法の下では，もはやこのような国家主義的教育が許されることはない。国家の目的も，憲法の目的も，国民の幸福を実現することにあり，しかもその幸福のあり方は各人が自ら選び取ることができる。すなわち，個性や多様性が最大限に尊重されるのである。決して国家が幸福の内容に踏み込むことはない。それゆえ，教育も国家主体ではなく国民主体でおこなわれなければならず，なにより“教育の私事性”が必要不可欠となる。具体的には，教育は，人格的接触を通じて人の潜在的資質を引き出す創造的作用として，

教える者と教えられる者とが自主性や主体性をもっておこなう共同作業となるのである。もちろん教育が持つ公共的性格からの一定の制約は避けられないが（憲法13条後段の「公共の福祉」），このような自由主義的教育こそが日本国憲法の要請と言えよう。この点，終戦直後の1946（昭和21）年3月に来日したアメリカ教育使節団報告書が「教師の最善の能力は，自由の空気の中においてのみ十分現わされる。この空気をつくり出すことが行政官の仕事なのであって，その反対の空気をつくることではない。子供の持つ測り知れない資質は，自由主義という日光の下においてのみ豊かな実を結ぶものである。この自由主義の光を与えることが教師の仕事なのであって，その反対のものを与えることではない」と述べているのは，まさにこの趣旨である。

3　判例研究――旭川学力テスト事件

　普通教育（小・中学校の教育）における教育の自由について争われた判例としては，旭川学力テスト事件（最大判昭51・5・21刑集30・5・615）がある。事案としては，文部省が実施した強制的な「全国一斉学力テスト」を阻止するため，組合員である被告人たちが旭川市の中学校にのり込み校長に暴行を加えたとして，建造物侵入罪や公務執行妨害罪，共同暴行罪等で起訴されたというものである。この点，最高裁は，普通教育における教育の自由を教授の自由（憲法23条）の問題ととらえ，つぎのように判示した。すなわち，「子どもの教育が教師と子どもとの間の直接の人格的接触を通じ，その個性に応じて行われなければならないという本質的要請に照らし，教授の具体的内容及び方法につきある程度自由な裁量が認められなければならないという意味においては，一定の範囲における教授の自由が保障されるべきことを肯定できないではない」。しかし，普通教育においては，「児童生徒にこのような（教授内容を批判する）能力がなく，教師が児童生徒に対して強い影響力，支配力を有することを考え，……子どもの側に学校や教師を選択する余地が乏しく，教育の機会均等をはかる上からも全国的に一定の水準を確保すべき強い要請があること等に思いをいたすときは，普通教育における教師に完全な教

授の自由を認めることは，とうてい許されない」。

　このように，最高裁は，普通教育における教育の自由を教授の自由の問題とすることを前提にして，普通教育における教師には一定の範囲における教授の自由が保障されるとしても，完全な教授の自由は認められないとした。そして，その理由として，つぎの四点を指摘した。すなわち，㋐児童たちは大学生に比べ批判能力が乏しいこと。㋑教師が児童に対して強い影響力や支配力を持つこと。㋒普通教育における生徒側の教師選択の自由が乏しいこと。㋓教育の機会均等をはかり，一定水準の教育を確保すべき要請があること。最高裁判例の結論は必ずしも不当なものとは言えないが，今後は，教授の自由を根拠に具体的にどのような行為がどの程度まで普通教育における教師に認められるかを確定することが必要となろう。

第2節　教育を受ける権利とは？

1　教育を受ける権利の内容

　教育を受ける権利については，憲法26条に明文規定がある。憲法26条は，1項で「その能力に応じて，ひとしく教育を受ける権利」を規定し，さらに，2項前段で子女に普通教育を受けさせる義務を，2項後段で義務教育の無償をそれぞれ規定している。教育を受ける権利についてまず理解すべきことは，「その能力に応じて，ひとしく教育を受ける権利」の内容である。この点，前述した旭川学力テスト事件の最高裁判決は，教育を受ける権利を「国民各自が，一個の人間として，また，一市民として，成長，発達し，自己の人格を完成，実現するために必要な学習をする固有の権利」，特に，「みずから学習することのできない子どもは，その学習要求を充足するための教育を自己に施すことを大人一般に対して要求する権利を持つ」と判示し，その権利の中心が"子どもの学習権"，すなわち，「子どもが自己に対して教育を施すことを大人一般に要求する権利」であることを明確にしている。もちろん憲法26条は「大人の教育を受ける権利」を排除しているわけではない

が，大人の場合には憲法23条の学問の自由さえ十分に保障されれば，自ら主体的に学習して能力を発展・向上させることができる。しかし，子供の場合には，まわりの大人から教育を施してもらい助けてもらわなければ，学習して能力を発展・向上させることができない。そこで，判例や学説においては，教育を受ける権利の中心を"子どもの学習権"と解することが一般となっているのである。

　また，教育を受ける権利は，権利に二面性があると言われている。すなわち，自由権的側面と社会権的側面である。前者の自由権的側面は，まさに前述した"教育の私事性"に関わるものであり，国家の不当な介入を排除して，自由に教育を受け，施すことができることをその内容とする。この点が争われた判例としては，旭川学力テスト事件や家永教科書裁判，伝習館高校事件（後述）等があげられる。これに対して，後者の社会権的側面は，公教育制度の確立に関わるものであり，国家に対して，教育環境を整備するように請求できることをその内容とする。この点が争われた判例としては，教科書費国庫負担請求事件（後述）があげられる。

2　教育権の所在

　教育を受ける権利を子どもの学習権と捉えた場合，子どもに施す学習内容（主に義務教育における学習内容）を決定する権限は誰が有するかという問題が生じる。これが"教育権の所在"と呼ばれる問題で，教育を受ける権利に関する論点の中でもっとも重要なものであり，これまで判例や学説上，激しい議論がおこなわれてきた。この点，学説では，いわゆる国民教育権説と国家教育権説とが対立しており，これが争われたのが，前述の旭川学力テスト事件である。

　まず，国民教育権説とは，教育の私事性を重視し，教育内容についての決定権は，個々の国民（具体的には親権者や地域社会）と，その信託を受けた教育機関（具体的には教師）にあるとする学説である。この国民教育権説では，国は国民に教育サービスを提供するための設備面を整える役割（いわゆる教育の

外的条件整備義務）だけを担うことになり，国の教育内容への干渉は原則とし
て許されないことになる。よって，国による学力テストや学習指導要領の強
制，教科書検定等は，違憲の疑いが生じることになる。これに対して，国家
教育権説とは，全国一律の教育水準や教育の機会均等を確保することの必要
性や公教育制度の確立を重視し，教育内容についての決定権は国にあるとい
う学説である。この国家教育権説がいう「国」とは，国民主権原理に支えら
れた立法機関のことであるから，この説は，総体としての国民に教育権があ
るという考え方であるともいえる。ここから，教育は基本的に国会が制定す
る法律にもとづき行われるべきであり，また，具体的な教育内容については
国（具体的には文部科学省）の大幅な裁量権が認められることになる。よっ
て，全国一斉学力テストや学習指導要領，教科書検定等は，もちろん原則と
して合憲となる。

　この問題について最高裁は，旭川学力テスト事件の判決において，以下の
ように述べている。すなわち，「わが国の法制上，子どもの教育の内容を決
定する権能が誰に帰属するとされているかについては，二つの極端に対立す
る見解があ（る）。すなわち，一の見解は，……国民全体の教育意思は，憲
法の採用する議会制民主主義の下においては，国民全体の意思の決定の唯一
のルートである国会の法律制定を通じて具体化されるべきものであるから，
法律は，当然に，公教育における教育の内容及び方法についても包括的にこ
れを定めることができ（る）と主張する（すなわち，国家教育権説。筆者注）。こ
れに対し，他の見解は，子どもの教育は，憲法26条の保障する子どもの教育
を受ける権利に対する責務として行われるべきもので，このような責務をに
なう者は，親を中心とする国民全体であり，公教育としての子どもの教育
は，いわば親の教育義務の共同化ともいうべき性格をもつのであって，……
権力主体としての国の子どもの教育に対するかかわり合いは，……国民の教
育義務の遂行を側面から助成するための諸条件の整備に限られ，子どもの教
育の内容及び方法については，国は原則として介入権能をもたず，教育は，
その実施にあたる教師が，その教育専門家としての立場から……遂行すべき

ものであ（る）……と主張するのである（すなわち，国民教育権説。筆者注）。当
裁判所は，右の二つの見解はいずれも極端かつ一方的であり，そのいずれを
も全面的に採用することはできないと考える」とした上で，「一般に社会公
共的な問題について国民全体の意思を組織的に決定，実現すべき立場にある
国は，国政の一部として広く適切な教育政策を樹立，実施すべく，また，し
うる者として，憲法上は，あるいは子ども自身の利益の擁護のため，あるい
は子どもの成長に対する社会公共の利益と関心にこたえるため，必要かつ相
当と認められる範囲において，教育内容についてもこれを決定する権能を有
する」と判示した。

　このように最高裁は，国民教育権説と国家教育権説はいずれも極端かつ一
方的であり，そのいずれをも全面的に採用することはできず，国家と国民の
両方が教育権を分掌するが，国も必要かつ相当な範囲で教育内容決定権を持
つとする。最高裁判例の結論は必ずしも不当なものとは言えないが，「国も
必要かつ相当な範囲で教育内容決定権を持つ」ことを根拠にして，国が具体
的にどこまで教育内容を決定できるかをさらに明確に確定する必要がある。
判例のような抽象的で漠然とした根拠のみにもとづいて，全国一斉学力テス
トや学習指導要領，教科書検定を安易に合憲とすることは，教育を受ける権
利の不当な制約となりかねないであろう。やはり教育の私事性からして，原
則としては国民教育権説の立場を重視し，国は自由主義的教育を最大限に実
現することに努めるのが妥当であると考える。

3　教科書検定の合憲性

　国の検定に合格した教科書しか初等中等（すなわち小中高）の学校教育で使
用してはならないという教科書検定の合憲性が争われたのが，有名な家永教
科書裁判である。この裁判は，東京教育大学教授であった家永三郎は以前か
ら高校日本史教科書『新日本史』を執筆し，検定済教科書として使用されて
きたが，突然，検定申請が不合格とされたので，当時の文部省による検定を
違憲違法だとして国を相手に提訴したものである。裁判は，三次にわたって

争われ，全裁判の終結まで32年もかかったため，当時，「最も長い民事訴訟」としてギネスブックに認定されるほど世間の注目を集めた。

　第一次訴訟の最高裁判決（最判平5・3・16民集47・5・3483）は，教科書検定を表現の自由（憲法21条）との関係で問題にし，以下のように述べている。すなわち，「憲法21条1項にいう表現の自由といえども無制限に保障されるものではなく，公共の福祉による合理的で必要やむを得ない限度の制限を受けることがあり，その制限が右のような限度のものとして容認されるかどうかは，制限が必要とされる程度と，制限される自由の内容及び性質，これに加えられる具体的制限の態様及び程度等を較量して決せられるべきものである。これを本件検定についてみるのに，……普通教育の場においては，教育の中立・公正，一定水準の確保等の要請があり，これを実現するためには，これらの観点に照らして不適切と認められる図書の教科書としての発行，使用等を禁止する必要があること，その制限も，右の観点からして不適切と認められる内容を含む図書のみを，教科書という特殊な形態において発行を禁ずるものにすぎないことなどを考慮すると，本件検定による表現の自由の制限は，合理的で必要やむを得ない限度のものというべきであって，憲法21条1項の規定に違反するものではない」。この論理は，憲法26条の教育を受ける権利にも同様にあてはまることから，最高裁の考え方を前提とする限り，教科書検定は合憲となる。

　家永教科書裁判は，国に損害賠償を求めた一次訴訟（1965［昭和40］年提訴）と，検定不合格処分の取消を求めた二次訴訟（1967［昭和42］年提訴）ともに，教科書検定を合憲とする判断の下，原告が敗訴した。しかし，1980年代の検定の是非が争われた三次訴訟（1984［昭和59］年提訴）では，最高裁判決で一部について検定意見の違法が確定し，訴えの一部が認められている。すなわち，第三次訴訟の最高裁判決（最判平9・8・29民集51・7・2921）では，行政が裁量権を濫用したかどうかの判断について，「看過し難い過誤」の基準を採用した上で，文部大臣の裁量権についてはより限定的に解し，「修正意見の内容が合理的であるのみならず，原稿記述の欠陥が訂正，削除又は追

加されない限り教科書として不適切であると評価せざるを得ない程度に達していることを要する」として，いわゆる七三一部隊（戦時中における日本陸軍の細菌化学兵器開発）の記述に対する修正意見の違法性を認定し，違法な検定に対する損害賠償を肯定した。この点，教科書検定は合憲とせざるをえないとしても，検定不合格決定や修正意見の違憲・違法性は厳格に問われなければならない。

4　学習指導要領の合憲性

　学習指導要領とは，文部科学省が告示する初等中等教育における教育課程の基準であり，各教科の単元の構成やその詳細が指示され，授業はそれに沿っておこなうものとされている。実際，学習指導要領は，教育現場においてきわめて強い事実的影響力を持っている。学習指導要領は，形式的には法令ではないが，学校教育法施行規則にもとづいて定められているため，法的拘束力まで認められるのかが問題になっている。学習指導要領に強い法的拘束力を認めるならば，国民の教育の自由は大幅に制約されてしまうであろう。

　この点が争われたのが，いわゆる伝習館高校事件である。この事件は，県立高校の社会科教師が学習指導要領を逸脱した指導をおこなったり，教科書を使用せずに授業をしたこと等を理由に懲戒免職処分を受けたことの是非が争われたものである。本件について最高裁（最判平2・1・18民集44・1・1）は，以下のように判示した。すなわち，「思うに，高等学校の教育は，高等普通教育及び専門教育を施すことを目的とするものではあるが，中学校の教育の基礎の上に立って，所定の修業年限の間にその目的を達成しなければならず，また，高等学校においても，教師が依然生徒に対し相当な影響力，支配力を有しており，生徒の側には，いまだ教師の教育内容を批判する十分な能力は備わっておらず，教師を選択する余地も大きくないのである。これらの点からして，国が，教育の一定水準を維持しつつ，高等学校教育の目的達成に資するために，高等学校教育の内容及び方法について遵守すべき基準を

定立する必要があり，特に法規によってそのような基準が定立されている事柄については，教育の具体的内容及び方法につき高等学校の教師に認められるべき裁量にもおのずから制約が存するのである」とし，「教科書使用義務に違反する授業をしたこと，高等学校学習指導要領から逸脱する授業および考査の出題をしたこと等を理由とする県立高等学校教諭に対する懲戒免職処分は，……社会観念上著しく妥当を欠くものとはいえず，懲戒権者の裁量権の範囲を逸脱したものとはいえない」。

　そもそも学習指導要領に法的拘束力が認められるのかについての最高裁の立場は，判決文からは必ずしも一義的に明確ではないが，全体としては学習指導要領に法的拘束力を肯定する趣旨であると解されている。ただし，伝習舘高校は公立高校であり，学習指導要領の法的拘束力が私立高校にまで及ぶのかについては，別途に考察する必要があるとの指摘がある。学習指導要領にある程度の法的拘束力は認めざるをえないとしても，それが教育の自由を侵害することがないように，最大限の配慮が払われる必要があろう。

5　義務教育の無償の範囲

　憲法26条2項後段は，「義務教育は，これを無償とする」として義務教育の無償を規定している。この点，無償とする経費の範囲がどこまでなのかについては解釈に委ねられているが，現行の教育基本法は無償の範囲を授業料に限っている。それゆえ，以前は，教科書は有償であったが，現在では教科書無償措置法により，義務教育においては国公私立を問わず無償となっている。教科書の無償は，憲法の要請ではなく，あくまで国家の政策の一環と解されている。これが争われたのが教科書費国庫負担請求事件（最大判昭39・2・26民集18・2・343）である。事案としては，義務教育の教科書が無償化される前，公立小学校に就学していた児童の保護者が，支払った教科書代金の償還と義務教育終了までに必要と予想される教科書代金の不徴収を求めたものである。最高裁は，憲法26条2項後段の意義は「国が義務教育を提供するにつき有償としないこと，換言すれば，子女の保護者に対しその子女に普通

教育を受けさせるにつき，その対価を徴収しないことを定めたものであり，教育提供に対する対価とは授業料を意味するものと認められるから，同条項の無償とは授業料不徴収の意味と解するのが相当である」と判示した。よって，最高裁や実務の見解の下では，義務教育の教科書を有料にしても憲法には反しないことになる。

　この問題に関しては，学説は分かれている。主な学説はつぎの通りである。すなわち，㋐授業料無償説は，最高裁や実務と同様，教育の対価たる授業料の無償の意味と解する。㋑教科書無償説は，教育の対価たる授業料のみならず少なくとも授業に不可欠の教科書も無償にすべきと解する。㋒一切無償説は，教育に必要な一切の費用（給食費や修学旅行費等）の無償と解する。㋓無償範囲法定説は，無償の範囲は国会の法律で定めるべきと解する。この点，教育を受ける権利の保障を十全ならしめるためには，一切無償説が妥当である。確かに，給食費を難なく支払えるのにわざと支払わないようなモンスター・ペアレンツの存在が気がかりではある。しかし，例えば経済的理由等により給食費が支払えない子供には給食費を，修学旅行費が支払えない子供には修学旅行費を国が税金で補助することにより，真に教育の機会均等が実現し，教育を受ける権利の保障が貫徹するのである。現在でも，政策として，低所得家庭等の子女の給食費は，減額または無償となっているし，修学旅行費も一部公的助成がおこなわれる場合もある。これを憲法上の要求に高めるべきである。

第3節　教育勅語を復活⁉

　近時，ある文部科学大臣が「憲法や教育基本法に反しないような配慮があれば，教育勅語を教材として用いることは問題ない」と発言し，大きな問題となった。その際，官房長官も「政府として積極的に教育現場で活用する考えはまったくないが，学習指導要領に沿い，教育現場の判断で行うべきだ」とし，「憲法や教育基本法に反しないような形で教材として用いることまで

は否定されない」との閣議決定までなされた。教育勅語の復活をもくろむような大臣や政治家のこのような発言は戦後，しばしば繰り返され，そのたびに世間の批判の的となってきた。

　ヒトラーの『我が闘争』であろうが，マルクス・エンゲルスの『共産党宣言』であろうが，「憲法や教育基本法に反しないような形で教材として用いることまでは否定されない」のは当然のことであるが，やはり教育現場での教育勅語の活用は，控えるのが無難であり，妥当である。確かに，孝行，夫婦の和，遵法，友愛，公共心等，教育勅語にも現代の教育に活かせる部分も多く含まれていることは事実である。しかし，教育勅語には，戦前・戦中の皇国史観（「天皇の語り」の構造）や，天皇や国家の命令に服従し，国家の一大事には命をも捧げるのが美徳という戦時の軍国主義や国家総動員体制を支えた精神が色濃く反映されている。それらは日本国憲法の個人主義（憲法13条「個人の尊厳」）とは相容れないものである。この点，教育勅語のプラスの面とマイナスの面を，子供たちに十分に理解させた上で，そのプラスの面だけを教育に取り入れることは，時間的にも技術的にもほぼ不可能だと考える。よって，「憲法や教育基本法に反しないような形で教材として用いること」が現実的にできない以上，教育現場での教育勅語の活用は，控えるのが無難であり，妥当である。上述の孝行，夫婦の和，遵法，友愛，公共心等は，教育勅語を利用せずとも子供たちに身につけさせることは十分にできる。

　この点，「教育現場の判断で行うべきだ」との掛け声の下，日の丸・君が代と同様，教育現場で教育勅語の利用が半ば強制され，復古的教育が放任されることになりかねない。逆に，反天皇制や反戦の思想を持つ教師によって，いわゆる“自虐史観”教育の推進に利用される危険もある。また，「配慮があれば問題ない」と教育現場に判断を丸投げするのは，政府としても無責任な対応である（それならば，軍人勅諭はどうなのだろうか？）。教育現場における教育勅語の復活を望む声は，一言でいえば，“社会の右傾化”であり，諸外国では極右政党が躍進し，排外的なナショナリズムが勢いを増しているのと同根の現象と考えられる。ヘイトスピーチもこのような時代の変化を反

映したものであろう。教育勅語は1948（昭和23）年に衆参両院で排除決議や失効確認決議がなされている。再び正式に教育に採り入れるのならば，国会が決議により教育勅語を復活させ，「教育現場での活用の指針」を示すべきである。そして，そこには少なくとも復古的な運用は絶対に許されないこと，また，教育勅語が戦前・戦中の教育にもたらした弊害を明示すべきである。それをせずになし崩し的に教育勅語を教育現場に持ち込むことには，教育関係者や保護者を含む一般国民は明確に反対するべきである。

【設　問】

(1) 国民教育権説と国家教育権説のどちらを支持するか。また，それはなぜか。

(2) 義務教育の無償の範囲はどこまでと考えるべきか。

(3) 教育勅語を教育現場で活用することの是非を考えてみなさい。

参考文献

佐藤幸治『日本国憲法論』（成文堂，2011年）

渋谷秀樹『憲法（第3版）』（有斐閣，2017年）

杉原泰雄『憲法と公教育―「教育権の独立」を求めて』（勁草書房，2011年）

西原博史『良心の自由と子どもたち』（岩波書店，2006年）

米沢広一『憲法と教育15講（第4版）』（北樹出版，2016年）

（藤井正希）

第16講　労働基本権

本講の内容のあらまし

　ここでは，生存権とともに社会権に分類される労働基本権（労働三権），すなわち団結権・団体交渉権・団体行動権について概説していく。まず前提として，勤労の権利と義務の内容を確認し，労働基本権の内容と効果を見ていく。それを踏まえて，勤労の権利や労働基本権の法的意味を考える。そして，特に激しい対立がある「公務員の労働基本権」の問題については，全逓東京中郵事件や都教組事件，全農林警職法事件等の重要事案の最高裁判決を外国の状況も念頭におきつつ検討していく。その際には，「公務員も労働者である」ということを明確にふまえる必要がある。さらに最後に，労働基本権を真に充実させるためには，"大きな政府"の理念が再評価されなければならないことを考えていく。

第1節　労働基本権とは？

1　勤労の権利と義務

　日本国憲法は，社会権として27条1項で勤労の権利（労働権）と勤労の義務を，同条2項でいわゆる勤労条件法定主義を，同条3項で児童の酷使の禁止をそれぞれ規定している。この点，勤労の権利は，国家が，労働者と使用者の双方の間へ介入して保障するところに社会権としての意義がある。具体的には，勤労の機会を積極的に創出したり，解雇の自由を制限したりすることにより，国民に雇用を保障することが国家の中心課題となる。また，勤労条件法定主義は，労働基準法や最低賃金法などの各種労働法によって勤労条

件の基準が明示されることにより具体化されている。

　ただし，勤労の義務には，積極的な法的意味はないことに注意が必要である。すなわち，自発的意思により「働かない自由」も「勤労の自由」の消極的行使として当然に認められる。例えば，親から莫大な財産を相続した者が，働かずにその財産の上に無為徒食する自由は，道義上の問題は別として認められるのである。よって，社会主義国のように，刑罰によって国民に労働を強制することは許されない。この点，例えば，勤労の能力が十分にあるにもかかわらず自らの意思で働かない者が，国に対して生存権にもとづき救済措置を主張する場合等には，それが否定されるという限度で，消極的な法的意味があるに過ぎない。

2　労働基本権の内容と効果

　労働基本権とは，労働者がその労働に関して持つ権利のことであり，特に労働者が使用者に対して労働条件や労働環境の促進または維持を求める権利をいう。日本国憲法では，28条において労働基本権として，団結権，団体交渉権，団体行動権（いわゆる労働三権）が規定されている。団体行動権の中心は，争議（ストライキ）権である。具体的には労働基本権は，労働基準法，労働組合法，労働関係調整法の三つの法律（いわゆる労働三法）で保障されている。

　まず，団結権とは，労働者が，労働条件の維持・改善のために使用者と対等な交渉能力を持つ労働団体（労働組合）を結成する権利をいう。資本家（社長）と労働者（従業員）の間にはいちじるしい力の差があり，従業員一人では社長に立ち向かうことは困難であるから，対等な立場にたてるように従業員に団結して労働組合をつくることを認めたのである。この点，労働組合が組合員に対してどこまで強制力を行使できるかにつき，労働組合が組合員の政治活動（市議選立候補）を制限することは許されるかが争われた三井美唄炭鉱労組事件（最大判昭43・12・4刑集22・13・1425）がある。最高裁は，組合が立候補を思いとどまらせるように組合員を勧告または説得することはできる

が，それを超えて統制違反者として処分することは，組合の統制権の限界を超えるものとして，違法であるとした。また，労働組合が組合員の意思に反して臨時組合費を強制的に徴収しうるかが争われた国労広島地本事件（最判昭50・11・28民集29・10・1698）もある。最高裁は，安保反対闘争に対する資金拠出の強制は，一定の政治的立場に対する支持の表明の強制に等しいから，組合員に協力義務はないとし，さらに，特定の立候補者の選挙運動支援のために所属政党に寄付する資金については，政党や候補者の支持は組合員個人が自主的に決定する事柄であるから，組合員に協力義務はないとした。

　つぎに，団体交渉権とは，労働者（具体的には，労働組合）が，労働条件の維持・改善のために使用者と対等な交渉をする権利をいう。いかに従業員が団結して労働組合をつくっても，社長が労働組合との交渉のテーブルにつかず，逃げ回っているのであれば，従業員の権利はまったく保護されえない。それゆえ，労働組合に対して，社長を交渉のテーブルにつかせ，対等な交渉をする権利を認めたのである。これは，社長からみれば，労働組合と交渉をする義務が課せられていることになる。

　さらに，団体行動権とは，労働者が，労働条件の維持・改善の要求を貫徹するために，団体行動を行う権利をいう。前述したように，団体行動の中心は，争議（ストライキ）であるが，その他にも，職場集会，構内デモ，ビラ貼り・ビラ配布，さらにはサボタージュ，ピケッティングなどがある。ただし，団体行動は使用者の財産権侵害の面も有することから，内在的制約に服し（憲法13条の「公共の福祉」），目的と手段・態様の両面で正当性や相当性を有するものだけが免責の対象になる。この点，争議行為の一環としておこなう生産管理（労働者が使用者の指揮命令を排除し，自主的に生産業務を管理すること。いわば，労働者による工場の乗っ取り）の違法性が争われた山田鋼業事件（最判昭25・11・15刑集4・11・2257）がある。最高裁は，労働者が企業者の私有財産の基幹をゆるがせるような争議手段は許されないとして，生産管理の違法性を認めた。

　そして，労働基本権が保障されていることの具体的な効果としては，①国

家は，労働者の権利行使に対して，刑事罰を科しえない（刑事免責）。②労働者は不法行為・債務不履行など民事上の責任を問われない（民事免責）。③使用者が，労働者の権利を妨害する行為は，不当労働行為として禁止される（行政救済）。その際の労働者の救済機関として，労働委員会がある。

3　勤労の権利や労働基本権の法的意味

自由権としての労働の自由は，すでに職業選択の自由や営業の自由（憲法22条）で保障されており，憲法27条や28条の法的意味は社会権としての請求権的側面にある。すなわち，勤労は，基本的に個人の自由であり，強い私事性を有している。また，資本主義社会では，勤労の機会の圧倒的多数は私企業から提供されるものであり，教育を受ける権利における学校制度のように，国家が勤労の機会を直接創出する必要性は原則としてない。しかし，現代の高度に発達した資本主義社会においては，労働者と使用者の力の差が大きく，勤労の自由を形式的に保障するにとどめる場合には，労働者は使用者側の提示する労働条件を甘受する以外に勤労の機会をうることはできなくなる。そのため，日本においても以前は，子どもや女性を含む労働者が，監獄部屋（「タコ部屋」）に閉じ込められ身体的に拘束をされて，長期間，非人間的な環境の下で，過酷な肉体労働を低賃金で強いられることが横行していた（憲法27条3項で児童酷使の禁止が規定されているのも，このような歴史的事実にもとづく）。このことは，例えば小林多喜二の『蟹工船』や細井和喜蔵の『女工哀史』，山本茂実の『あゝ野麦峠』等に克明に描かれていることからも明らかである。かかる事態を放置するならば，労働者が「健康で文化的な最低限度の生活」を確保することは非常に困難となることから，国家の介入がぜひとも必要となってくる。そこに，社会権（請求権的な権利）として勤労の権利や労働基本権を保障する意義があるのである。

このように，力の弱い労働者は団結して労働組合を結成し，経営者と労働条件について団体交渉をして，自分たちの要求が容れられなければストライキをすることが憲法上，認められていることになる。この点，このような権

利を労働者に認めたら，みんなが「給料を1万円上げるまではストライキだ」といって誰も働かないことになってしまうのではないかという疑問も生じる。実際，筆者は，講義中，学生からそのような質問を受けたことがある。しかし，もちろんそのような心配は杞憂である。なぜなら，労働者がいつまでもストライキをしていれば会社はつぶれてしまうからである。労働者も自分が働いている会社がつぶれ，失業者になることは望まないのである。よって，いわゆる市場の抑制力が働き，労働組合と経営者との団体交渉は，やがて適当な結論に落ち着くことになる。この点で，労働基本権はきわめて資本主義的な権利と言える。

第2節　公務員の労働基本権

1　公務員の概念

　労働者（勤労者）について，労働基準法は「事業又は事務所に使用される者で，賃金を支払われる者」（9条）と定義する一方，労働組合法は「賃金，給料その他これに準ずる収入によって生活する者」（3条）と定義しており，必ずしもその理解は一致していないが，公務員も労働実態は一般の労働者と異なるところがないのであるから，憲法28条にいう「勤労者」にあたるものと解される。しかし，公務員も「勤労者」である以上，労働基本権を有するとはされているものの，現行法上は個別法で大きく制限されており，その是非が判例・学説上，激しく争われてきた。すなわち，国家公務員，地方公務員を問わず争議権は一律否定されており，とりわけ警察・消防・自衛隊・海上保安庁・監獄の職員については，労働三権のすべてが否定されている（国家公務員法108条の2第5項，地方公務員法52条5項，自衛隊法64条）。その強度の制約は，先進国においても特筆に価する。その点が争われた重要判例が，後述する全逓東京中郵事件や都教組事件，全農林警職法事件等である。

2 重要判例

まず，戦後の GHQ の占領下において，公務員の争議行為を禁止した政令201号が憲法28条に違反しないかが争われた国鉄弘前機関区事件（最大判昭28・4・8刑集7・4・775）において，最高裁判所は，「公共の福祉」（憲法13条）と公務員の「全体の奉仕者」性（憲法15条2項）を根拠にして，政令201号は憲法28条に違反しないとした。しかし，このような抽象的で漠然とした根拠により労働基本権を制限することには強い批判があり，現在では支持を失っている。

そして，この点について学説でも評価の高い判例が全逓東京中郵事件最高裁大法廷判決（最大判昭41・10・26刑集20・8・901）である。この判決の要旨は，以下の通りである。すなわち，「勤労者の労働基本権は，何らの制約も許されない絶対的なものではなく，国民生活全体の利益の保障という見地からの制約を当然の内在的制約として内包している。しかし，具体的にどのような制約が合憲とされるかは，慎重に決定する必要がある。その制限は，労働基本権を尊重確保する必要と国民生活全体の利益を維持増進する必要とを比較衡量して，両者が適正な均衡を保つことを目途として決定すべきであるが，労働基本権が勤労者の生存権に直結し，それを保障する重要な手段である点を考慮すれば，その制限は，合理性の認められる必要最小限度にとどめなければならない。その制限は，勤労者の提供する職務または業務の性質が公共性の強いものであり，その職務または業務の停廃が国民生活全体の利益を害し，国民生活に重大な障害をもたらすおそれのあるものについて，これを避けるために必要やむを得ない場合について考慮されるべきである。違反者に対して課せられる不利益は，必要な限度をこえないように，十分な配慮がなされなければならない。特に刑事制裁を科すことは，必要やむを得ない場合に限られるべきであり，同盟罷業，怠業のような単純な不作為を刑罰の対象とするのは，特別に慎重でなければならない。労働基本権を制限することがやむを得ない場合には，これに見合う代償措置が講ぜられなければならない」。このように述べて，公務員たる被告人に刑罰を科すことを否定し，

有罪判決を破棄した。

　また，被告人が東京都教職員組合の幹部としておこなった一斉休暇闘争についての指令配布，趣旨伝達等，争議行為に通常随伴する行為について，地方公務員法で禁じられた争議の「あおり行為」にあたるとして起訴された都教組事件最高裁大法廷判決（最大判昭44・4・2刑集23・5・305）においても，最高裁は，「地公法は地方公務員の争議行為を一般的に禁止し，かつ，あおり行為等を一律的に処罰すべきものと定めているのであるが，これらの規定についても，その元来の狙いを洞察し労働基本権を尊重し保障している憲法の趣旨と調和しうるように解釈するときは，これらの規定の表現にかかわらず，禁止されるべき争議行為の種類や態様についても，さらにまた，処罰の対象とされるべきあおり行為等の態様や範囲についても，おのずから合理的な限界の存することが承認されるはずである」とし，そして「争議行為そのものに種々の態様があり，その違法性が認められる場合にも，その強弱に程度の差があるように，あおり行為等にもさまざまの態様があり，その違法性が認められる場合にも，その違法性の程度には強弱さまざまのものがありうる。それにもかかわらず，これらのニュアンスを一切否定して一律にあおり行為等を，刑事罰をもってのぞむ違法性があるものと断定することは許されないというべきである。ことに，争議行為そのものを処罰の対象とすることなく，あおり行為等にかぎって処罰すべきものとしている地公法の趣旨からいっても，争議行為に通常随伴して行なわれる行為のごときは，処罰の対象とされるべきものではない」旨を述べて，無罪判決を出した。この点，最高裁は，違法性の強い争議行為を違法性の強い態様であおった場合のみを処罰の対象にしようとしたものであり（いわゆる二種のしぼり論），このような合憲限定解釈は学説でも高い評価を得ている。

　しかし，このように公務員の労働基本権を尊重する判決が続く中で，公務員の争議行為を一般的に刑罰によって禁止することを肯定したのが全農林警職法事件最高裁大法廷判決（最大判昭48・4・25刑集27・4・547）である。すなわち，「労働基本権は，……勤労者の経済的地位の向上のための手段として

認められたものであって，それ自体が目的とされる絶対的なものではないか
ら，おのずから勤労者を含めた国民全体の共同利益の見地からする制約を免
れないものであ（る）。……公務員は，私企業の労働者と異なり，国民の信
託に基づいて国政を担当する政府により任命されるものであるが，憲法15条
の示すとおり，実質的には，その使用者は国民全体であり，公務員の労務提
供義務は国民全体に対して負うものである。……このことだけの理由から公
務員に対して……一切の労働基本権を否定することは許されないのである
が，公務員の地位の特殊性と職務の公共性にかんがみるときは，……公務員
の労働基本権に対し必要やむをえない限度の制限を加えることは，十分合理
的な理由があるというべきである」とし，そして「公務員の従事する職務に
は公共性がある一方，法律によりその主要な勤務条件が定められ，身分が保
障されているほか，適切な代償措置が講じられているのであるから，……公
務員の争議行為およびそのあおり行為等を禁止するのは，勤労者をも含めた
国民全体の共同利益の見地からするやむをえない制約というべきであって，
憲法28条に違反するものではない」と述べて，公務員たる被告人を有罪とし
て刑罰を科した。

3　公務員も労働者

　この点，判例によれば，公務員の争議権を一律に制限することの合憲性を
支える根拠としては，つぎの四点があげられる。すなわち，①公務員はその
地位が特殊であり，職務内容が公共性を持つ。②公務員は憲法83条に示され
る財政民主主義にのっとり，法律と予算の形でその勤務条件を決定される地
位にある。③国営企業や地方公営企業の場合，労使関係に市場の抑制力が欠
如しており，そのため争議権の保障が勤務条件の適正化に働かない。④法が
争議行為の禁止に見合う代償措置（例えば人事院の勧告）を規定している。し
かし，①この理由については，かつては強く主張されたが，人権の重要性の
認識が高まった今日では，このような抽象的な理由はもはや人権制約の根拠
とはなしえない。②確かに，公務員の勤務条件は，法律や予算によって定め

られ，民間のように，団体交渉によって決定されるのではない。しかし，一部の現業公務員には団体交渉権が認められているように，法律や予算の範囲内でなお交渉の余地がないわけではない。また，交渉の経過や過程が法律や予算の審議に影響を与える可能性は十分にある。③労使関係に市場の抑制力が働かないとしても，そのかわり国民世論による抑制力が働くことが十分に期待される。④代償措置が適正に機能していると言えるかは，はなはだ疑問である。公務員の希望や意見を十分に反映しうる代償措置でなければ意味がない。やはり全農林警職法事件最高裁判決は，妥当なものとは言い難いであろう。

　公務員は税金をもらって生活している公僕であり，ストライキをやるなんてとんでもないことで許されないという考えが日本人には特に強い。確かに，例えば警察官がストライキをやれば，泥棒が横行してしまい，治安が乱れる可能性も予想される。しかし，ILO（国際労働機関）は，条約ですべての労働者に団結権を保障すべきことを国際労働基準として定めており，実際，公務員に争議権まで認めている国も多い。例えば，アメリカでは，警察官協会という警察の労働組合があり，巡査や事務官等の末端の警察官にも争議権が認められている。この場合にはかわりに巡査部長以上の管理職が現場に出て，治安の維持にあたるという。この点，日本もILOの条約を批准しているにもかかわらず，前述したように警察職員や消防職員等には，団結権を含め労働三権すべてが認められていない。そもそも警察職員や消防職員等の公務員も「労働者」にあたるのであり，賃金や休暇等の労働条件や職場環境などに不満を持つことがあるのは，むしろ当然である。その際，その不満を自由に口にすることができる機会や，その不満を解消する手段を公務員に十全に保障することが，公務員の職場を公務員にとって働き甲斐のあるものにすることにつながり，公務員により多くの職務上の成果をもたらすことになる。それがひいては国民の福祉の向上に資するのである。国民はその点を十分に理解し，公務員のストライキにより国民の利便性や経済性が多少，損なわれたとしても，それはより質の高い公共サービスを享受するための社会的

コストとして甘受する国民性を日本においても育てる必要があろう。

第3節　労働基本権の充実のために——“大きな政府”の再評価を——

　“子どもの貧困”，“女子の貧困”，“中高年の貧困”，“ワーキングプア問題”や“ニート問題”など，現代日本における社会問題には枚挙にいとまがないが，その最大の原因の一つが労働環境の悪化にあることは間違いない。最新の調査（総務省の労働力調査）では，平成29年の非正規雇用者数が雇用者全体の約4割，また，平成30年10月の完全失業率は2.4パーセント，完全失業者数は168万人にものぼっている。さらに，2017（平成29）年，大手広告会社において，入社してわずか半年の女性の新入社員に対して，連日の深夜労働や徹夜勤務，休日出勤を強いるのみならず，上司がいわれなき叱責や罵倒を繰り返したことから，当該女子社員が自殺に追い込まれるという痛ましい事件も起きている。このような労働環境の悪化にたいする対策の一つとして，労働基本権の充実が強く望まれるが，生存権（憲法25条）や労働基本権をはじめとする社会権を真に強化するためには，そもそも国家の基本理念として，いわゆる“大きな政府”が再評価される必要があると筆者は考えている。この点，バーニー・サンダースが，2016年のアメリカ大統領の予備選挙において，自ら民主社会主義者であると名乗り，最低賃金の引き上げや大学授業料の無料化等の“大きな政府”的な政策を綱領に盛り込み，若者や労働者の支持を得て，予想外の善戦をしたことは記憶に新しいところである。

　行政府のあり方についてのモデル・ケースとして，“小さな政府”と“大きな政府”という二つの対極的な国家観が，主に行政学や政治学の分野において伝統的に主張されてきた。まず，小さな政府とは，平等よりも自由を重視し，経済に占める政府の規模を可能な限り小さくし，国家の機能を安全保障や治安維持など必要最小限にとどめるべきとする国家観である。個人の自由を最大限に保障すれば“神の見えざる手”によって社会や経済は予定調和的に進歩・発展するというアダム・スミス以来の伝統的な自由主義（市場主

義）の考え方に立脚しており，政府の市場への介入を最小限にすることによって個人の自己責任を重視するところに特徴がある。歳出をできうる限り少なくすることによって課税を抑える低福祉低負担を志向する。実力主義の自由競争社会こそが民間活力を生み，社会を進歩・発展させるのであるから，貧困や格差はある程度，やむをえないと考える。これは，アメリカの伝統的な考え方であり，日本では自由民主党の考え方に近い。例えば，アメリカでは，生存権が憲法で保障されていないし，社会保障を目的とした間接税も導入されていない。また，2010年にオバマ前大統領がオバマケアと呼ばれる医療保険制度をつくるまでは国営の国民皆保険制度がなかったし，現在でも日本の戸籍のような家族単位の国民登録制度は存在していない。このように，アメリカ社会では，個人に対する国家の関与は可及的に忌避され，自由にもとづく自己責任が最大限に尊重されるのである。

　これに対して，大きな政府とは，自由よりも平等を重視し，社会保障制度の整備や財政政策，雇用政策等を通じて国民の生活の安定を図るなど，国家が一定の理念の実現（例えば，社会的経済的弱者の救済）を目指して国民の生活，経済活動の在り方に積極的に介入すべきとする国家観である。弱者を救うためには，経費や人手がかかることから，税金は高くならざるをえないが，社会保障は充実する（高福祉高負担）。アメリカの大統領であったフランクリン・ルーズベルトが世界恐慌（1929年）を克服するために世界で初めてジョン・メイナード・ケインズの理論（有効需要の原理）を取り入れて行った経済政策（いわゆるニューディール政策）が大きな政府の始まりと言われている。すなわち，ルーズベルトは，恐慌に対処するため，失業者の大量雇用や公共事業の拡大，大胆な金融緩和などを積極的に実施し，アメリカを経済危機から救ったのである。これは，スウェーデン等の北欧諸国の伝統的考え方であり，日本では社会民主党の考えに近い。例えば，スウェーデンは，間接税は現在25パーセント程度であり，所得税の最高税率は60パーセント以上だが，学校の授業料は大学院まで無料であり，医療費もすこぶる格安である。

　日本では，伝統的にアメリカを模範として小さな政府の考え方が是とされ

てきた。例えば，アメリカでは刑務所や消防署までが民営化されているが，日本でも鉄道事業や郵政事業，水道事業等が順次，民営化されてきた。また，生存権の法的性質をプログラム規定と考える見解が判例を支配し，日本でもアメリカと同様，自助の原則や自己責任論が声高に主張されてきた。確かに，自由競争が民間活力を生み，市場を活性化させ，経済成長をもたらすことは事実である。この点，1970年代後半以降，民営化，減税，社会保障の削減，規制緩和の徹底などを断行し，小さな政府の実現をめざす新保守主義がアメリカにおいて支配的となったが，それは日本にも大きな影響を及ぼした。特に1980年代におけるアメリカのレーガン大統領，イギリスのサッチャー首相，そして日本の中曽根康弘首相の時代は，新保守主義的な政策が強力に推し進められた。そして，その影響は現在でも日本に根強く残っている。しかし，過度の自由の強調によって，社会的経済的弱者は切り捨てられ，社会の不平等や不公正は見過ごされることになった。やはり，国家が積極的に社会保障制度の整備や財政政策，雇用政策をおこない，社会的な平等や公正に責任を持つ“大きな政府”の理念が今こそ再評価される必要がある。労働基本権という人権は，その時にこそその真価が存分に発揮されるに違いないであろう。

【設　問】
(1) 労働基本権はなぜ社会権に分類されているのか説明しなさい。
(2) 公務員にも労働基本権（特に争議権）を保障すべきか。
(3) 小さな政府と大きな政府の違いを説明し，どちらが妥当であるか自分の考えを述べなさい。

参考文献
芦部信喜（高橋和之補訂）『憲法（第6版）』（岩波書店，2015年）
佐藤幸治『日本国憲法論』（成文堂，2011年）
野中俊彦ほか『憲法Ⅰ（第5版）』（有斐閣，2012年）

田中清定『労働基本権を考える』（近代文芸社，1993年）
青木宗也ほか編『公務員の労働基本権』（労働旬報社，1992年）

（藤井正希）

第**17**講　人身の自由

本講の内容のあらまし

　罪を犯した者を処罰する国家の権力は，治安そして社会秩序の維持にとって不可欠の力である一方，一つ間違えば，無実の者を投獄したり，あるいは政治的な理由で人を犯罪者に仕立てたりするといった濫用の恐れもある，諸刃の剣である。それゆえに憲法は，人身の自由を原則とし，その剥奪・制限に当たる刑罰権の行使については，刑事手続の公平性を保つために被疑者・被告人に対して様々な権利を保障している。本講では，その基本的な考え方や原則を述べた後，憲法が保障する具体的な権利について判例を踏まえながら論述し，今日的な課題についても言及する。裁判員制度により，多くの市民が直接刑事裁判に関わるようになった今日，刑事手続への理解は一層重要となっている。

第1節　人身の自由と適正手続

1　基本的人権としての人身の自由

　憲法上どんなに諸権利を列挙したとしても，政府が思うままに人を処罰できるような世の中では，それらの権利は名ばかりのものとなる。たとえば政府を批判した人間を政府が意のままに逮捕し処罰できるとしたら，言論の自由は事実上存在しないことになる。世界にはそのような独裁政権を許容する国が今日もあり，かつての日本でも，刑事手続が国民を統制する有力な手段（たとえば治安維持法による言論統制）となった時期があった。

　こうしたことから，憲法の保障する人身の自由と，これを裏付ける憲法上

の諸権利，並びにこれを敷衍した諸立法（たとえば刑事訴訟法）に基づく国民の権利は，基本的人権の一環としてとても重要である。

　憲法は，人身の自由に関する包括規定として，18条において「何人も，いかなる奴隷的拘束も受けない。又，犯罪に因る処罰の場合を除いては，その意に反する苦役に服させられない」と定める。さらに31条において「何人も，法律の定める手続によらなければ，その生命若しくは自由を奪はれ，又はその他の刑罰を科せられない」と定めた上で，32条から40条まで，詳細に刑事手続に関わる諸権利等の規定を置く。

　これは，刑事手続が濫用された場合にその対象とされた個人のみならず国や社会にとっても重大な帰結をもたらすこと（たとえば市民社会の萎縮，独裁国家の出現）から，これを戒めるために特に権利を具体的に保障する必要があったことに由来すると考えられる。

2　適正手続

　前述の通り，憲法31条は，「法律の定める手続によらなければ」「生命若しくは自由を奪はれ，又はその他の刑罰を科せられない」とする。英米ではdue process of law（デュープロセス）と呼ばれ，政府が不利益な処分を科す際には，事前に法律に定められた手続に則って行われなければならないとするものである。為政者の思いつきでそのような処分を行うことを抑制する狙いがある。さらに，こうした手続は法律に定めさえすれば中身は何でもよいというものではなく，手続自体が「適正」，すなわち処分の対象とされた人間の権利保障，処分を行う側による権力の乱用防止，公正な判断の確保といった観点から，十分な手続であることが求められる。それゆえに「適正手続条項」と呼ばれるのである。

　なお憲法31条の書き方が，刑罰に限定しているようにも読めるため，刑事手続以外の文脈での不利益処分，たとえば，行政庁が科す様々な不利益処分（税金の滞納に対する差し押さえ，不衛生な食品を提供した飲食店に対する営業禁止命令など）にもこの規定の保障が及ぶのかが争われてきた。最高裁判所は，行政

手続についても，刑事手続における憲法31条の考え方を準用するとしつつ，どの程度まで手続的保障が及ぶかは事案により異なるという姿勢を打ち出している（川崎民商事件，成田新法事件）。

1993（平成5）年には行政手続法が成立し，行政手続においても，不利益処分を科す際には当事者への告知や聴聞を行うことが重要であるという考え方が採用された。

3 罪刑法定主義

また，刑罰が手続に則って行われなければならないことの延長として，刑罰を科す手続のみならず，いかなる場合にいかなる刑罰が科されるかという刑罰の中身についても，事前に法律に規定し，恣意的な科刑を防ぐことが求められる。これを罪刑法定主義と呼ぶ。

これを敷衍すれば，犯罪の構成要件は一般人にもわかるように明瞭かつ限定されていなければいけない。犯罪の定義が漠然としていたり，広すぎたりすれば，市民は処罰の対象となることを恐れ萎縮する可能性がある。たとえば言論の自由に関わる規制が漠然としたものであれば，人々は何を言えば処罰されるかわからず，処罰を恐れるあまり口をつぐむことになりかねない。またそのような規定を為政者が濫用し，市民に沈黙を強いることも可能になる。

4 人身保護令状

人身の自由を確保する強力な手段として，英米法には裁判所が発する人身保護令状 (writ of habeas corpus) がある。これは，不当に人身を拘束されている者が裁判所に人身保護請求を行い，裁判所はこれを審査した上で，不当と思われる場合には直ちにその者を解放するよう拘束者に命じることができる制度である。

アメリカでは，人身保護請求に端を発して，裁判所が拘束の根拠となっている法令の合憲性を審査することもあるため，他に司法に訴える手段がない

場合に，人身保護請求を介して裁判所の介入を求めることも行われてきた。たとえば，日本人や中国人移民への排斥機運があった19世紀末のアメリカで，入国を拒まれ拘束された日本人・中国人渡航者が，拘束の不当性を裁判所に訴えるために用いたのが人身保護請求である。

　英米法の影響を受け，日本にも人身保護法に基づく人身保護請求という制度はある。その理念は人身保護法第 1 条において「基本的人権を保障する日本国憲法の精神に従い，国民をして，現に，不当に奪われている人身の自由を，司法裁判により，迅速，且つ，容易に回復せしめる」と高らかに謳われている。

　不当な拘束を裁判所の監視によって防ぐ趣旨の規定として，憲法34条後段に「何人も，正当な理由がなければ，拘禁されず，要求があれば，その理由は，直ちに本人及びその弁護人の出席する公開の法廷で示されなければならない」とある。これは刑事手続に関する規定であるが，人身保護請求は刑事手続に限らず，行政手続の一環として拘束されている場合や，私人により拘束されている場合も対象となる。また，人身保護令状は，裁判所がその場で拘束を解くこともできる直接的救済の手段である。

　このように広く活用が想定されているかのような人身保護制度であるが，実際にはその運用のために最高裁判所が定めた人身保護規則が，人身保護請求の要件を厳しく限定している。それによれば，人身保護請求は，拘束が「法令の定める方式若しくは手続に著しく違反していることが顕著である場合に限り」行うことができ，かつ「他に救済の目的を達するのに適当な方法があるときは，その方法によつて相当の期間内に救済の目的が達せられないことが明白でなければ，これをすることができない」（人身保護規則第 4 条）。「著しく」「顕著」「明白」といった強調表現を繰り返していることから，裁判所がこの制度の運用に極めて抑制的であることがわかる。

第2節　刑事手続に関わる諸権利

　本節では，憲法が定める刑事手続における具体的な諸権利を整理して取り上げる。

1　裁判所による刑事手続の統制

　まず，刑事手続の原則として，終始裁判所の統制に服することが挙げられる。これに関して，憲法が定める具体的な権利として以下のようなものがある。

　(1) 裁判を受ける権利（憲法32条）

　「何人も，裁判所において裁判を受ける権利を奪はれない」と規定する。刑事罰は必ず裁判所による裁判を経て科されるものであり，政府の一存で人を処罰することはできない。また，裁判を形式的にやればよいというものではなく，被告人の権利を十分に尊重しながら，公平な裁判を行うのでなければならない。被告人の権利については後述する。

　(2) 逮捕要件と令状審査（憲法33条）

　「何人も，現行犯として逮捕される場合を除いては，権限を有する司法官憲が発し，且つ理由となつてゐる犯罪を明示する令状によらなければ，逮捕されない」と規定し，裁判所のチェックを入れることで恣意的な逮捕を抑止するものである。

　検察官や警察が犯罪の被疑者を逮捕する際は，事前に裁判所に逮捕状を請求し，裁判官は「被疑者が罪を犯したことを疑うに足りる相当な理由がある」ときには逮捕状を発する（刑事訴訟法199条）。逮捕に際してはこの逮捕状を被疑者に示さなければならない（同201条）。

　なお，憲法の条文ではこの例外として現行犯の場合を挙げているが，この他にも刑事訴訟法210条が「緊急逮捕」を認め，被疑者が重大な罪を犯したことを「疑うに足りる充分な理由がある場合で，急速を要し，裁判官の逮捕

状を求めることができないとき」にはその場で理由を告げて逮捕し，事後に裁判官に逮捕状を求めることを認めている。事前の令状審査を要件とする憲法33条の規定に違反するのではないかという指摘があるが，最高裁は，厳格な制約のもとで認められたものであり，その後直ちに裁判官の審査を受けなければならないことから憲法33条の趣旨に反しないとして，合憲との立場である（最大判昭30・12・14刑集9・13・2760）。

(3) 抑留・拘禁に際しての権利（憲法34条）

「何人も，理由を直ちに告げられ，且つ，直ちに弁護人に依頼する権利を与へられなければ，抑留又は拘禁されない。又，何人も，正当な理由がなければ，拘禁されず，要求があれば，その理由は，直ちに本人及びその弁護人の出席する公開の法廷で示されなければならない」と定め，抑留・拘禁の濫用を戒める。

後段を受けて，刑事訴訟法82条は裁判所に勾留理由の開示を請求することを被告人の弁護人のほか，配偶者や直系の親族などに認めている。また，不当な拘束に対しては，先述した人身保護令状を請求することも可能である。

なお，弁護人を依頼する権利に関連して，検察官が弁護士による接見の日時や場所，時間を指定し，弁護士と被疑者の面会を制限することを認める刑事訴訟法第39条の規定の合憲性が問題となってきた。最高裁は，弁護人依頼権は憲法34条により保障されるものとしたうえで，「刑罰権ないし捜査権に絶対的に優先するような性質のものということはできない」とし，「捜査権の行使との間に合理的な調整」を図るための接見日時等の指定を合憲としている（最大判平11・3・24刑集53・3・514）。

(4) 住居の不可侵，捜索・押収の令状主義（憲法35条）

「何人も，その住居，書類及び所持品について，侵入，捜索及び押収を受けることのない権利」を定め，これを「第三十三条の場合を除いては，正当な理由に基いて発せられ，且つ捜索する場所及び押収する物を明示する令状がなければ，侵されない」とする。

この規定の実効性を担保するため，違法に収集された証拠は裁判で証拠能

力を認めないとする違法収集証拠排除の法則が判例により確立されている。但し，この法則は絶対的なものではない。「所持品検査事件」では，職務質問に際して，被告人が応じないにも関わらず警察官がポケットの中に手をいれ，覚せい剤を発見したことが令状主義に違反しないかが争われた。１審・２審はこれを違法な捜索・押収に当たるとして証拠能力を否認したが，最高裁は「職務質問の要件が存在し，かつ，所持品検査の必要性と緊急性が認められる情況のもとで（中略）所持品検査として許容される限度をわずかに超えて行われたに過ぎない」などどして，証拠能力を肯定した（最判昭53・9・7刑集32・6・1672）。

　最高裁はこの規定が行政手続にも及ぶ可能性を一応認めている。「川崎民商事件」では，「当該手続が刑事責任追及を目的とするものではないとの理由のみで，その手続における一切の強制が当然に右規定による保障の枠外にあると判断することは相当でない」としている。しかし同判決は，税務調査が一般的に「刑事責任の追及を目的とする手続ではない」などの理由から，結局令状要件を科さなかった（最大判昭47・11・22刑集26・9・554）。

　最後に，情報通信技術の発達に伴い，近年では，物理的な侵入を伴わない捜索・押収の適法性が問われる事案が増えている。具体的には，盗聴（通信傍受）や，GPSを用いた捜査のあり方が問題となる。平成11年に成立した「犯罪捜査のための通信傍受に関する法律」では，組織犯罪等について，「他の方法によっては，犯人を特定し，又は犯行の状況若しくは内容を明らかにすることが著しく困難であるとき」は，「裁判官の発する傍受令状」に基づく通信の傍受を行うことを認めている。最高裁も，このような条件のもとでの電話の傍受を認める決定をこの年に出している（最決平11・12・16刑集53・9・1327）。なお，捜査対象者の車に令状なしでGPS端末を取り付け，車の移動状況を把握するGPS捜査について，最高裁は「個人の意思を制圧して憲法の保障する重要な法的利益を侵害するもの」であり，令状がなければ行うことはできないとして，その証拠能力を否定した原判決を維持した（但し，被告は他の証拠に基づき有罪とされた）（最大判平29・3・15刑集71・3・13）。

2　被疑者及び被告人の権利

　罪を犯した疑いを持たれて取調べを受けている被疑者，あるいはその結果として起訴され，被告人として裁判を受けることとなった被告人には，手続の公正を確保するために以下のような権利が保障されている。

　(1)　刑事被告人の権利（憲法37条）

　刑事被告人は，１項において「公平な裁判所の迅速な公開裁判を受ける権利」，２項において「すべての証人に対して審問する機会」並びに自らに有利な証人を公費で求める権利，また３項で「資格を有する弁護人を依頼する」権利を有することが規定されている。なお被告人が自ら弁護人を依頼できないときは，国が公費で被告に弁護人を附さなければならないとする。

　近年，裁判員制度が導入されたことにより，この制度が「裁判所の」裁判を受ける権利などに抵触しないかが争われた例があるが，最高裁は，憲法は国民の司法参加を禁止するものではなく，導入された裁判員制度に「憲法が定める刑事裁判の諸原則を確保する上での支障はない」などとして，裁判員制度を合憲としている（最大判平23・11・16刑集65・8・1285）。

　「迅速な公開裁判を受ける権利」に関連して，過去には長期に渡り，裁判が滞り判決に至らない裁判が問題化した。高田事件では，一審で15年余り審理が止まったことについて「迅速な裁判の保障条項に明らかに違反した異常な事態」であるとして，「非常救済手段」として最高裁が免訴の判決を言い渡した（最大判昭47・12・20刑集26・10・631）。

　(2)　己に不利益な供述，自白の証拠能力に関する規定（憲法38条）

　１項で「何人も，自己に不利益な供述を強要されない」という原則（自己負罪拒否特権の存在）を述べた上で，これをさらに補強して「強制，拷問若しくは脅迫による自白又は不当に長く抑留若しくは拘禁された後の自白は，これを証拠とすることができない」（2項），また「自己に不利益な唯一の証拠が本人の自白である場合には，有罪とされ，又は刑罰を科せられない」（3項）とする。

　また，この権利を保障する手立てとして，刑事訴訟法は「被疑者に対し，

あらかじめ，自己の意思に反して供述をする必要がない旨を告げなければならない」(198条) と定める。

これらは自白を得るために，拷問や脅迫を含むあらゆる手立てが用いられていた過去を戒める規定である。しかし，現行憲法下でも，長期間の拘束と取り調べの末の虚偽の自白で有罪とされた者が，後に冤罪と判明する事件も起きている。真実に辿りつくためにも，自白に依存し，被疑者に無理強いをするようなことは避け，物証や証言など，他の証拠を丹念に積み重ねることで客観的に犯罪を証明しようとする姿勢が重要であろう。

なお，税務調査に際して質問に応じる義務 (最大判昭47・11・22刑集26・9・554) や，交通事故を起こしてしまった際にこれを報告する義務 (最大判昭37・5・2刑集16・5・495) が，自己負罪拒否特権に反しないかが争われたが，最高裁はこうした手続が必ずしも刑事責任の追及とつながるものではないなどとして刑事手続と切り離す解釈を行ったうえで，自己負罪拒否特権の適用を回避している。

(3) 遡及処罰の禁止・一事不再理 (憲法39条)

「何人も，実行の時に適法であつた行為又は既に無罪とされた行為については，刑事上の責任を問はれない。又，同一の犯罪について，重ねて刑事上の責任を問はれない」とする。一度無罪とされたことについて再び刑事責任を問われないとする点について，検察官上訴が問題となる。たとえばアメリカでは，下級審で一旦無罪とされた事件で検察が上訴することはできない。しかし日本では無罪判決に対して検察が上訴し，逆転有罪判決が下ることも珍しくない。このことについて最高裁は，「同一の事件においては，訴訟手続の開始から終末に至るまでの一つの継続的状態」(即ち判決が確定するまでの一連の流れ) を一回と数えるものとし，検察官上訴はその途上のものであるから二度刑事責任を問うことにはならないという立場を示し，これが踏襲されている (最大判昭25・9・27刑集4・9・1805)。

3　刑罰の実体的統制（拷問及び残虐刑の禁止）

　憲法36条は「公務員による拷問及び残虐な刑罰は，絶対にこれを禁ずる」と規定し，「絶対に」という強い表現でこれらの行為を禁止している。

　これに基づき刑法は195条で特別公務員暴行陵虐罪，また196条で特別公務員職権濫用等致死傷罪を定める。国民の様々な自由を守る上でも，権力にある者（公務員）による有形力の行使を厳格に抑制しようとしたものである。

　なお，死刑が「残虐な刑罰」に当たらないかという議論がある。国際的には，死刑の廃止が潮流であり，日本とアメリカは，先進国のうちでは例外的に死刑に積極的な国と言える。そのアメリカでも，死刑の対象者や執行方法について多くの憲法訴訟が起きており，司法の度重なる介入を経て，死刑判決の基準が厳格化されているほか，無用な苦痛を強いる執行方法は避けなければならない状況となっている。

　日本の最高裁は「刑罰としての死刑そのものが，一般に直ちに……残虐な刑罰に該当するとは考えられない」としつつ，「その執行方法等がその時代と環境とにおいて人道上の見地から一般に残虐性を有するもの」については憲法36条に違反するとし，「はりつけ，さらし首，釜ゆでの刑」をその例とした（最大判昭23・3・12刑集2・3・191）。

　上記判決から既に70年以上を経過し，今日の感覚に照らし，死刑あるいはその執行方法が残虐な刑罰に当たらないといえるか，不断の検討が欠かせない。二段階の薬物注射による執行が主流のアメリカでは，第一段階の麻酔注射が効かず，麻酔が中途半端にかかったまま心臓を停止させる薬が注入され，想像に絶する苦痛を対象者が味わうことが指摘され，司法の場でたびたびこうした執行方法の合憲性も争われている。この議論を日本に当てはめたなら，死ぬまでに相当の時間がかかり，少なくとも意識を失うまでの間，対象者がもがき苦しむ「首吊り」は，残虐という判断を免れない。

　刑罰の一環として命を奪うことはできるのか，また刑の執行方法に限界はないのか，さらなる議論が必要であろう。

第3節 刑事手続に関する今日的課題

　憲法の定める刑事手続における権利について，今日のいくつかの課題を述べる。

1 自白偏重からの脱却

　憲法第38条は自白（自己に不利益な供述）の強要を禁止するが，日本では従来，自白をもっとも重要な証拠として，これを引き出すために長時間の拘束と尋問，威圧あるいは脅し，情に訴えるなど，あらゆる方法で自白を促すことが行われてきたとされる。さらに，刑事ドラマの世界でも，取調べに当たる警察官が机を叩いたり大声を上げたりして被告人に供述を迫る場面や，被告がついに自白して懺悔する場面はあっても，被告人が自らの権利を主張することを理想的な姿として描くものは少ない。捜査に当たる側が過ちを犯したり，その力を濫用したりする恐れがあるという感覚は，社会的に乏しかった。

　しかし近年，重大な冤罪事件が起こり，自白に過度に依存することが場合によっては真犯人の検挙ではなく，冤罪，すなわち真犯人を取り逃し誤った人物を検挙する結果を招来しうること，その誤りによって，間違われた人物にとっても事件の被害者にとっても取り返しの付かない結果をもたらしうることも知られるようになった。

　「足利事件」では，1990年に誘拐殺人事件を起こしたとして無期懲役が確定し，服役をしていた菅谷利和氏について，最新技術により証拠のDNAを再鑑定したところ，DNAが一致せず，2010年に再審無罪の判決が出された。菅谷氏は1991年の逮捕から2009年に刑の執行が停止されるまでの間，18年近く，無実の罪で服役したことになる。記者会見の場で菅谷氏は，自白を求める取調べの執拗さと圧力を語っている。さらに，同氏が誤って犯人とされた事件は既に時効が成立していたため，真犯人の検挙はできなくなった。

被害者の無念も計り知れない。

　冤罪を防ぐためにも，自白のみならず客観的な証拠を重視すること，被疑者や被告人の供述（自白）と客観証拠の食い違いを見逃さず，証言の信憑性を常に問うことが，重要であると言える。

2　証拠の開示と吟味

　従来，検察側が手持ちの証拠を十分に開示せず，このことが被告人の弁護の妨げとなっているという批判が，弁護士などから挙げられてきた。冤罪を防ぎ，真犯人を検挙するためにも，本来検察にとっても，証拠を開示し，被告側そして裁判所の吟味に供することは有用なことである。ところが，自らの筋書きで有罪判決を得ることが目的化した場合には，証拠を取捨選択し，疑問を喚起するものは出さない，といった姿勢になり得る。

　近年は，証拠開示の重要性への意識が高まり，平成16年の刑事訴訟法の改正で，一定の類型の証拠，また被告人の主張に関連する証拠については，検察は被告人又は弁護人の請求があれば開示しなければならないという規定が設けられた。また，検察が任意に開示する証拠も増えてきたと言われる。憲法37条が保障する被告人の権利を守り，公正な裁判を行ううえでも，証拠の開示と吟味は重要である。

3　裁判員裁判

　英米法では官憲ではなく，自らと同じ地位にある市民により構成される陪審によって裁かれること (trial by jury) を被告人の権利の一環と位置づけてきた。アメリカ合衆国憲法でも，陪審裁判を選択する権利が刑事被告人に付与されている（アメリカ合衆国憲法修正6条）。日本では，旧憲法下で陪審裁判が一時期実施されていたが，その後途絶え，新憲法下では裁判への一般市民の参加は行われてこなかった。

　しかし，2004年に裁判員法が成立し，2009年から，刑事事件のうち一定の重大犯罪について，裁判官3名と市民から選ばれた裁判員6名の合議体によ

り第一審の裁判を行う制度が導入された。裁判員制度が憲法上は明記されていないことなどから合憲性を問う訴訟も提起されたが，最高裁は裁判員制度を合憲とし（最大判平23・11・16刑集65・8・1285），かつ裁判員裁判を受けるかどうか被告人に選択を認めていないことについても，憲法32条や37条に違反するものではないとしている（最判平24・1・13刑集66・1・1）。

　国民すべてが裁判員になり得る中で，本講に挙げられたような被疑者や被告人の諸権利について，国民も無知ではいられないであろう。自分が裁判員となって，目の前に被告人が現れたとき，どのようにして集められたどのような証拠によってその人を有罪とするか無罪とするか。自白は自発的なもので，十分に信用できるか。一人ひとりが刑事手続への感性を高めていくべきであろう。

第4節　刑事手続以外における人身の拘束

　憲法の保障する人身の自由は，特に刑事手続における慎重を求め，このため刑事手続における被疑者及び被告人の諸権利を詳細に列挙している。しかし，人身の自由が問題となる場面は刑事手続に限られない。そして，これらの場面でも，人身の自由を不当に奪ってはならないとの基本的価値観に則った法規範の創造が重要である。

　刑事罰には当たらないが，人身の拘束が長期に及び，不当な人権侵害にもなりかねない場面がある。ここでは精神障害者の強制入院と，国外退去強制に伴う入管施設での拘束を取り上げる。

　精神保健福祉法では，精神障害のある者について，都道府県知事の権限により，本人の同意がなくとも強制的に入院されられる制度（措置入院）がある。自他共に危害を加える恐れのある深刻な病であれば，例外的にやむを得ない措置と考えられなくもないが，濫用の危険性も指摘される。ある者が精神的に「病んでいる」と言えるのかどうかは，客観的に確定しにくく，一定程度主観に左右される。さらにそれが他人に危険を及ぼし，強制的に入院さ

せなければいけないレベルであるのかも，簡単に判断できない。

　不当な入院や処遇に対する救済措置として精神医療審査会への申し立てといった行政手続が整備されているが，一旦入院させられた患者の救済につながることはほとんどない。たとえば東京都では，平成28年度に患者からあった退院請求192件のうち，退院が認められた例は0件である。

　刑事罰ではないために，精神病院に入院させられる者は，公開の法廷で自らの意見を述べるということもできないまま，知らない場所で処遇が決められ，出口の見えない拘束に直面する。その拘束が真に必要なものであるか，その方法や処遇が適切であるのか，個人の尊厳の尊重という憲法13条の価値観に立ち戻って考えていく必要があろう。

　不法滞在等によって国外への退去強制処分を受けた外国人は，退去強制までの間，国内の入国管理施設に収容される。これも刑事罰ではなく，退去強制という行政処分の一環である。しかし，その実際は自由を奪われた拘束にほかならない。近年，送還先が定まらないなどの理由で送還できず，しかも仮放免の厳格化と相まって，長期間拘束される収用者が増えているという。出入国管理の履行という行政上の要請を満たしつつ，不要な拘束を避けなければならないとする「人身の自由」という基本的権利を損なわない対応のあり方を模索すべきであろう。

【設　問】

(1) 被疑者・被告人に黙秘する権利を認めることは，捜査あるいは裁判を遅滞させ，犯罪の検挙の障壁となるとする見解もある。このような権利は必要か。また，あなたが裁判員に選ばれたとして，証言を拒み黙秘を続ける被告人に接したとしたら，事件をどのように判断するか。

(2) 先進国の多くが死刑を廃止する中で，日本は今後とも死刑制度を維持すべきか。死刑の目的とするところを達成しうる他の手段と比較した上で論ぜよ。

(3) 冤罪を防ぐためには何が一番大事だと考えるか。憲法の定める刑事

　手続に関する諸権利の保障は，冤罪の予防に有効か。

参考文献

長谷部恭男ほか編『憲法判例百選Ⅱ（第6版）』（有斐閣，2013年）

樋口陽一ほか『新版　憲法判例を読みなおす－下級審判決からのアプローチ』（日本
　　評論社，2011年）

戸松秀典・初宿正典編著『憲法判例（第8版）』（有斐閣，2018年）

（秋葉丈志）

第**18**講　国務請求権と参政権

┌─**本講の内容のあらまし**──────────────────────
　大学の授業科目における「日本国憲法」及びその派生科目，あるいは
憲法学の対象として国務請求権の扱われる割合はかなり少ない。少ない
がゆえその重要性を理解できないままでその学習を終えてしまうことが
多い。一方で，参政権はわが国における政治を実現するうえで大切な人
権とされ，扱いの割合はすこぶる大きく，その法的性格のみならず，そ
こから投影される選挙制度などにまで及び，さらに世間の関心事である
「一票の格差」の問題とも絡んでくる。国務請求権と参政権という，こ
の2つの人権は異なるようで，共通点も多い。
　本講では，国務請求権と参政権のそれぞれの意義と制度を説明し，国
務請求権における参政権に対する役割について明らかにしたい。
└─────────────────────────────────────

第1節　国務請求権と参政権の意義

　国務請求権（受益権ともいう。）は，「国民が国に対して一定の行為を要求する権利」と言われる。一方，参政権は，「国民が主権者として国の政治に参加する権利」である。国務請求権のうちの中核を占めるともいえる請願権は，請願をした場合，政府には請願を受理する義務はあるが，それに対する応答義務は課せられない。そのため，むしろ政府の政策に関して希望や苦情を申し出て，政府の意識決定に影響力をもつ権利と捉えることができ，参政権の一角を構成すると解するのが妥当であるとする見解があることを考えれば，国務請求権と参政権には共通項もあることになる（後記第4節参照）。

第2節 国務請求権の概要

1 歴史的沿革

　請願権は，歴史的には，絶対王政ないし絶対君主制下における専制君主の絶対的支配に対して，国民が自己の権利の確保を求める手段として発達してきた権利であり，かつては国民が政治的意思を表明するための有力な手段であった。すなわち，被治者が為政者に民意を伝える正式な制度が確立する前の時代において，被治者が政府の政策形成に対する意志を述べる唯一の手段であったといえる。

　ところが，現代では，国民主権に基づく議会政治が発達し，言論の自由が広く認められるようになり，請願権の意義は相対的に減少している。普通選挙の確立や言論・集会の自由の拡大など国民の政治参加の道が開かれるにつれて，その重要性が低くなってきた面もあるいえる。それでもなお，国民の意思表明の重要な手段として「参政権」的な役割を果たしている。

2 社会権との異同性

　国務請求権も社会権も国家に対して積極的な行為・作為を要求するという点では共通項がある。しかし，この2つの権利は明確に異なっている。

　歴史的な背景が異なっている。国務請求権は西欧における18世紀後半までの近代市民革命後に成立した19世紀的な自由権中心の憲法において，自由権を確保するための権利あるいは自由権の保障を支える権利として規定された。これに対して，社会権は自由放任体制の結果生じた，社会的・経済的強者と社会的・経済的弱者の存在という社会的格差を背景として20世紀に成立したもので，第一次大戦後制定されたドイツのワイマール憲法（1919年）によって初めて憲法上の権利として明記されたものである。すなわち，国務請求権は自由国家観の下のものであり，社会権は社会国家観の下のものである。

3　国務請求権の具体的内容

(1)　請願権

請願権とは国・地方公共団体の機関に対して希望を述べることができる権利をいう。大日本帝国憲法30条でも保障され、請願令が詳細を定めていた。

日本国憲法16条は「何人も、損害の救済、公務員の罷免、法律、命令又は規則の制定、廃止又は改正その他の事項に関し、平穏に請願する権利を有」すると定める。ここでいう「請願」とは国または地方公共団体の機関に対して、国務に関する希望を述べることである。「国または地方公共団体の機関」であるが、行政機関に限定されず、国のすべての機関に対してである。したがって、天皇への請願や国会への請願（国会請願）なども許される。「平穏」であるため、請願したことによって法的不利益その他の不利益を受けないことが保障される。

実務上は、憲法16条の規定に基づき請願法（1947年）が制定されている。「この法律に適合する請願は、官公署において、これを受理し誠実に処理しなければならない」（請願法5条）。つまり、国または地方公共団体の機関は請願を受理する義務はあるが、応答する義務はない。請願の内容を審理・判定する法的拘束力を生ぜしえるものではないということになる。この点、選挙を国会議員や地方議会議員に対して命令的委任を与えたと考えることよりも、政策の実現に対しての確実性は低いといえる。

また、この権利は外国人、未成年、法人にも保障される。

(2)　国家賠償請求権

国家賠償請求権とは、国や地方公共団体等の公権力による違法な行為によって国民の権利が侵害された場合、国の不法行為責任を認めて私人の損害を賠償することをいう。大日本帝国憲法には規定がなく、実務上、損害賠償請求の可能性について不明確であった。違法行為により損害が生じたとすればそれは公務員の「個人責任」でありその責任が国に帰属することはないという意味で「国家無問責」（国家は一切補塡しない）が支配していた。

憲法17条は「何人も、公務員の不法行為により、損害を受けたときは、法

律の定めるところにより，国又は公共団体に，その賠償を求めることができる」とする。法律レベルでは国家賠償法が定められている。

　国家賠償法１条１項では「国又は公共団体の公権力の行使に当たる公務員が，その職務を行うについて，故意又は過失によつて違法に他人に損害を加えたときは，国又は公共団体が，これを賠償する責に任ずる」と定める。また，同２条１項は「道路，河川その他の公の営造物の設置又は管理に瑕疵があつたために他人に損害を生じたときは，国又は公共団体は，これを賠償する責に任ずる」とする。同法１条は過失責任主義を採用し，同法２条は無過失責任主義を採用している。

　なお，憲法17条では「何人も」とあるが，国家賠償法６条では相互保証のある国に対してその国に属する外国人に限っては賠償責任を認めている。この点，国家賠償請求権が前国家的権利ではなく後国家的権利であることを考えれば，相互主義はやむを得ないといえる。

(3) 刑事補償請求権

　刑事補償請求権とは，刑事手続において抑留・拘禁をされた被告人に無罪の裁判があった場合にその被った不利益を塡補するという権利である。大日本帝国憲法に規定はなく，補償も不十分であった。

　憲法40条は「何人も，抑留又は拘禁された後，無罪の裁判を受けたときは，法律の定めるところにより，国にその補償を求めることができる」とする。この規定も大日本帝国憲法にはなく，実態として塡補も不十分であったため，とくに規定された。大日本帝国憲法下の1931（昭和６）年に（憲法に規定はなかったものの）旧刑事補償法が制定され，日本国憲法の制定によりそれがもつ恩恵的施策としての性格を克服し，憲法上の刑事補償請求権にまで高めたのである。刑事補償法（1950（昭和25）年制定）が定められている。

　「賠償」という言葉を使用せずに「補償」という言葉を使用しているのは，憲法40条の趣旨によるものである。すなわち，犯罪を行ったと疑うべき人物につき取り調べを行い起訴をし，その結果として実は無罪であったというだけでは違法ということにはならない。ただ，被疑者にしてみれば身体を

拘束され多大な犠牲を被ったことになるため，無罪放免するだけでは正義・衡平の観念に反することを考慮して，金銭による事後的救済を与えてその償いをしようという趣旨である。また，起訴されずに釈放された場合には憲法40条の適用はないというのが通説である。さらに，判例はある疑義事実による逮捕または勾留中に，他の疑義事実についても取調べ，その事実につき公訴が提起された後無罪の裁判を受けた場合において，その取調べが不起訴となった事実に対する逮捕勾留を利用してなされたものと認められるときは，憲法40条の適用対象となるとしている（最大判昭31・12・24刑集10・12・1692）。

(4) 裁判を受ける権利

裁判を受ける権利とは，国民・外国人を問わず全ての者が行政権・立法権等の政治権力から独立した裁判所において，権利・自由の救済を求めて公平な裁判を受けることができる権利をいう。近代立憲主義と関連し，個人の基本的人権を確保し，「法の支配」を実現するうえで不可欠の権利である。大日本帝国憲法24条でも保障されていた。しかし，その対象は民事・刑事事件のみであり，行政事件は対象外とされ，行政事件は行政部の系統に属する行政裁判所に出訴できたが，出訴事項には限定列挙主義がとられていた。また，東京に一審制の裁判所を置くのみであるなど，権利の内容は極めて貧弱であった。

日本国憲法32条は「何人も，裁判所において裁判を受ける権利を奪はれない」とする。この規定の趣旨は第一に刑事事件においては被告人が公正な裁判を受ける権利と持つということであり，第二に民事・行政事件においては各人が裁判所に訴えを提起する権利があるということである。つまり，その対象は，民事・刑事・行政事件のすべてとなっている。

非訟事件（たとえば家庭裁判所の家事審判）について判例は裁判と峻別するが（最大決昭35・7・6・民集4・9・1657），現代における訴訟の非訟化ということを考えると，非訟事件も日本国憲法32条に含めるべきであろう。

第3節　参政権の概要

1　歴　史

　大日本帝国憲法下の1889（明治22）年に初めて衆議院選挙の選挙権が認められた（衆議院議員選挙法）。その時の選挙権の要件は直接国税15円以上を納税する25歳以上の男子であった（総人口に占める有権者の割合1890（明治23）年1.13%）。その後，納税額の要件は1890（明治23）年に10円以上（同1902（明治35）年2.18%），1919（大正8）年に3円以上（同1920（大正9）年 5.50%）と引き下げられ，そして，1925（大正14）年には納税に関係なく満25歳以上（当時の成人年齢）男子普通選挙制（普通選挙法（衆議院議員選挙法の全部改正））が実施された（同1928（昭和3）年19.98%）。その後，1945（昭和20）年には男女普通選挙が実施された，その後，1950（昭和25）年に公職選挙法が制定されている。

　ちなみに，フランスは世界で最初に1848年に男子普通選挙を実現したが，男女普通選挙は1945年（但し，1871年に短期間ながらパリ・コミューンで実現）。また，アメリカは1870年に男子普通選挙を実現し，1920年に男女普通選挙を実現している。さらに，イギリスは1918年に男子普通選挙を実現し，1928年に男女普通選挙を実現しているが，それらは複数選挙権を認めたものであり，完全な普通選挙ということでは1948年になる。最後に，ドイツでは1867年に男子普通選挙が実現しているが，1919年に男女普通選挙が実現している。これらの国々は男子普通選挙について早くから導入しているが，男女普通選挙や完全な普通選挙の実現まで考えると，長い年月がかかっている。

2　参政権と国民主権

　参政権は国民主権（憲法前文及び1条）の実体であり，国民が主権者として，国の政治に参加する権利である。参政権の中核を占めるのは選挙権及び被選挙権（憲法15条等）であるが，それ以外の参政権もある。

3　参政権の意義

(1)　参政権の内容

　参政権とは政治に参加する権利である。参政権の中のその最も重要な中核となる権利として選挙権（憲法15条）がある（後記（2）参照）。また，最高裁判所の裁判官の国民審査（同79条2項），憲法改正の国民投票（同96条1項），地方自治特別法の住民投票（同95条），そして公務就任権（同15条及び22条）なども参政権に含まれる。

　さらに，参政権そのものではないものの参政権的な役割を果たすものとして，請願権がある。

(2)　選挙権・被選挙権

　憲法15条1項は「公務員を選定し，及びこれを罷免することは，国民固有の権利である」とする。この規定は選挙権である。

　選挙権の法的性格については，①選挙権を国政に参加することを国民に保障する権利であるとする権利説，②選挙を国民が政治に参加するという公務であるとする公務説，③選挙権を権利としての側面と公務としての側面の両方を併せもつとする二元説が対立している。公務説はあまり支持を得ていない。二元説が通説である。

　選挙権は国民主権の実体としての権利として明記されているものである。国民主権のとらえ方のうち，日本の憲法学における権力的契機（国民に権力があると考える）ないしフランスの憲法学におけるプープル主権（人民主権）から繋がる考え方が権利説であり，日本の憲法学における正当性の契機（国民に正当性があると考える）ないしフランスの憲法学におけるナシオン主権（狭義の国民主権）から繋がる考え方が公務説である。すなわち，二元説は両方の面を併せもった考え方ということになる。

　敷衍すると，国民主権において，代表者はすべての国民の代表であるがゆえに代表民主制を採用するという考え方が強かった。そこにおける代表者に対しては非命令的委任（代表者は自己を選出した選出母体の意思に拘束されない委任）であった。そのため，代表者は仮に個々の選出母体による選出であった

としても，全国民の代表とされた。これが正当性契機ないしナシオン主権の考え方である（ただし，ナシオン主権は具体的に実在する国民とは別個の，観念的・抽象的な団体人格としての国民の意だと一般的に考えられている）。すべての国民が直接，政治に参加することはできないと考えるため，代表者を選出せざるをえず，それが公務となり，選挙権の公務説が導かれる。

　もう1つの国民主権における考え方として，代表者は有権者（選挙人団）の代表であるがゆえに直接民主制を採用するという考え方もあった。しかし，現実には直接民主制の実現は困難である。そこで代表民主制を認めるとしても，「代表」について異なる考え方を導く。代表民主制を用いるとしてもその代表者に対して命令的委任（代表者は選出母体の意思に拘束される委任）を求めることになる。そのため，代表者は選出母体の代表とされる。これが権力的契機ないしプープル主権の考え方である（ただし，プープル主権は主権の主体を政治的意思決定能力者と広く考える説が有力である）。そこにおいては，有権者が直接，政治に参加することができると考えるため，有権者に権利があると考えるため，選挙権の権利説が導かれる。

　もともと正当性契機ないしナシオン主権そして選挙権の公務説の考え方が強かったが，近時，社会の発展や情報化等に影響を受けた国民（住民）の価値観が多様化し，権力的契機ないしプープル主権そして選挙権の権利説の考え方も重視するべきであるということになってきた。国民主権とそれから導かれる選挙権は両方の考え方を併せ持っているため，選挙権の法的性格は二元説が妥当である。

　被選挙権についてであるが，それは，有権者団によって選定（選任）されたとき，これを承諾して公務員となることのできる資格または能力をいう。「選挙されることを主張しうる権利ではない」[清宮四郎『憲法Ⅰ（第3版）』（有斐閣，1979年）] と解する説が有力である。被選挙権を選挙に立候補する権利であると解すると，被選挙権は憲法で保障されたものとされるが，このように解しなくても，公務就任資格のように，資格または能力を有すること自体が憲法上の権利として保障されことはある。

被選挙権の根拠は，憲法13条の幸福追求権に求める説（13条説），憲法15条
1項に規定された選挙権と表裏一体とする説（15条1項説），憲法44条が選挙
権と被選挙権を区別しないことに求める説（44条説）等がある。最高裁は
「立候補の自由は，選挙権の自由な行使と表裏の関係にあり，自由かつ公正
な選挙を維持するうえで，きわめて重要である。……憲法15条1項には，被
選挙権者，特にその立候補の自由について，直接には規定していないが，こ
れもまた同条同項の保障する基本的人権の1つ」として権利性を肯定してお
り，15条1項説をとっていると考えられる（最大判昭42・12・4 刑集22・13・
1425）。

　被選挙権が選挙権と表裏一体となすものでありそれを15条で規定し，憲法
44条で被選挙権についての資格の平等を具体的に定めていると考えられる。
したがって，被選挙権の根拠は憲法15条1項と44条である。

　(3)　近代選挙の原則

　近代法の中から生成された近代選挙の5原則は，普通選挙，平等選挙，直
接選挙，秘密選挙，自由選挙である。

　普通選挙とは，広義には人種・言語・職業・身分・財産・納税・教育・宗
教・政治的信条・性別などを有権者の資格，すなわち選挙権の要件としない
選挙をいい，狭義には財力の有無・多少，つまり納税額・財産の程度によっ
て選挙権の有無を決しない選挙をいう。憲法44条で普通選挙であることが明
らかにされている。対概念は制限選挙である。

　我が国では1925（大正14）年にすべての男子に普通選挙権が認められ，
1945（昭和20）年に女子にも普通選挙権が認められるとともに，選挙権年齢
も25歳以上から20歳以上に引き下げられた。そして，「国民投票法」の投票
権年齢が18歳になったことに併せて，2016（平成28）年より選挙権年齢が20
歳以上から18歳以上に引き下げられた。

　平等選挙とは，身分・財産・教育・納税額等によって選挙権に差をつけな
い選挙をいう。もともとは歴史的に存在した等級選挙や一人二票投票制など
を否定するものとして登場したが，現在においては投票価値の問題（いわゆ

る「一票の価値」の問題）も含む。憲法14条１項，44条あるいは15条３項の趣旨から導き出される。対概念は差等選挙（不平等選挙（等級選挙（有権者の財産や社会的身分などによって１人２票以上の投票権を認めるもの），複数投票制（有権者の財産や社会的身分などによって１人２票以上の投票権を認めるもの）））である。

　普通選挙と平等選挙の概念は，質的には連続していて，選挙権の差を極大化して選挙権そのものを認めないのが制限選挙である。

　直接選挙とは，選挙人が直接公務員を選出する選挙という選挙権の行使方法に関する原則である。複選制（別の選挙で選ばれた公務員によって選挙させる制度）の採用も許されない。地方選挙については，憲法93条２項にその明示規定があるのに対して，国政選挙についてはその規定はない（憲法43条に「全国民を代表する選挙された」という規定があるのみ）。対概念は間接選挙である。

　秘密選挙とは，投票したか否かを秘密にする選挙である。誰に投票したのかという「投票検索の禁止」も含む。憲法15条４項は投票の秘密を保障している。対概念は公開選挙である。公職選挙法では無記名投票，投票用紙公給主義，投票の秘密侵害罪等々を定めたうえで，「何人も，選挙人の投票した被選挙人の氏名又は政党その他の政治団体の名称……を陳述する義務はない」（同法52条）とする。

　自由選挙（任意投票）とは，広義には選挙人がその信じるところにしたがい投票する自由および投票しない自由（棄権の自由）を意味するが，狭義には棄権の自由を意味し，投票・棄権のいずれに対しても制裁がない制度をいう。わが国では投票は有権者の意志を尊重するべきであるとの考えの下，伝統的に自由投票である。対概念は強制選挙である。

　以上は日本国憲法の解釈からすべてが導出できるわけではない。既述（2）で考えた選挙権の法的性格のとらえ方によって変わってくる。二元説にたつ場合，従来から選挙と選挙権の公務性と選挙事項についての広い立法裁量を認めてきた結果，憲法の規定で明記する普通選挙，平等選挙，秘密選挙のみが憲法上の要請となる。他方，権利説にたつ場合には，普通選挙，平等選挙，自由選挙，秘密選挙，直接選挙の５つとも憲法上の要請ということになる。

既述（2）のとおり，選挙権の法的性格は二元説が正しいと考えられるため，憲法上の要請は普通選挙，平等選挙，秘密選挙のみということになる。

（4）選挙運動と政治活動

「選挙運動」と「政治活動」は区別される。「選挙運動」とは，特定選挙につき，特定候補者のため，その当選を目的として，選挙人に働きかける諸行為とされ，当該運動の可能な期間（選挙運動期間）は公職選挙法の規定により，候補者の届出のあった日から当該選挙の期日の前日までとしている（同法129条）。そして，その前に選挙運動をした者に対して，罰則が設けられている（公選法239条1項）。「政治活動」とは，政治上の事柄に関してなされる活動であり，特にそれを超える定義はなく，広汎かつ不明確な用語といえる。

「選挙運動」と「政治活動」の区別は公職選挙法によるものだけであり，それ以外について区別は難しい。判例は「選挙運動」を区別する理由として，選挙の公正性と経済上の不平等を挙げることを理由に合憲とする（最大判昭44・4・23刑集23・4・235，最判昭55・6・6判時964・129など）。しかし，「選挙運動」の形骸化も指摘される。

（5）選挙制度

選挙制度は大きく，小選挙区制，大選挙区制，比例代表制にわけられる。1つの選挙区から1人の当選者を出すのが小選挙区制，1つの選挙区から2人以上の当選者を出すのが大選挙区制である。小選挙区と大選挙区のわけかたに面積の大小は関係がない。また，1993（平成5）年まで実施されていた1つの選挙区から2人から6人程度の当選者を出すという中選挙区制は大選挙区制の亜種といえる。

比例代表制は主として政党への得票数に応じて，議席を配分する制度である。得票数と全体の議席が同じだとしても，その計算式によって若干，配分される議席の割合に差異が生じる。具体的にはドント式（各党の得票数を順に整数で割っていき，解の大きな数字から議席を配分していく方式）（1987年までの西ドイツ，現在の日本），サント・ラーゲ式（各党の得票数を奇数で順に割っていき，商の大

きい順番に各党に議席を配分する方式）（現在のスウェーデン，デンマーク）などがある。ちなみに，ドント式は大政党に有利であり，サント・ラーゲ式は小政党に有利である。

　一方，各選挙区から多数派のみの代表を選出する多数代表と，少数派の代表をも選出する少数代表という区分もある。小選挙区制は多数代表であり，大選挙区制と比例代表制は少数代表である。

　小選挙区制の長所としては政局の安定がある。1つの選挙区から1人しか当選しないため，その当選者は大政党に所属する人になる可能性が高く，大政党が当選しやすくなれば，多数派の形成が容易になり法律の制定（地方議会の場合には条例の制定）等が容易になる。反対に短所としては死票（当選に結びつかない票）が多くなるということである。

　大選挙区制の長所としては，少数意見の反映がある。1つの選挙区から2人以上当選するため，中小規模の政党でも議席を獲得できる可能性があるため，少数意見が反映される可能性が高くなる。反対に短所としては，小党分立となり政局が不安定となることである。中小規模の政党にも議席が配分されるため，どの政党も多数派を形成できなくなり，法律の制定等が困難になり，状況によっては連立政権を組まざるを得ず，不安定になるということである。

　比例代表制の長所としては，民意を正確に反映する傾向にあるということである。政党に投票された得票数におうじて議席が配分されるため，民意を正確に反映するといえる。反対に，中小規模の政党にも議席が配分されるため，小党分立となり政局が不安定になる。

　現在，我が国の国政選挙において，衆議院では小選挙区比例代表並立制を，参議院では選挙区制と非拘束式比例代表制を採用している。

　2016（平成28）年の公職選挙法改正により，衆議院選挙では小選挙区289，ブロック別比例代表176の合計465議席。2018（平成30）年の公職選挙法改正により，参議院では都道府県選挙区148，全国比例代表100の合計248議席である（参議院は2018（平成30）年の改正前において合計242議席であったものを，2段階

にわけて増員する。2019（令和元）年7月の選挙で埼玉選挙区で1増，比例区で2増になりその結果，都道府県選挙区147，全国比例代表98の合計245議席となった。さらに3年後の選挙も同様の数で増加し，合計248議席になる）。衆議院では小選挙区と比例代表の重複立候補が認められており，同じ政党内の名簿で同じ順位の候補者間において当選者を決める際は。小選挙区で落選した場合，当選の候補者にどのくらいの割合で負けたのかという惜敗率によって，決定されることになる。これは小選挙区の結果を関係のない比例代表の当選者を決める際の材料にするという点で，票の流用であり，憲法違反の疑いがある。

4　一票の格差

投票価値にどの程度，不平等が生じたら，憲法14条違反か。憲法14条では平等権ないし平等原則を規定している。それは選挙権においても同様であり，本来的には選挙権が有権者にとって等しく平等の価値でなければならない。いわゆる「一票の格差」が問題となる。

「一票の格差」の問題の本質は，たとえば，A選挙区とB選挙区があったとする。A選挙区は有権者の数（人口ではない）が40万人，B選挙区は有権者の数が10万人である。問題を単純化して考えるため小選挙区を考え，小選挙区制は当選者が1人である。つまり，A選挙区で40万人から1人の当選者を選出し，B選挙区では10万人から1人の当選者を選出することになる。したがって，A選挙区の有権者にしてみればB選挙区の有権者の選挙権に比べて，1/4しか価値がないということになる。「1/4：1」ということになり「1：4」ということになる。この状況は4.0倍の状況ということである。

衆議院選挙について，最高裁は1976（昭和51）年に1972（昭和47）年の選挙が1対4.99だったことにつき，違憲判決を出している。また，最高裁は1985（昭和60）年に1983（昭和58）年の選挙が1対4.40だったことについて，違憲判決を出している。ただし，ともに選挙の効力自体は有効であるとしている。考えてみると，衆議院選挙について最高裁は1対3.0以上を違憲としている。通説は1対2.0以上を違憲としている。

　一方，参議院選挙について，1996（平成8）年に1992（平成4）年の選挙が1対6.59だったことについて「違憲の問題が生じる程度の著しい不平等状態」とし，それ以外については合憲の判決をしている。

　この最高裁の立場の違いは，衆議院選挙は政権選択の選挙であり，参議院選挙はそうではないからである。

　しかし，最高裁は近年，従来の立場を改めて，基準を厳しくしつつある。2009（平成21）年8月30日の選挙は1対2.304（最少選挙区は高知3区，最多選挙区は千葉4区），2012（平成24）年12月16日の選挙は1対2.425（最少選挙区は高知3区，最多選挙区は千葉4区），2014（平成26）年12月14日の選挙は1対2.219（最少選挙区は宮城5区，最多選挙区は東京1区）であった。これについて，最高裁はそれぞれ2011（平成23）年3月23日判決，2013（平成25）年11月20日判決，そして2015（平成27）年11月25日判決で，「違憲状態」という判断をしている。「違憲状態」とは現在の状況が直ちに憲法違反ではないが，この状態が継続するならば，違憲になるというものである。確かに「違憲状態」は事実上の合憲判断ととらえることもできるが，従来に比べれば，最高裁はかなり踏み込んでいる。

　この格差の原因を生んでいるのは，「一人別枠方式」である。これは議員定数の配分を考える際，まず都道府県の枠組みで1人ずつ議員定数を割り当て，その後に有権者の人口に比例させて議員定数を配分していた。しかし，2016（平成28）年に改正し，2017（平成29）年10月22日の選挙では1対1.9179（最少選挙区は鳥取1区，最多選挙区は東京13区）にまで格差は縮小した。

　理想論として完全に投票価値を平等にすることが望まれるが，現実問題として難しい。人口の移動は常にあり，また既存の行政区分を利用した方が安価に選挙の実施がされるからである。しかし，同じ国内の同じ選挙において2人の有権者の投票の価値を合わせて1人の有権者の投票の価値に届かないというのはやはり不平等であると考えられる。少なくとも，最低限1対2.0未満，すなわち，1対1.999以下にするべきである。

第 4 節　民主的社会を目指して

　国務請求権の中核的な人権は請願権である。請願権は憲法15条に基づくものではなく，憲法16条の文言のとおり目的は損害の救済という点でもある。しかし，今日の代表民主制のもとでは為政者と被治者の自同性という民主主義の原則から外れているという欠点を是正することに現代的意義が見出されることを考えると，請願権は参政権そのものではないが，参政権を補充するものとしての役割も認められる[永井憲一「請願権の現代的意義―これを補充的参政権として評価する試論―」立正大学経済学研究所編『經濟學季報』53-54頁]。

　選挙権をはじめとする参政権，請願権をはじめとする国務請求権，この両方を活用することにより，民主的社会になるということである。

【設　問】
- (1) 国務請求権と社会権との共通点及び異なる点は，それぞれ何か。
- (2) 国務請求権は参政権にとってどのような役割があるか。
- (3) 選挙において投票所に行き投票することは義務か。

参考文献
藤井俊夫『憲法と政治制度』（成文堂，2009年）
佐藤幸治『日本国憲法論』（成文堂，2011年）
野中俊彦ほか『憲法 I（第 5 版）』（有斐閣，2012年）
芦部信喜（高橋和之補訂）『憲法（第 7 版）』（岩波書店，2019年）
高橋和之『立憲主義と日本国憲法（第 4 版）』（有斐閣，2017年）
渋谷秀樹『憲法（第 3 版）』（有斐閣，2017年）
辻村みよ子『憲法（第 6 版)』（日本評論社，2018年）

（岡田大助）

第**19**講　国　会

┌─**本講の内容のあらまし**┐

　テレビや新聞等をみていると「政治家」と呼ばれる人々が登場するが，彼ら（彼女ら）はその殆どが国会議員である。国会議員は，主として法律を作る機関である国会のメンバーである。立憲主義を考え，憲法が国家権力（公権力）を縛るものであると考えるなら，法律は国民を縛るものである。法律を作る機関であるため，国会はしっかりと機能してもらわなければ困り，議員もその機関の一員（メンバー）である自覚と努力をしてもらわなければならない。

　本講では，国民主権の実現の1つの場としての国会の役割，国会の法的意義を明らかにし，憲法が基本的には想定していなかったにもかかわらず，近時，頻繁に起きてしまった「ねじれ国会」への対処法について考えてゆきたい。

第1節　国会の組織

1　国民の代表機関

(1) 代表民主制と直接民主制

　憲法は，国民主権（同前文及び1条）を宣言している。主権行使の方法として，代表民主制（間接民主制）と直接民主制がある。代表民主制とは，国民がその代表者を選び，その代表者が政治を行う制度である。一方，直接民主制は，国民が直接に特定の政策や法案に対して，賛否を示す制度である。憲法は，前文1段で代表民主制を採用することを宣言している。

　しかし，憲法上，例外として，憲法改正の国民投票（同96条1項），最高裁

判所の裁判官の国民審査（同79条2項），そして地方自治特別法の住民投票（同95条）がある。

(2) 国民代表の意義

憲法43条1項は「両議院は，全国民を代表する選挙された議員でこれを組織する」とする。「全国民を代表する」の意義が問題になる。選挙された議員はそれぞれが選出母体の代表として活動すべきであるとする考え方（命令的委任）と，選挙された以上は議員のそれぞれが全国民を代表する立場で活動するべきだという考え方（非命令的委任）がある。後者の考えからのものが政治的代表であり，前者の考えからのものが社会学的代表（フランス憲法学での半代表）である。かつては，憲法43条のそれを後者の意味と捉えてきたが，現在では，とくに第二次世界大戦後，経済の発展とともに社会構造が複雑化し国民の価値観も多元化したという状況をふまえ，前者の意味が強くなってきている。

2　国権の最高機関

憲法41条は「国会は，国権の最高機関であつて，国の唯一の立法機関である」とする。そこには「国権の最高機関」と「唯一の立法機関」と2つの要素がある。まず，「国権の最高機関」を検討していく。

(1) 統括機関説

統括機関説（積極説）は，最高機関とは国家の活動を創設し，保持し，また終局的に決定する機関であり，さまざまな国家機関との関係ではこれらを統括する機関を意味するとする（佐々木惣一，田畑忍）。

(2) 政治的美称説

政治的美称説（消極説）は，国民を代表する機関としての地位や重要な権限を与えられていることに照らしての修辞的な表現であって，法的には特別の意味はないとする（宮沢俊義，清宮四郎，芦部信喜）。

(3) 総合調整権能説

総合調整権能説は，既述の中間に位置する。すなわち，国会は憲法改正の

発議権（憲法96条１項）を有しており，法律制定権（同59条）を独占している。内閣に対しては，内閣総理大臣の指名権（同67条）や内閣不信任決議権（同69条）などを有し，また司法に対しては弾劾裁判所の設置権（同64条）を有する。このように，重要な国政に決定的に関与する広汎な権限の性質は三権の間の総合調整的作用であるとする（田中正巳，小林直樹）。

(4) 検討

現代は行政権が立法権や司法権に優越するという，行政国家化現象がおよそ先進国においては普遍的現象であることを考えれば，憲法41条に「国権の最高機関」であるという文言があるとしても，大規模な合議体である国会では意思統一に時間がかかり，また国会が主体的に国政を牽引していくということは想定しづらいことを考えれば，国民の代表者が集う国会に対する美称に過ぎず，政治的美称説が妥当であろう。

3　唯一の立法機関

次に，「唯一の立法機関」を検討していく。「唯一の立法機関」とは，国会のみが立法権をもつという意味であり，そこには２つの意味が含まれている。すなわち，形式的意義の立法と実質的意義の立法である。

(1) 形式的意義の立法

形式的意義の立法とは，形式的に立法権に属する作用を指す。すなわち，「法律」という名称を与えられた法形式のことである。そして，それは法律の制定は国会の議決のみで成立し，他の機関の関与は必要とされないという，国会の単独立法の原則を導き出す。

(2) 実質的意義の立法

実質的意義の立法とは，実質的に立法とされるべき立法作用を指す。すなわち，立法機関である国会以外の国家機関が立法行為をするものまで含む。具体的には行政機関が制定する命令，司法機関が制定する規則，地方公共団体が制定する条例などである。ただ，本条で明確に宣言されている以上，本来的に立法権をもっているのは国会であるため，法律と命令などの法規を定

めるには法律の委任が必要である。したがって，実質的意義の立法を国会が
独占するという意味で，国会の法規独占の原則（国会中心立法の原則）を導き
出す。

4　衆議院の解散と参議院の緊急集会

(1)　解散の意義

憲法45条は「衆議院議員の任期は，４年とする。但し，衆議院解散の場合
には，その期間満了前に終了する」とあることから，衆議院の解散とは衆議
院議員全員について，その任期満了前に議員たる身分を失わせしめることで
ある。解散後は，解散の日から40日以内に，衆議院議員の総選挙が行われる
（同54条１項）。

解散制度の理由は，立法府による権力の濫用が行われた場合にそれを行政
府の権力によって抑制するためという権力分立上の見地からと，立法府と行
政府が対立している場合や政治上の重要な問題において国民の意思を問うと
いう見地からである。

(2)　解散権の所在

解散権の所在については，実質的解散権と形式的解散権にわかれる。形式
的解散権は国事行為であり天皇にある（憲法７条３号）。すなわち，「国政に関
する権能を有しない」（同４条１項）がゆえに，天皇にあるのはあくまで形式
的解散権ということになる。

そこで，実質的解散権の所在が問題になる。大きく，無限定説，限定説，
自律解散説に分けられる。

無限定説は，実質的解散権は内閣にあり，解散の場合は憲法69条により内
閣信任案が否決されるか不信任案が可決されるかのいずれかの場合に，内閣
が総辞職をするか解散するかを選択できる場合に，限定されないと考えるも
のである。

限定説は，無限定説とは対照的に，内閣による裁量の解散の権限は否定さ
れ，解散できるのは憲法69条の場合に限定されると考えるものである。

それに対して，自律解散説は，憲法69条の場合は明文上，規定としてあるため解散できるのは当然として，それ以外に，衆議院が自ら解散を決める権限をもっていると考えるものである。

実務上は，憲法施行直後には混乱があったものの，現在では，無限定説に落ちついている。

衆議院の解散の趣旨は，権力分立上の見地と国民の意思を問うという見地であることを考えれば，そういった機会が多く提供されることはむしろ要請されるということになるため，無限定説が妥当である。ただし，無用な，解散権の連発は憲法の趣旨に反していると考えるべきである。

(3) 参議院の緊急集会

参議院のみにあるものとして，参議院の緊急集会がある（憲法54条2項及び3項）。衆議院解散中に国の一大事が起こる可能性もある。大日本帝国憲法下では，そのような場合に，天皇が緊急勅令（同8条）や緊急財政処分（同70条）などを出すことが規定されていたが，日本国憲法では行政府による独断的措置は認めていないとされる。そこで，非常時においても，国会中心主義を貫くために，この制度が置かれているのである。集会を求める権能は内閣のみにあり，議員にはない。

ただ，緊急時に集まることができないことを想定していないため，これが，国家が危急存亡の時に超憲法的権力でそれを乗り越えるという，国家緊急権と考えるには疑問が残る。

第2節　国会議員の定数と選挙

憲法は衆議院と参議院の両議院によって国会を構成する（42条）とされ，同43条2項で「両議院の議員の定数は，法律でこれを定める」とされており，定数の具体的な数については，法律に委任している。公職選挙法で決められている。衆議院は465名，参議院は248名で3年毎に半数改正する。

衆議院総選挙は，小選挙区比例代表制並立制という，小選挙区制（289名）

と比例代表制（176名）を組み合わせた選挙制度で実施している。それに対して，参議院通常選挙は，選挙区制（都道府県，148名）と比例代表制（非拘束名簿式比例代表制，100名）である（第18講第3節3参照）。

第3節　国会の権能

1　法律の制定

憲法59条1項で「法律案は，この憲法に特別の定のある場合を除いては，両議院で可決したとき法律となる」とされ，両議院は，各々その総議員の3分の1以上の出席が定足数であり，出席議員の過半数で決することになる（同56条）。

また，これについては3つほどの例外がある。一つ目は，参議院が衆議院で異なった議決をした場合である。すなわち，憲法59条2項以下の規定である。2項「衆議院で可決し，参議院でこれと異なつた議決をした法律案は，衆議院で出席議員の3分の2以上の多数で再び可決したときは，法律となる」，3項「前項の規定は，法律の定めるところにより，衆議院が，両議院の協議会を開くことを求めることを妨げない」，4項「参議院が，衆議院の可決した法律案を受け取つた後，国会休会中の期間を除いて60日以内に，議決しないときは，衆議院は，参議院がその法律案を否決したものとみなすことができる」である。

二つ目は，参議院の緊急集会における議決である（同54条2項）。ただし，これについては，後に衆議院の同意を必要とする（同3項）（前記第1節4（3）参照）。

三つ目は，地方自治特別法の住民投票である（同95条）。この規定は，特定の地方公共団体（通説で「一の」とは「特定の」とされる）が対象となる法律の場合には，その地方の住民投票で過半数の同意がなければ，成立しないというものである。しかし，昭和30年以降は制定されていない。

法律案の可決は以上のとおりであるが，その前の段階である法律案の提出

については議論がある。内閣法５条では「内閣総理大臣は，内閣を代表して内閣提出の法律案……を国会に提出」すると定める。これについては，消極説は，予算については憲法上の定めがある（同86条及び73条５号）が，法律については憲法上の定めがないこと，憲法41条により国会が唯一の立法機関であることなどを理由に挙げる。一方，積極説は，予算の規定は内閣のみが権限をもつことを定めたにすぎず，法律案の提出を否定する趣旨ではないこと，憲法72条は内閣が議案を提出できると定めるが，この「議案」に法律案が含まれること，仮に法律案が内閣から提出されても，国会はこれを否決できることなどを挙げる。

　法律の成立は結局のところ，国会の権限であるから，内閣による法律案の提出を認めたとしても憲法41条の趣旨に反しない。また，現実問題として，内閣提出法案ないし政府提出法案が認められ，成立する法律の多数をそれらが占めることは，およそ現代の行政国家においては普遍的な現象である。立法機関が将来起こり得るすべてのことを予測して備えるために法律を制定することは困難であることも考えれば，認めることがむしろ要請されるともいえる。

2　立法に関する権能

(1) 憲法改正の発議

　憲法96条は，憲法改正の３段階の手続きを規定している。すなわち，国会における各議院の総議員の３分の２以上の賛成で発議し，国民投票に付し（同１項），最後に天皇が国民の名で公布する（同２項）というものである。この第一の手続きが国会の権能である。

　この「総議員」の意味については，法律で定められた議員の数とする説と，欠員部分を差し引き現職の議員の数であるとする説である。憲法改正の手続きが慎重であるべきことを考えるならば，前者と考えるべきである。

(2) 条約承認

　憲法73条３号は内閣の職務として条約の締結を定めており，但書で「事前

に，時宜によつては事後に，国会の承認を経ることを必要とする」として，条約の成立のために，国会による承認をその要件としている。条約の成立は内閣と国会の協働行為である。

　ここでいう条約とは，「条約」という名称をもつものに限定されない。すなわち，協約，協定，議定書，取極，交換公文，宣言，憲章などひろく国家間の文書による合意すべてを含む。

　また，憲法73条但書には，事前あるいは事後の国会による承認を規定している。問題は，国会が条約を承認しない場合である。有効説は条約の法的安定性などを根拠とし，無効説は事後の承認を軽視することは国会の意思を軽視することになるなどを根拠とするが，国会による承認が条約成立のための要件であることが憲法に規定されていることは，相手国も承知しているため，無効説が妥当だと考えられる。

3　内閣総理大臣の指名

　憲法は，内閣の成立と存立を国会に依存する議院内閣制を採用している。その一つとして，憲法67条1項は「内閣総理大臣は，国会議員の中から国会の議決で，これを指名する。この指名は，他のすべての案件に先だつて，これを行ふ」としている。内閣総理大臣の指名については，衆議院の優越が認められている（後記第4節　3　参照）。任命は天皇の国事行為である（同6条1項）。

　なお，国会による指名ではなく，主権者である国民によって内閣総理大臣を直接選ぶという首相公選制がある。首相とは内閣総理大臣の俗称である。2002年（平成14年）に出され「首相公選制を考える懇談会」（小泉首相（当時）の私的諮問機関）の報告書で，その論拠として「首相の民主的正統性の問題」と「首相の指導力と内閣の政策統合機能の問題」が挙げられている。国民投票の後にその当選者を国会に指名させる方法や，国会の議決で複数の候補者を指名し，その後に国民投票で決する方法等も考えられなくはない。しかし，前者については，請願を国会に強制することは難しいこと，後者につい

ては，憲法67条の「指名」は複数を想定しているとは考えづらいこと，そして何より，憲法67条によって国会が内閣総理大臣を指名し，憲法6条1項によって天皇が国事行為で内閣総理大臣を任命するという流れが想定されていることを考えれば，首相公選制の導入には，憲法67条の改正が最低限必要ということになる。

4　弾劾裁判所の設置

憲法64条1項は「国会は，罷免の訴追を受けた裁判官を裁判するため，両議院の議員で組織する弾劾裁判所を設ける」とし，続く2項で「弾劾に関する事項は，法律でこれを定める」とする。

司法権の独立や裁判官の身分保障は重要である。しかし，独善や非違の裁判官を国会内に設けた裁判で裁くことにより，場合によっては罷免させる制度が必要になる。それが弾劾裁判所である。この制度は，公務員の選定罷免権（憲法15条1項）の趣旨を裁判官に及ぼしたものである。裁判官弾劾法による。

心身の故障による執務不能裁判による場合や非行による懲戒の場合（懲戒免職は許されない）は裁判官分限法に基づく裁判による。

5　法律レベルでその他

本節1から4までの他に，法律レベルで国会の権能とされているものがいくつかある。例えば，会計検査官，人事院人事官の任命の同意（会計検査院法4条，国家公務員法5条），中央選挙管理委員の指名（公職選挙法5条の2），人事官の訴追（国家公務員法8条1項2号），緊急事態の布告の承認（警察法74条1項），自衛隊の防衛出動，治安出動の承認（自衛隊法76条，78条）などがあげられる。

第4節　議院の権能

1　議院自律権

①会期前に逮捕された議員の釈放要求権（憲法50条），②議員の資格争訟の裁判権（同55条），③役員選任権（同58条1項），④議院規則制定権（同58条2項），⑤議員懲罰権（同条同項）などである。

①は議員の不逮捕特権の保障の反面として，議院はそれぞれ所属する議員の逮捕許諾および被逮捕議員の保釈請求権をもつ。この目的は，犯罪行為の被疑者の逮捕等を口実として，行政権力および司法権力が国会における国政の審議等に不当な圧力を加えることを防止しようというものである。

また，②は，国会の独立性，自律性を尊重するために，議員たる資格の有無の判定については議院の判断に委ねたものである。

③も②と同じ趣旨によるものであり役員についての規定である。

④は，国民の代表機関として国会が活動するうえで，各議院が議事手続き，内部組織秩序維持などについて自主的に定める権能をもつとしたものである。

最後に，⑤については，議員に対する懲罰の性質は，一般国民に対する刑罰とは性質が異なり，公務員の懲戒に類する制裁にあたるとされているため，国会の自律権の保障のために認められたものである。

2　国政調査権

憲法62条は「両議院は，各々国政に関する調査を行ひ，これに関して，証人の出頭及び証言並びに記録の提出を要求することができる」とする。

これは大日本帝国憲法には規定はなかったが，憲法では明文として認められているものである。但し，この権能には，限界がある。

たとえば，権力分立上の限界は，行政権や司法権の権能と衝突する可能性のある場合には制約される。これにつき，1948（昭和23）年の浦和充子事件

に関する参議院法務委員会による調査・批判が問題となった（すなわち裁判所による確定判決に対する参議院法務員会による調査・批判の是非）。

3 衆議院の優越

（1）権能の範囲に関するもの

権能の範囲に関するものというのは，参議院にはないが，衆議院にはある権能のことである。具体的には，内閣に対する信任・不信任の議決権（憲法69条）と，予算の先議権（同60条1項）である。

（2）議決の価値に関するもの

議決の価値に関するものというのは，参議院にもあるが，衆議院の権能の方が重視されるというものである。具体的には，法律案の議決（憲法59条2項），予算の議決（同60条2項），条約の承認（同61条），及び内閣総理大臣の指名（同67条）である。

（3）小 括

大日本帝国憲法における衆議院と貴族院については両議院対等の原則というのがあったが，日本国憲法では衆議院の優越をいくつか定め，参議院を第二次院的なものにした。理由としては，国会の意思形成が容易になること，国会と内閣の関係が，衆議院と内閣の関係として，より容易に捉えられるようになることなどが挙げられる。

第5節　参議院の存在意義

二院制の採用（憲法42条）の結果として，国会としての議決ができないことを防ぐために，既述第4節3のとおり一方の側である衆議院に優越を認めているわけ（衆議院の優越）であるが，そうだとすると，参議院は何のために存在するのかという存在意義の問題が起こる。

一般的に二院制の意義として代表的なものは，①世間をより適切に反映させることが挙げられる。選出方法を衆議院と異なる方法を用いることにより

異なった社会的利益を代表させるということである。②権力集中や専制化の危険の防止である。議会内部での権力を分立させることにより，一院のみでは起こる可能性がある権力集中や専制化を防ぐということである。③第一院と政府との間の対立に対する第二院の調整・仲裁である。議院内閣制においては第一院から政府が選出されるが対立する場合もある。その際の調整・仲裁役ということである。④法案審議その他の議会活動に慎重さを持たせることである。法案可決等は基本的に両院での可決が必要なため，時間と労力がかかるが，反面，慎重さというメリットがある。

　また，日本の参議院独自の意義として代表的なものは，⑤参議院の良識による補正である。衆議院は「数の政治」であるのに対して，参議院は「理の政治」，衆議院は「言論の府」と呼ばれるのに対して，参議院は「良識の府」と呼ばれる。⑥異なる任期であることによる漸進的な改革への期待である。衆議院の任期4年（ただし解散あり）に比べて，参議院は任期6年（3年毎に半数毎改正）と任期が長く，また，議員の交代が緩慢に行われるため，急激な政治改革を避けることができる。⑦参議院の緊急集会制度による衆議院解散の際の補充的役割等々がある。衆議院解散の時に参議院議員が国会議員として残っているのみならず，衆参同時選挙の際にも半分の参議院議員は国会議員として残っている。国家にとって一大事の際，参議院の緊急集会が召集されるため，衆議院解散の補充的役割を担っているといえる。

　しかし，参議院が既述のような存在意義を果たしてきているか疑問が挙がっている。たとえば，既述①について参議院通常選挙において全国区の比例代表制が採用されて以降，衆議院との同質化が指摘されてきた。参議院は「衆議院のカーボンコピー」「第二の衆議院」そして「小型の衆議院」などと指摘され，「参議院無用論」あるいは「参議院不要論」が主張されているのも事実である。憲法を堅持し二院制を継続することを考え，また参議院にも多額の経費がかかっていることを考えれば，今後，選出方法等で工夫が必要である。

第6節　政党とねじれ国会

1　政党の地位と役割

　政党は，政治権力への参加を通じて一定の政治理念を実現することをめざ
す政治的結社であり，議会制・立憲民主主義を支える不可欠の存在である。

　憲法21条1項「集会，結社及び言論，出版その他一切の表現の自由は，こ
れを保障する」というものの，ドイツのボン基本法のような政党を直接に規
定する規定（ボン基本法21条）は憲法にはない。

　一方で，国会法における会派（同法46条）は主として政党であり，政党の
役割は大きい。また，政治資金規正法は，「政治上の主義若しくは施策を推
進し，指示し，又はこれに反対することを本来の目的とする団体」等を「政
治団体」と呼び，そのうち，①当該政治団体に所属する衆議院議員又は参議
院議員を5名以上有するもの，または，（①の可能性があるものとしての）②直
近に行われた選挙で当該政治団体の得票総数が当該選挙における有効投票の
総数100分の2以上であるものを「政党」と呼び（同法3条），その政治活動
の公明を図り，選挙の公正を確保するための規制（収支の公表，寄付の制限な
ど）（同法20条―22条の9条）を定めている。さらに，政党助成法も基本的には
政治資金規正法の規定を基準にし，その「政治団体」のうち I 当該政治団体
に所属する国会議員5人以上有するもの，II 前記の I の政治団体に属しない
国会議員を有するもので，直近の選挙で有効投票総数の2％以上を得たもの
を「政党」とし（同法2条1項），政党交付金を受けるには法人格付与法にお
ける「法人」でなければならない（同法3条）。最高裁は，政党が「議会制民
主主義を支える不可欠の要素」であり，かつ「国民の政治意思を形成する最
も有力な媒体である」（最大判昭45・6・24民集24・6・625）であるとする。

　したがって，政党は憲法には明文上，直接その規定はないものの，現代の
政治を動かす上で不可欠な役割を果たしているといえる。

2　政権交代と二大政党制

　二院制である以上，それぞれの多数派を占める党派が異なる可能性はある。ところが，日本においては，いわゆる55年体制以降，殆ど自民党が衆議院でも参議院でも多数派を占めてきた。そこにおいては，自民党内の複数の派閥で順番に政権を担当する，擬似的政権交代が行われていた。

　しかし，近年の政治の流動化が激しくなっていることを考えれば，衆議院と参議院の多数派が異なるという，いわゆる「ねじれ現象」が起こる可能性がある。

　「ねじれ国会」であるといろいろと不都合が生じる。法律案については衆議院と参議院で議決が異なっている場合には原則，法律とならない（憲法59条1項）。衆議院で可決し参議院でこれと異なった議決をした場合には，衆議院で出席議員の3分の2以上の多数で再び可決すれば法律となる（同条2項）等の例外規定がある。それ以外に関しての予算，条約，首相の指名については両院協議会（「両議院の協議会」）を開催してもなおそれぞれ30日以内，30日以内，10日以内に意見が一致しないときや参議院が議決しない時には衆議院の議決が国会の議決となる。

　このように，国会の議決に向けての手続が増えてしまい，時間と労力も増えてしまう。

　確かに衆議院の優越により，ある程度の「ねじれ」の軽減は可能であるが，なお不十分であるといえる。「ねじれ」ていた場合，衆議院で3分の2以上の議席を持っていないと法律ができにくくなり，国会は会期制を採用しているため国会運営に支障がでる可能性が高い。

3　ねじれ国会への対策

　諸外国の多くも国会（あるいは議会）における「ねじれ」の経験を持っている。しかし，それぞれ「ねじれ」への対応策等をもっている。イギリスは庶民院と貴族院の二院制であるが，1911年と1949年の議会法により貴族院はほぼ権能を失っており，事実上の一院制である。アメリカも上院と下院の二院

制であるが，アメリカ独自のプラグマティズム（実用主義）の影響により，「ねじれ」を解消する国民性がある。韓国はそもそも一院制であるので「ねじれ」はない。北欧諸国は「ねじれ」は普通に起こることであるため連立を組むのが一般的であり，「ねじれ」を乗り切る独自の方法を持っている。日本は過去に「ねじれ」経験があまりなく，乗り切る方法をもっていない。

　では，どのようにするか。総選挙と通常選挙を同時に行うことも考えられる。衆議院の任期は4年で，参議院の任期は6年で3年毎に半数改選であるため，4年と3年の最小公倍数を基準に選挙を行えば，多少でも安定に向かうということである。しかし，有権者は自分の投票を効率的に配分することを考える可能性があるため，「ねじれ投票」も考えられ，それでも国会がねじれる可能性はある。

　また，大連立や部分連合という方法も検討される。大連立とは与党と第一野党が連立を組むようなものであるが，これは戦前の大政翼賛会につながるものであり政党制あるいは政党政治を否定するものである。そして，部分連合とは形式的には連立を組まず，政策毎に政党同士のすり合わせを行い実質的に連立を組むことと同様の効果を得ようというものである。しかし，部分連合は結局のところ，政策毎のすり合わせをするのは当然のことであり，無内容である。

　なお，一院制にするという方法も考えられなくはないが，それには憲法改正を必要するため，ここでは論点から除外する。

　具体的な対策としては，3つである。1つ目は，両院協議会の実質的活動である。憲法には法律案（同59条3項），予算（同60条2項），条約の承認（同61条）等に両院協議会の規定がある。両議院の意見が対立した場合に，妥協案の成立をはかるために設けられている。現在は形式的なものになっているため，これを実質的に活動させることが必要である。

　2つ目は，与野党による非公式な協議である。実際には，両院協議会よりも有効である。

　3つ目は，党議拘束を緩めることである。議院内閣制の下では，議会の多

数派が内閣を構成し，与党が政府案を提出して成立させるという責任を持つ。その意味で政党の役割強化という重要な意義が党議拘束にはあるが，党議拘束には「全国民の代表」（同43条）及び「免責特権」（同51条）との関係で疑問が残るため，法案等の重要度に応じて，党議拘束を外すことも必要である。

　ねじれた場合には，これら３つを組み合わせることにより，少しでもねじれを軽減させる努力をするべきである。

【設　問】

(1) 国会は立法作用のみを行うのではなく，他の作用を行う。具体的に答えなさい。

(2) 衆議院における解散権の所在について，限定説と無限定説との違いは何か。

(3) ねじれ国会を解決するための処方箋を示しなさい。

参考文献

藤井俊夫『憲法と政治制度』（成文堂，2009年）

佐藤幸治『日本国憲法論』（成文堂，2011年）

野中俊彦ほか『憲法Ⅱ（第5版）』（有斐閣，2012年）

芦部信喜（高橋和之補訂）『憲法（第7版）』（岩波書店，2019年）

高橋和之『立憲主義と日本国憲法（第4版）』（有斐閣，2017年）

（岡田大助）

第20講　内　閣

┌─**本講の内容のあらまし**─────────────────
「首相にリーダーシップがあるか」。歴代の首相は常に言われてきた。これは首相の支持率とも関係し確かに首相でいる人物の資質や自覚等にも関係はするが，法的に制約されているか否かも問題となる。憲法では三権のうちの１つである行政権が属するのは独任制の首相ではなく，合議制の内閣である。そのため，首相のリーダーシップは大統領制等と比べて制約されているともいえる。

本講では，行政権と内閣との関係をめぐる歴史，それぞれの意義，内閣と首相のそれぞれの権能，そして，閣議における意思決定の方法の工夫によるリーダーシップの強化を考えてみたい。
└────────────────────────────

第1節　行政権と内閣

「行政権は，内閣に属する」（憲法65条）とある。これは，憲法41条や同76条１項と同様に，統治権力のうち三権（立法権，行政権，司法権）のそれぞれがいずれの機関に属するかを明示した重要な憲法条項である。しかし，そもそも「行政」とは何か。「行政」は非常に定義が難しい概念である。

「行政」の定義については，実質的意義の行政と形式的意義の行政にわけて考えることが可能である。実質的意義の行政は「行政」の意義について，国家作用の活動の側面に着目した区別であり，言い換えれば，その内容に着目してわけた区別である。形式的意義の行政は「行政」の意義について，国家作用を行う機関に着目した定義であり，言い換えれば，その担当する機関

に着目した定義といえる。

　実質的意義の行政については，控除説（消極説）と積極説が対立してる。控除説は国家作用の中から，定義しやすい立法（一般的・抽象的な法規範をつくる）と裁判（法規範を適用して具体的な事件を解決する）を除いた残りのすべて（立法・司法以外の法規範の適用と執行）が行政であるとする。行政の定義を消極的に考えるから消極説ともいう。

　一方，控除説ではその本質をとらえることはできないとして，行政の定義を積極的に考える積極説もある。代表的なものが田中二郎によるものである。「行政とは法の下で規制を受けながら国家目的の積極的実現をめざして行われる全体として統一性をもった継続的な国家活動である」とする。積極説は行政の特徴をちりばめた定義であるといえるが，ただ，問題になるのは，もし，「行政」を定義してしまった場合に，「立法」「行政」「司法」のいずれの定義にも属さない国家作用がでた場合，どこに属するのかがわからなくなってしまうことである。したがって，控除説にたつならば，「立法」と「司法」以外が「行政」ということになるため，そのような可能性が生まれない。したがって，控除説が妥当である。

第2節　議院内閣制の意義

1　議院内閣制と大統領制

(1) 政治制度の類型

三権のうち立法と行政が政治部門（国によっては司法も政治部門に含める場合もあるが）を担当し，その組み合わせで政治制度が出来上がっている。主に大きくはイギリス型の議院内閣制とアメリカ型の大統領制である。

(2) 議院内閣制

イギリス型の議院内閣制は，国民が立法府のメンバーである国会議員を選挙で選び，その国会議員が集う場である国会から行政府の長を選ぶというものである。

　日本国憲法において，国務大臣は議院に出席でき（同63条），内閣は行政権の行使につき，国会に対して連帯責任を負う（同66条3項）。また，内閣総理大臣を国会議員の中から国会の議決で指名し（同67条），国務大臣の過半数は国会議員でなければならない（同68条）。さらに，衆議院は内閣の不信任を決議でき，その対抗措置として内閣は衆議院を解散できる（同69条）。それらなどを考えれば，議院内閣制を採用していることは明らかである。しかし，日本とイギリスの違いをいえば，日本は国会と内閣の協働関係を重視するのに対して，イギリスは国会を重視する。

　議院内閣制を歴史的に考えると，二元型議院内閣制から一元型議院内閣制へと変化してきたといえる。二元型議院内閣制とは，内閣が議会と国王の両者に責任を負うものであり，一元型議院内閣制とは内閣が議会のみに責任を負うものである。

　そもそも議院内閣制は18世紀から19世紀初頭にかけてイギリスで誕生し，行政権は君主と内閣に二元的に帰属し，内閣はその君主と議会の両者の間にあってその双方に対して責任を負うというものであった。国王が形式的に最高の執行権者であり大臣の任免権・議会解散権ももっており，総選挙の結果によって首相を任命する。かつては国王が実質的任命権を行使したこともあるが，現在では慣習上制限され，実質的意味の執行権は首相と内閣に属すると考えられている。

　大日本帝国憲法下では大命降下により内閣総理大臣が指名されていた。大命降下とは，天皇が，ある者に，内閣総理大臣となるべきこと，および他の国務大臣になるべき者を奏薦することを命じたことである。

　(3) 大統領制

　アメリカ型の大統領制は，国民が立法府のメンバーである国会議員と行政府の長を別々の選挙で直接選ぶというものである。大統領制の要件は，直接ないし間接的選挙によって選出され，議会によって免職されず，執行部を指揮するという3つを提示する［サルトーリ（岡沢憲芙監訳）『比較政治学』（早稲田大学出版部，2000年）93頁以下］。しかし，3つは大統領制であることの必要条

件であっても十分条件ではない。

　大統領は行政府の長であると同時に，国家元首としての役割も担い，また国会からではなく国民から選ばれているため，行政府を構成する大臣（あるいは長官）は国会議員である必要はない。

(4) 混合形態

　世界の国の中には，議院内閣制の産物である首相と大統領制の産物である大統領の両方が存在する国々がある。例えば，ドイツ，フランス，イタリア，ロシア，韓国などである。これらは議院内閣制と大統領制のいずれであろうか。この中ではドイツ，イタリアは議院内閣制に区別され，フランス，ロシア，韓国は大統領制に区分される。すなわち，大統領がいてその大統領が国民から直接選挙で選ばれていれば大統領制であり，大統領が議会などから選ばれていれば議院内閣制ということになる。

　フランス第5共和制憲法は，公選の大統領と，その大統領によって任命される首相との間で執行権が二分され，行政の二頭制という構造をもっている。公選の大統領が，執行権を担い，みずからは議会に対して直接に責任を負わない点では大統領制の要素を持っている。他方，議会が首相及び内閣を不信任することができるため，内閣の存立が議会の意思に依存する点で，議院内閣制の要素をも保有している。そのため，大統領制と議院内閣制の中間形態ないし混合形態として分類され，「半大統領制」と呼ばれている。フランスにおいては，大統領と首相の所属政党が異なる保革共存（コアビタシオン）という状況になることもあり，その時々の政権状況によって，大統領制的な運用と議院内閣制的な運用を選択し，その間を揺れ動くのである。

(5) 議会統治制その他

　上記以外の政治制度としては，超然内閣制，議会統治制ないし会議制がある。超然内閣制とは，君主制下で，政府は君主に責任を負い，議会に対しては責任を負わない制度で，ドイツ帝国憲法や大日本帝国憲法などが該当する。

　議会統治制ないし会議制とは政府がもっぱら議会によって選任されて議会

の意思に服し，内閣は議会の一委員会にすぎない制度であり，スイスやフランス第一共和制，フランス第四共和制などが該当する。

2 議院内閣制のとらえ方をめぐる学説

(1) 責任本質説

どのような要件を満たせば，議院内閣制といえるかどうかについて，責任本質説は，①議会（立法府）と政府（行政府）との分立，②政府が議会に対して連帯責任を負い，その存立を議会に依存させること，と考える。すなわち，内閣が国会の信任に基づいて存立し，また内閣は国会に対して連帯責任を負うという形を通して，国民が行政権力を間接的にコントロールするという議院内閣制の民主主義的側面を重視する捉え方といえる。

(2) 均衡本質説

均衡本質説は，上記①及び②に加えて，③政府が議会の解散権をもつこと，と考える。すなわち，国会と内閣が相互にある程度の独立を保ちつつ，同時に相互に抑制と均衡をはかるという点を強調して自由主義的あるいは権力分立的な関係という側面を重視する捉え方といえる。

(3) 検 討

最大の論争点は，政府の議会解散権が存在しないような制度でも，議院内閣制といえるかどうかである。議院内閣制の本質は内閣の議会への依存にあり，均衡は必ずしも必要条件でないことからすれば，責任本質説が妥当である。

第3節 内閣の構成

(1) 内閣の構成

憲法は，「内閣は，法律の定めるところにより，その首長たる内閣総理大臣及びその他の国務大臣でこれを組織する」（同66条1項）と定める。内閣は首長たる内閣総理大臣及び14人以内（ただし，特に必要がある場合には17人以内と

なる）の国務大臣によって組織される（内閣法2条2項）合議体である。

(2) 内閣総理大臣の地位

内閣総理大臣は国会で指名し（憲法67条），天皇が任命する（同6条1項）（内閣総理大臣の選出については第19講第3節第3参照）。憲法66条1項及び内閣法2条1項より，内閣総理大臣は内閣の首長である。この点，大日本帝国憲法下における内閣総理大臣は「同輩中の首席」にすぎないことと大きく異なる。すなわち，大日本帝国憲法では55条1項で「国務大臣ハ天皇ヲ輔弼シ其ノ責ニ任ス」を規定するのみで各国務大臣が天皇に対して個々に責任を負っているに過ぎなかった。そして，内閣は憲法上の根拠はなく，内閣官制により内閣総理大臣を首班として各国務大臣を以って組織される行政機関の集合体にすぎなかったので，内閣総理大臣は「同輩中の首席」でしかなかったのである。

ところが，日本国憲法では66条1項で「内閣総理大臣は内閣の首長」と定め，それに応じて，内閣の代表権（同72条）及び行政各部の指揮監督権（同72条）を認め，さらに国務大臣の任免権（同68条）及び訴追同意権（同75条）も認めている。

(3) 国務大臣の地位

国務大臣は内閣総理大臣が任命する（憲法68条1項）とともに，国務大臣は内閣総理大臣によって任意に罷免される（同2項）。そして，国務大臣は内閣総理大臣とともに合議体である内閣を構成する。

また，国務大臣は内閣の構成員であると同時に，通常は主任の大臣（各省大臣）としてそれぞれ行政事務を分担管理する（内閣法3条1項，国家行政組織法5条1項2項）。すなわち，各省大臣は主任の大臣としての顔と国務大臣としての顔の2つの顔を併せ持っている。内閣総理大臣も内閣府の主任の大臣としての顔と国務大臣としての顔を持っている。各省大臣は国務大臣の中から内閣総理大臣が任命する（国家行政組織法5条2項）が，行政事務を分担管理しない大臣（無任所大臣）も認められる（内閣法3条2項）。

さらに，内閣総理大臣に事故あるとき，または内閣総理大臣が欠けたとき

はその予め指定する国務大臣が臨時に内閣総理大臣の職務を行う（内閣法9
条）。主任の大臣に同様のことが起きた場合には内閣総理大臣又はその指定
する国務大臣が，臨時に，その主任の国務大臣の職務を行う（内閣法10条）。

(4) 内閣構成員の資格

第一に，国会議員であることのしばりがある。憲法67条1項は「内閣総理
大臣は，国会議員の中から国会の議決で，これを指名する」として，内閣総
理大臣として指名するものは国会議員でなければならないことを規定する。
それに加えて，もし内閣総理大臣が国会議員でなくなったときには内閣総理
大臣としての地位も失うと解される。ただし，任期満了および衆議院の解散
から新国会の召集までは議員としての身分を有しなくても在職できると考え
るべきである。

また，憲法68条1項は「内閣総理大臣は，国務大臣を任命する。但し，そ
の過半数は，国会議員の中から選ばれなければならない」とする。内閣総理
大臣の資格と同様の考えが必要であり，内閣の過半数が国会議員でなければ
ならないというのは内閣の選任要件にとどまらず在任要件である。

第二に，文民であることのしばりもある。憲法66条2項は「内閣総理大臣
その他の国務大臣は，文民でなければならない」とする。「文民」とは職業
軍人でないものを指すと考えられるが，そもそも憲法9条の解釈などから日
本国憲法施行後，日本には軍人はいないはずであるから，文民でない者は存
在しないことになる。しかし，現実には自衛隊が存在し，その自衛官の職歴
を持つ者も文民でない者に該当するかどうか議論が多い。現実には，自衛官
の職歴のある者が既に国務大臣になっている。

第4節　内閣の権能

(1) 行政に関する権能

①法律の執行及び国務の総理（行政一般）（憲法73条1号）　　憲法73条は「内
閣は，他の一般行政事務の外，左の事務を行ふ」（同柱書）として，「法律を

誠実に執行し，国務を総理すること」（同1号）とする。法律の執行は形式的意義の行政における中核を占めるものであり，行政の本質である。法律にもとづく行政は，行政一般の原則である。

　一般的に国務とは，立法，行政，司法のすべてをいうが，通説は，ここでいう「国務」とは行政事務をいい，国務の総理とは，最高の行政機関として，行政事務を統轄し，行政各部を指揮監督することをいうとする。これに対して，「国務」の意義を文字どおりに解して，内閣は国政全般について配慮する権利と義務をここにあたえられていると考える説もある。いずれにせよ，ここでいう「国務の総理」は，同41条および本号前段の「法律を誠実に執行し」と関連づけて，あくまで広い意味での「法律による行政」の原則の下にあることを確認しておくべきである。

　②外交に関する事務（同73条2号及び3号）　「外交関係を処理すること」（同2号）は内閣の所管とされる。日常の外交事務は外務大臣の主管としてもよいと解されている。ただし，外交使節は内閣が任免し，全権委任状や大使，公使の信任状その他の外交文書は内閣が作成し，外交文書の受理，外交使節の承認および信任状の受理は内閣が行う。

　また，内閣は条約を締結する。「但し，事前に，時宜によつては事後に，国会の承認を経ることを必要とする」（同3号）。条約とは，協定，協約，議定書，憲章など名称のいかんを問わず国家間の文書による合意（実質上の条約）をいう。条約の締結とは，内閣の任命する全権委員の調印（署名）および内閣によるその批准をいう。

　③官吏に関する事務（同73条4号）　内閣は「法律の定める基準に従ひ，官吏に関する事務を掌理する」（同4号）。大日本帝国憲法下においては天皇の官制大権であっが，日本国憲法においては法治主義の下に置かれている。「管理に関する事務を掌理する」こととは，人事行政事務を行うことをいう。「官吏」とは国家公務員のことである。立法府に属する国会職員及び司法府に属する裁判所職員は，権力分立上，ここでいうところの「官吏」には属さないと理解される。

④政令の制定（同73条6号）　　内閣は「この憲法及び法律の規定を実施するために，政令を制定すること。但し，政令には，特にその法律の委任がある場合を除いては，罰則を設けることができない」（同6号）とする。立法府である国会が制定する法が法律であり，行政府が制定する法が命令である。命令の中で内閣が制定する法が「政令」である。

　命令は執行命令と委任命令に区別される。執行命令は法律を実施するための執行細則にあたり，ここでは国民の権利を制限し，義務を課し，あるいは罰を科すこと（「実質的意義の法律」あるいは「法規」という）を内容とすることができない。ただし，法律の委任がある場合には，命令の中でこれらの内容を定めることができる。これを委任命令という。

　⑤財政に関する事務（同73条5号，87条，90条，91条）　　内閣は「予算を作成して国会に提出する」（同73条5号）。また，内閣の責任で予備費を支出する。予備費の支出については，事後に国会の承認を得なければならない（同87条）。さらに，国の収入支出の決算につき会計検査院の検査を受け，次の年度にその検査報告とともに，これを国会に提出する（同90条）。このほか，国会及び国民に対し，定期に少なくとも毎年一回国の財政状況について報告する（同91条）。

　⑥その他の一般行政事務（同73条柱書）　　内閣法は上記のいずれにも属さない一般行政事務（同73条柱書）を処理する。これは実質的意義の行政における控除説に対応したものである。

　(2)　国会に対する権能

　①臨時会の招集の決定（憲法53条）　　憲法53条は「内閣は，国会の臨時会の召集を決定することができる。いづれかの議院の総議員の4分の1以上の要求があれば，内閣は，その召集を決定しなければならない」とする。すなわち，臨時会は内閣が独自の判断で召集するか，いずれかの議院の総議員4分の1以上の要求により召集しなければならないということである。日本国憲法では，国会の実質的な召集権は内閣にあるため（同7条柱書及び2号），会期については少数派の意向を尊重するため，ワイマール憲法などの例に倣っ

ている。

　②衆議院の解散（同69条，7条3号）　　解散権の所在は，形式的解散権に
は天皇の国事行為（同7条3号）であり，実質的解散権には議論がある（第19
講第1節4参照）。内閣不信任案が可決された場合あるいは内閣信任案が否決
された場合による衆議院の解散は，併せて憲法69条も根拠になる。

　③参議院の緊急集会の解散の要求（同54条2項）　　「衆議院が解散されたと
きは，参議院は，同時に閉会となる。但し，内閣は，国に緊急の必要がある
ときは，参議院の緊急集会を求めることができる」とする（同54条2項）。衆
議院が解散し新たな衆議院議員が選ばれるまでの間である休会中に国家の一
大事があり議決をしなければならない場合に，内閣により召集される。議決
された措置は同条3項の規定により，次の国会開会後10日以内に衆議院によ
り議決されなければ，効力を失う。

　④法律案，予算，条約などの議案の提出など。　　予算については憲法73
条5号及び86条，条約については憲法73条3号によって明らかであるのに対
して，法律案については憲法上の根拠はなく，内閣法5条の規定のみとな
る。しかし，憲法72条に「内閣総理大臣は，内閣を代表して議案を国会に提
出し」という規定があり，その「議案」に法律案も含まれるとする見解も存
在する。

　今日において，提出される法案も成立する法案も大部分は内閣提出法案で
あり，またわが国が議院内閣制を採用していることを考えれば，大統領制の
ように厳格に三権分立を区別する意義は薄いと考えられる。そのため，内閣
提出法案は認められるであろう。

　(3)　司法に対する権能

　①恩赦の決定（憲法73条7号）　　内閣は「大赦，特赦，減刑，刑の執行の
免除及び復権を決定する」（同73条7号）。恩赦の種類は恩赦法に規定されて
いる。大赦は，政令で罪の種類を定めて一般に刑を免ずる（恩赦法2条）。す
なわち，有罪の言渡の受けた者については，その言渡の効力を失わせ，また
有罪の言渡を受けていない者については公訴権を消滅させる（同法3条）。

　特赦は，有罪の言渡を受けた特定の者に対して，言渡の効力を失わせる（同法 4 ，5 条）。減刑は，刑の言渡を受けた者に対して政令で罪もしくは刑の種類を定めて，または刑の言渡を受けた特定の者に対して，刑の減軽などを行う（同法 6 ，7 条）。刑の執行の免除は，刑の言渡を受けた特定の者に対して，刑の執行を免除する（同法 8 条）。復権は有罪の言渡を受けたため，法令の定めるところにより，資格を喪失し，または停止されたものに対して，政令で要件を定めて，または特定の者に対して，資格を回復させる（同法 9 条，10条）。

　恩赦の具体的な実施方法としては，政令で対象となる罪などを決めて一律に行う政令恩赦と本人からの申請を受けて行う個別恩赦がある。さらに後者には，日常的に行われる常時恩赦と特別な場合に行われる特別恩赦がある。

　②裁判官の指名及び任命（同 6 条 2 項，79条 1 項，80条 1 項）　　内閣は最高裁判所の長たる裁判官を指名し（同 6 条 2 項，任命は天皇の国事行為），その他の裁判官についてはこれを任命する（同79条 1 項，80条 1 項）。

　これは内閣が公務員の人事行政に関する最終責任を負うという趣旨に加えて，内閣による裁判所の指名ないしは任命を通じて最終的には司法権を一定程度は国会による民主的コントロールの下に置くという意味もある。なお，最高裁判所の裁判官の任命資格については裁判所法41条の定めがある。また，下級裁判所の裁判官の任命は最高裁判所の指名した者の名簿によって行われる（憲法80条 1 項）。

　(4)　天皇の国事行為に対する助言と承認

　天皇の国事行為に対する助言と承認（憲法 3 条，7 条）　　憲法 3 条には「天皇の国事に関するすべての行為には，内閣の助言と承認を必要とし，内閣が，その責任を負ふ」とあり，憲法 7 条柱書には「天皇は，内閣の助言と承認により，国民のために，左の国事に関する行為を行ふ」とある。すなわち，「内閣の助言と承認」により，憲法 7 条に列挙された10個と憲法 6 条に列挙された 2 個の合計12個の国事行為を行うのである（ただし，憲法 4 条 2 項における国事行為の委任を国事行為の 1 つとして数えて13個と考える説もある）。

　憲法３条の規定は憲法４条の「天皇は，この憲法の定める国事に関する行為のみを行ひ，国政に関する権能を有しない」の規定に先立って，天皇の国事に関する行為については，内閣の助言と承認に基づいて行われるべきであり，内閣以外のものによる助言と承認は排斥されることを定める。天皇は実質的決定権をもたず，それに対する責任も負わない。また，天皇の行為に関する政治的責任はすべて内閣が負うべきことを定める。

　「助言と承認」は，「助言」と「承認」にわけて考えれば，「助言」は内閣の側が発意して天皇に助言をすること，「承認」は天皇の側が発意して内閣がこれを承認することにみえるが，天皇の国事行為は憲法及び法律の定めに基づいて内閣の発意によって行われるべきことを考えれば，すべて内閣の責任の下，「助言と承認」として区別せずに統一的に扱うべきである。

第5節　内閣総理大臣の権能

(1) 国務大臣の任免権

　内閣総理大臣は各国務大臣を任免する（憲法68条）。内閣総理大臣は「国務大臣の中から」各省大臣を任命し（国家行政組織法５条２項），行政事務を分担管理させる。任免権は内閣総理大臣の権限であり閣議の承認を必要としないが，国務大臣の任免には天皇の認証が必要であり（憲法７条５号），「内閣の助言と承認」（同３条及び７条）が求められると解される。

(2) 国務大臣の訴追に対する同意権

　憲法75条は「国務大臣は，その在任中，内閣総理大臣の同意がなければ，訴追されない。但し，これがため，訴追の権利は，害されない」として，内閣総理大臣による国務大臣の訴追に対する同意権を定める。その趣旨は，検察権行使の規制による国務大臣の活動の自由や内閣の安定性・継続性の確保のためと解することができる。

　「訴追」に逮捕・勾留など身体の自由の拘束をも含むか否かが問題となる。訴追に対する制約権限を拡大する方向での解釈は慎重であるべきである

ことを考えるならば，逮捕等について同意を要すると考えることは妥当では
なく。同じように，内閣総理大臣が正当な理由なくして同意を拒むことがで
きるか否かについても，不当に権限を拡大することになるため，認めるべき
ではないであろう。

　また，国務大臣の中に内閣総理大臣が含まれるか否かについては，内閣総
理大臣を国務大臣以上に保護する積極的な理由が見当たらないことを考えれ
ば，内閣総理大臣もここでいうところの「国務大臣」に入ると考えるべきで
ある。

　(3)　議案提出権・国務報告権・行政指揮監督権

　憲法72条は「内閣総理大臣は，内閣を代表して議案を国会に提出し，一般
国務及び外交関係について国会に報告し，並びに行政各部を指揮監督する」
と定める。この規定の趣旨は一般に内閣の権能に属する行為を対外的に行う
際に，内閣総理大臣が代表することを例示する規定と解すべきである。

　「議案」とは国会で議決されるべき原案をさすが，法律案及び憲法改正案
の発案権が内閣にあるかどうかについては憲法上の明文規定がないため，憲
法上の議論がある。また，「一般国務及び外交関係」とは，内閣に属する行
政事務の総称と解するべきであり，それを国会に報告することは，議院内閣
制下の内閣の義務であるといえよう。さらに「行政各部」とは，内閣の統制
下で行政事務を担当する各部門のことであり，現行国家行政組織法で定めら
れている府・省・庁・委員会などである。

　内閣総理大臣の指揮監督権限について，内閣法6条は「内閣総理大臣は，
閣議にかけて決定した方針に基いて，行政各部を指揮監督する」と定めてお
り，内閣としての方針がない場合には内閣総理大臣の独自の判断で指揮監督
することは内閣総理大臣の権限を越えると考えられる。

　(4)　その他の憲法上・法律上の権限

　憲法74条は「法律及び政令には，すべて主任の国務大臣が署名し，内閣総
理大臣が連署することを必要とする」と定めて，内閣総理大臣の連署権限を
認めている。また，憲法63条は内閣総理大臣と国務大臣について，両議院で

の議席の有無にかかわらず「何時でも議案について発言するため議院に出席することができる。又，答弁又は説明のため出席を求められたときは，出席しなければならない」として，議院への出席権能と義務を定めている。

　他に，内閣総理大臣は，内閣の活動の一体性と統一性を確保するために，内閣の運営について広範な権限と責任を有している。内閣法は，閣議の主宰と発議（同法4条2項），大臣の権限に関する疑義の裁定（同法7条），行政各部の処分・命令の中止（同法8条），内閣総理大臣および国務大臣の臨時代理の指定（同法9・10条）などの権限を定めている。また，司法との関係で行政権を代表すること，大規模災害その他の緊急事態の布告・統制等（警察法71条〜74条），自衛隊の防衛出動命令（自衛隊法76条）のほか，国と地方公共団体の間の争訟において国を代表する権限をもっている。

第6節　閣議における多数決

　行政権は内閣に属し（憲法65条），内閣は行政権の行使について国会に対して連帯して責任を負う（同66条3項）ため，合議体である内閣は意思統一ができていなければならない。そのために，閣議がある。

　閣議については憲法上の規定はないが，憲法上の慣習として開催されている。閣議は内閣総理大臣が主宰し，官房長官が進行役を務める。閣議においては，意見を述べることは許されない。ただ，賛成か反対かの意思表示をするのみである。賛成の場合には閣議書に花押（墨によるその人のサイン）を書く。閣議のあとに引き続き開催される閣僚懇談会では自由に意見を述べることは許される。その開催形式には，定例閣議（毎週火曜日と金曜日の午前中），臨時閣議（必要に応じて），持ち回り閣議（内閣参事官が閣議書を持ち回って署名をもらう）がある。また，決定形式には，閣議決定，閣議了解，閣議報告（重要度に応じて3つを使いわけるが，特に使い方が決まっているわけではない）がある。

　実務上，閣議の議決は全会一致（全員の賛成）になっている。もし，閣議書への署名に反対する大臣がいる場合，内閣総理大臣はその大臣を罷免し，新

たな大臣を内閣総理大臣が任命し，天皇が認証して，新たな大臣が閣議書に署名するということになる。2005（平成17）年のいわゆる「郵政解散」の際，臨時閣議における衆議院解散の閣議書への署名（解散詔書決定の署名）を拒否した島村農林水産大臣を小泉内閣総理大臣が別室で説得を試みた後になお署名を拒んだために島村農林水産大臣を罷免した事例があり，同様の事例では戦後4人目となった（読売新聞2005年8月9日朝刊2面）。このように全会一致にしているため，時間と労力がかかってしまう可能性がある。

　閣議の議決における全会一致は正しいのであろうか。内閣法4条，6条及び7条に閣議についての記載はあるものの，その決定方式については内閣法にも記載はない。しかし，慣習として全会一致が用いられている。これについて憲法解釈上，閣議の多数決も許されるとする考え方も存在する。

　全会一致説は，内閣の一体性と連帯責任を理由とする。これは大日本帝国憲法では内閣総理大臣は「同輩中の首席」であったことによる。すなわち，内閣総理大臣も含めて各大臣が天皇に対して輔弼をするため（同55条1項），各大臣の統一がとれていないと天皇に対してその責任を果たせないということである。大日本帝国憲法での慣行が今日も続いているということである。

　一方，多数決説は，多数決であっても内閣が連帯責任を負うべきことを理由とする。すなわち，全会一致と連帯責任に因果関係を認めない。

　憲法に明文規定がない以上，内閣の自律権に委ねられており，多数決を採用するには問題ないであろう。大日本帝国憲法では内閣総理大臣は「同輩中の首席」であったため閣議は全会一致とされた。各大臣は拒否権でいつでも総辞職に追い込めた。したがって，閣議における全会一致は大日本帝国憲法の慣行が今日まで続いていると考えられる。そして，注意するべきなのは，あくまで憲法解釈上，閣議の多数決が要請されるのではなく，許容されるにとどまるということである。

【設 問】

(1) 内閣は行政作用のみを行うのではなく，他の作用を行う。具体的に答えなさい。

(2) 議院内閣制の本質を責任本質説と考えるか，均衡本質説と考えるかでどのような実務上での違いになって表れるか。

(3) 閣議における多数決説は憲法上の要請といえるか否か。

参考文献

藤井俊夫『憲法と政治制度』（成文堂，2009年）

佐藤幸治『日本国憲法論』（成文堂，2011年）

野中俊彦ほか『憲法Ⅱ（第5版）』（有斐閣，2012年）

芦部信喜（高橋和之補訂）『憲法（第7版）』（岩波書店，2019年）

高橋和之『立憲主義と日本国憲法（第4版）』（有斐閣，2017年）

辻村みよ子『比較憲法（第3版）』（岩波書店，2018年）

辻村みよ子『憲法（第6版）』（日本評論社，2018年）

（岡田大助）

第21講　裁判所

┌─ 本講の内容のあらまし ─┐

　裁判は具体的な争いごとがある場合，法を解釈，適用することによっ
てその争いを解決する国家作用である。本講ではまず，従来「司法権の
限界」とされてきたいくつかの事項，例えば，学問的な争いや試験の合
否，行政裁量，立法裁量，部分社会の法理等について，それらが「性質
的に」司法審査の対象にならないわけではなく，実は，司法審査の対象
になるかどうかは，実質的に裁判所がそれらについてある程度の審査を
進め，結局「審査はできなかった」と判断した場合に裁判所自身が決め
ることであることを説明する。また，司法権の独立に関しては重要な事
件の紹介にとどめる一方，重大な刑事事件に一般市民が参加する裁判員
制度の問題点については想定される憲法上の問題について深く考えても
らいたいと思う。

第1節　司法権の範囲と限界

1　司法権の範囲　明治憲法と日本国憲法の比較

　明治憲法と日本国憲法を比較した時，日本国憲法は司法権の範囲を行政訴
訟まで拡大したことが特徴の一つとして挙げられる。明治憲法の下では，61
条により「行政裁判所」が設置されていたが，訴訟事項について概括的列記
主義をとって狭く限定し，行政訴訟については行政裁判所が一審かつ終審で
あったこと等の点において，国民の裁判を受ける権利は極めて不十分なもの
であった。日本国憲法においては76条によって行政裁判所が廃止され，司法
機関としての裁判所が一切の法律上の訴訟を裁判すると規定されることと

なった（裁判所法3条，裁判所の権限）。

2　司法権の範囲と限界

　伝統的な見解によると，司法とは，具体的な争訟について法を適用し，宣言することによって，それを最終的に解決する国家作用である，とされる。裁判所法第3条1項は，「裁判所は，日本国憲法の定のある場合を除いて一切の法律上の争訟を裁判し，その他法律において特に定める権限を有する」と規定するが，それはその趣旨を受けたものだと考えられている。

　司法権の限界に関して，従来の議論は，まず前述のような司法権の定義について検討し，①司法権の定義からすると，おのずと適用できない事例に関する問題を内在的制約，②司法権の定義からすると司法審査ができるはずだが，それ以外の様々な理由から司法審査が及ばないとされる事例に関する問題を外在的制約，さらに，③事件の性質からすると，伝統的な司法作用の範囲外であるにも関わらず法律の定めによって裁判所の権限に属するとされる事項に分類してそれぞれの問題について論じてきた。本講でも以上のような伝統的な分類に従って，それぞれの分類に属する事項と司法権の限界の問題を検討し，「司法審査が及ばない」とはどういう意味なのかを考察したい。

第2節　司法権の内在的制約の問題とされる事項

　法を適用することによって解決できない問題は法律上の争訟とはいえず，それが司法権の内在的制約の問題とされる。そのような問題と考えられているものに（1）単なる事実の存否，個人の主観的意見の当否，学術上・技術上の争いに関する論争，（2）宗教上の争いに関する問題，（3）抽象的な法律問題，があげられる。また，論者によっては自由裁量の問題も司法権の内在的制約の問題と位置づけるものもあるが，本講では，自由裁量の問題は外在的制約の問題として論じる。

1 単なる事実の存否, 個人の主観的意見の当否, 学問上・技術上の論争

　例えば, 国家試験における合格, 不合格の判定は具体的な権利侵害がはっきりしていないので法律上の争訟にはならないとされてきた。最高裁は, 国家試験における合格・不合格の判定は, 司法審査の対象にはならないする（最判昭41・2・8民集20・2・196）。

　ここで注意しなければならないのは「国家試験における合格・不合格の判定は, 司法審査の対象にならない」とは, 「試験の合否判定に関してはどんなものでも司法審査の対象にはならない」ということではない, ということである。すなわち, 出題者が解答不能の問題を作成しただとか, 記号式で答えさせる問題で単純な採点ミスがありそれが原因で本来合格点に達していた者が不合格とされれば, それは司法審査の対象になる。ここで「合否判定が司法審査の対象にならない」とは, 例えば, 記述・論述問題, 面接試験等で, 出題者が合格水準に達しないと考え受験者が不合格となった場合など, それについては裁判所が審査しても最終的に結論が出ない場合をいうのである。

　また, 同様に「学問上・技術上の事項であれば裁判所は最初から裁判を受け付けない」わけでもない。例えば, ある英語学者が「K出版社の辞書には英語の語法に関して多数の間違いの事例が載せられている」という指摘をし, K出版社がそれを名誉棄損で訴えたとする。この場合裁判所は「英語の語法に関して誤りがあるかどうかは学問上の争いである」といって最初からK出版社の訴えを受け付けないわけではない。裁判所は当事者双方の提出する証拠から英語学者の指摘が学問的に正しいかどうかを調査し, 名誉棄損を構成するかどうかを検討することになる。その結果, 裁判所は英語学者の指摘が正しいかどうかを判断できる場合もあるし, 判断できない場合もある。裁判所が判断できない場合に初めて司法審査の対象にならない, ということができるのであって, それは裁判所がある程度実質的な審理をして決まることなのである。

2　宗教上の争いに関する問題

　宗教上の争いも一般に「法令の適用により終局的に解決することができる」という要件を満たさないので司法審査が及ばない領域の問題であるとされる。しかし，宗教上の教義をめぐる争いは，本来法的判断が不可能なわけではなく例えば国教制をとる国においては，何が正統な教義かは，法的に定められている。しかし政教分離の原則の下では何が正統な教義か，あるいは誰が正統な教義を決めるかを法的に規定することは許されない。

　結局，裁判所が紛争を解決するにはそのよりどころとなる裁判基準が必要とされるが，宗教上の教義を巡る争いに関しては，国教制度をとらない日本国憲法の下では判断基準の設定そのものが禁止されているから，裁判所は判断することができないということになる。

3　抽象的な法律問題

　司法権の定義が「具体的な争訟について法を適用，宣言することによって」となっていることからすると，抽象的な法律問題は司法審査の対象から外されることになる。このように司法審査の対象が具体性を持つことを必要とするのは，市民生活の秩序に対する国家権力の介入はできるだけ謙抑的になされるべきであるという発想に根拠を持つ。

　すなわち，近代市民憲法は自由主義をその基本原理のひとつとするが，自由主義の下においては，国家はむやみに市民生活に介入してはならず市民間の紛争は私的自治の原則によって解決するのが建前である。裁判所は私人から紛争解決の要請があった場合のみ，公権力を発動すべきであり，ここに司法審査の対象になるには具体的争訟性が要請されることになる。

　以上のように，具体的争訟性は裁判所の謙抑性から説明できるが，他方で，憲法の番人として，違憲審査権をもつ裁判所の憲法保障機能を考えるならば，具体的争訟性を過度に強調することはそのような機能を無にする結果にもつながりかねない。

　例えば，刑罰法規に関しては，具体的争訟性を強調することの弊害が顕著

になる。ある刑罰法規に違憲の疑いがあっても，抽象的審査権が裁判所に認められていないならば，その刑罰法規が適用されなければ裁判所は違憲判断を行うことができない。

　つまり，違憲の疑いをもたれる当該刑罰法規は，それが現実になされなければ裁判所は違憲判断をすることができないことになる。当該刑罰法規によって刑事訴追された者は裁判所の違憲判断が下されるまで刑事被告人という立場に置かれることになる。裁判所がその刑罰法規の違憲性を認知した時点で何等かの措置をとることができるならこのような事態は回避できるはずである。わが国においては内閣法制局がこのような，憲法裁判所としての役割を果たしている。

第3節　外在的制約とされるもの

1　立法裁量

　立法裁量とは，立法機関が，①いつ，②いかなる内容の立法をするか，③あるいは，立法しないか，について自由な判断権を有することである。司法機関は裁判において，立法機関のこの裁量行為については，立法機関の自由な判断を尊重し，司法権を行使しえない，とされる。自由権については，主に立法機関の作為によって権利が侵害されるので②の裁量が問題となる。社会権，参政権，受益権については，主に立法機関の不作為によって権利が侵害されるので①および③の裁量が問題となる。以下では，立法機関が自由権を侵害する場合に，司法審査との関係で生じる問題を検討する。

　わが国では，判例・実務上，裁判所には法令の抽象的審査をすることが認められていない。すると，たとえ立法機関が違憲の内容の法令を制定したとしても，裁判所はそれだけでは当該法令に対する違憲審査を行うことはできない。また，その法令を行政機関が具体的に適用する場合を考えてみると，たとえ，法令が違憲の内容を含んでいたとしても行政機関がその法令を合法的に適用すれば，その法令に関して訴えが起こされることはないのだから，

その法令に対しては裁判所による文面審査すら行われる可能性もない。

2　行政裁量

　行政裁量は行政権に対する立法統制という観点から見ると，抽象的・潜在的に行政庁の活動の範囲の可能性を示すに過ぎないものである。それに対し，行政裁量を行政権に対する司法統制という観点から見ると，裁判所の実質的な審理が行われた後で初めてその具体的な範囲が定まるものである，と言える。ある行政処分が行政裁量の範囲内に属しているかどうかは，結局，裁判所が実質的な審理をした後初めて決まるものであって，裁判所の審理が始まらない段階では行政裁量の具体的な範囲は画定されない。その意味で，行政裁量の範囲を画定するのは，裁判所自身であるといえる。このように考えるならば「行政裁量の範囲内に属する行為には司法審査は及ばない」という表現を用いて，司法審査が及ばない領域が始めから存在することを示唆することは，実質的な内容をなんら持っていないだけでなく，かえって行政処分の違法性を争う行政訴訟において，行政側を一方的に有利な立場に置く可能性を内在させる点で，ミス・リーディングであるとさえいえよう。

3　部分社会の法理

　部分社会の法理とは，部分社会の内部事項に関しては，一般市民法秩序に関係しない限り，部分社会の秩序を尊重し，司法審査は及ばないとする考え方である。しかし，そもそもこの法理がいう「部分社会の内部の問題には司法審査が及ばない」とは具体的には何を意味するのか。また，一般市民法秩序に関係するかどうかはどのように判断するのか。

　例えば，最高裁は，地方議会の議員に対する処分の違法性が争われた事件で，除名は，一般市民法秩序に関係するので司法審査が及ぶが，出席停止は，部分社会の内部の問題なので司法審査は及ばない，と判断している（最大判昭35・10・19民集14・12・2633）。また，大学の単位認定と修了（卒業）認定が争われた富山大学事件で，最高裁は，大学の修了の認定については，一般

市民法秩序の問題なので司法審査が及ぶが，単なる単位認定は大学内部の問題であり，司法審査は及ばないと判断している（最判昭52・3・15民集31・2・234）。

　ここで注意しなければならないのは，一般市民法秩序に関係するのか，部分社会の問題にとどまるのかは，裁判所の審査と無関係に，始めから定まっているものではなく，裁判所が具体的な審理をして初めて決まるものである，ということである。

　例えば，地方議員の除名と出席停止という処分について考えてみよう。最高裁は，除名を一般市民法秩序に関係する問題，出席停止を一般市民法秩序に関係しない部分社会の内部問題と捉えた。このように除名と出席停止を区別する判断の背景には，議員は除名されると地方議会という部分社会の構成員ではなくなるから，除名は一般市民法秩序の問題だが，出席停止処分に過ぎない場合には地方議員という地位は有するから部分社会の問題である，という実質的な価値判断があると考えられる。

　しかし，出席停止処分であっても処分の対象となる議員は議員報酬，手当，名誉・信用など様々な形で重大な不利益を被ることが予想されるのだから，一般市民法秩序の問題になると考えることもできる。現に下級審判決は出席停止決議が司法審査の対象になることを認めていた（旭川地判昭29・12・2行集5巻12号3015）。また，地方議会の懲罰決議は除名も出席停止も行政訴訟上の行政処分であって，両者を区別すべき理論的な根拠はない，と考えることもできる（前掲最大判昭35・10・19における奥野健一裁判官の意見）。さらに，出席停止処分の期間が長期に及ぶ場合には裁判所が考慮すべき重要な要素となるであろう。例えば，このケースでは「三日間の出席停止処分」であったが，著しく長期に及ぶ場合には対象となる議員に及ぶ影響も大きなものになることが予想されるのだから，除名と同視することも可能であろう。実際に，著しく長期に及ぶ出席停止処分に関しては司法審査が及ぶとする判例もある（甲府地判昭38・10・3行集14・10・1860）。

　このように考えると，除名や出席停止という不利益処分を地方議員に行う

ことが一般市民法秩序に関係する問題と捉えるか否かは，裁判所の実質的な審理があって初めて決まるものであり，裁判所自身がその限界線を画定していると言える。

　同様のことは，大学の単位認定にも言える。大学の卒業認定は一般市民法秩序の問題だから司法審査が及び，単位認定は大学内部の問題だから司法審査が及ばない，とする判断も裁判所の具体的な審査があって初めて生じるものであって，裁判所の審査と無関係に生じるものではない。

　例えば，このケースで，単位認定は卒業認定の前提になるのだから両者を区別する理由はない，と考えることもできるだろう。仮に裁判所がそのように判断するならば，単位認定も一般市民法秩序に関係する問題であるから司法審査が及ぶと考えることになるだろう。つまり，一般市民法秩序に関係しているかどうかは，裁判所が，「司法的救済を及ぼすべき」と考えるか「裁判所は介入せず，部分社会の内部規律に委ねるべき」と考えるか，という問題に対する実質的な判断の結果に過ぎないのであって，裁判所自身がその限界を画定しているのである。すなわち，部分社会論においても，裁判所の具体的な判断があって初めて，司法審査の対象になるかならないかが決まる点で，行政裁量論において論じたのと同様の思考をとることができる。両者に共通しているのは，司法審査が及ばない，といっても，裁判所が実質的な判断をして初めて決まることであって，決して，アプリオリに司法審査を排除する領域が存在するのではない，ということである。

4　自律権

(1) 自律権の定義

　国会（各議院）や内閣及び最高裁判所の行為には，その自律的判断によって決定されたものが最終的となり，裁判所の判断は及ばないものがある，とされる。このような司法権の介入を排除する権能を自律権という。

(2) 自律権の根拠と内容

　権力分立主義の下で，国会・内閣・最高裁判所などの国政の重要な機関

は，それぞれ，一定の範囲において他の機関の介入を許さない内部的規律の権能を有しており，その結果，各機関は相互に自律性を尊重すべきものとされる。

　具体的には，議員における議員の資格争訟の裁判（憲法55条）やその議員に対する各議院の懲罰（憲法58条2項）は，議員の自律行為に属する。それ以外に国会（両議院）・内閣・最高裁判所の意思決定手続きに関する事項も自律行為を構成する。一方，地方議会の自律性は，地方自治の本旨（憲法92条）に基づくものであるとされる。

　(3) 検　討

　自律行為は理論上，違法であっても，司法審査を排除しうる点において裁量行為とは異なる，とされる。また，議院内部の議事手続についても，一般に司法審査は及ばない，と解されている。しかし，有力説は，定足数など技術的な問題で政治性の認められない場合には，司法審査が及ぶとする。

　自律行為に対する司法審査の問題は，権力分立原則をどのように捉えるかによっても結論が異なりうる。権力分立において，国家機関が相互の自律性を尊重すべきである，という点を強調すれば，裁判所が各機関の自律的領域に属する事項に司法審査を及ぼすべきでないという原則は徹底されるべきである。しかし，国家機関を相互に牽制させることによって各機関のバランスを保たせる，という点を強調すれば，自律的事項であるからと言って司法審査が一切否定されると考えることは妥当ではないだろう。歴史を振り返ってみても，例えば，かつてアメリカで問題となったマッカーシー事件のような事態が生じた場合，司法審査が一切排除されるとするなら，法の支配の原則は否定されることになるだろう。したがって，国家機関の内部の自律的事項に関しても，明白な憲法違反のある場合には，司法審査は及ぶものと考えるべきである。そして，何が明白な憲法違反かは，終局的には裁判所が決定すべき事柄である。そのように考えると，自律権に関する事項も，自由裁量，部分社会の法理で論じたのと同様に，アプリオリに司法審査が排除される領域と考えるべきではなく，司法審査が排除されるかどうかは，具体的な裁判

所の審理を経て初めて決まることだと考えるべきなのである。つまり，自律権に関する事項も司法審査が及ぶ可能性がある点では，自由裁量，部分社会の問題と同様であり，「自律的事項に関して司法審査が及ばない」とは，権力分立の観点から，司法権の行使に謙抑性を持たせるべきである，ということに過ぎないのである。

5　統治行為論

(1)　統治行為の定義と論拠

統治行為論とは，直接国家統治の基本に関する高度に政治性のある国家行為は，法律的な判断を下すことが理論的には可能であっても，司法審査の対象から除外すべきである，とする考え方を言う。

統治行為論の論拠には，自制説と内在的制約説がある。自制説は統治行為に対して司法審査を行うことによる混乱を回避するために裁判所が司法権の行使を自制すべきであるとする考え方である。内在的制約説は，統治行為は，政治的に無責任な，つまり，国民が直接選挙で選んでいない裁判官からなる裁判所の審査の範囲外にあり，その当否は国会・内閣の判断にゆだねられている，とする説である。

(2)　検　討

統治行為の定義が「法律的な判断は可能」であるといっている以上，内在的制約説がいう「裁判所の審査の範囲外」とは，「判断することは可能であっても，判断すべきではない」という自制説的なものであると考えざるを得ない。そして，そのような理解を前提とするからこそ，両説は理論的に排斥し合うものではなく，両説の折衷説的立場が学説では主流となっている。

統治行為論は，明白に違憲な行為であっても司法審査の対象から外される，とする考え方であるが，法の支配を徹底しているわが国の憲法構造において「法的判断が可能で，しかも明白に違憲な行為」を裁判所が審査することができない，と考えることは理論的には不可解である。直接国家統治の基本に関する行為であっても，明白に違憲と裁判所が考えるならば，なお，司

法審査の対象にするべきであり，統治行為論は否定されるべきである。結局，統治行為論も自律権に司法審査が及ぶか否か，という問題と同じ思考でとらえるべきものである。

6　「司法権の限界」に関するまとめ　その具体的な意味

以上，学術上の争い，自由裁量，部分社会の法理，自律権，統治行為など，「司法審査が及ばない」とされるものを概観してきた。これらの問題に関して「司法審査が及ばない」とされることの意味を検討してみると，それは，裁判所の具体的な審理と無関係に論じられるものではなく，裁判所の実際の審理を経て初めて「司法審査が及ぶか及ばないかかが明らかになる」ものであった。つまり，司法審査を完全に排除する領域をアプリオリに措定するのでない限り「例外的に」ではあれ，司法審査が及ぶ領域は存在することになる。そして「例外的に」でも司法審査が及ぶ領域が存在すれば「例外」であるかどうかは結局裁判所が判断するのだから，裁判所の具体的な審理がなされて初めてその実体が明らかになる。その意味で，「司法審査が及ばない」という表現が，裁判所の具体的な審理と関係がないかのように用いられるならば，それは，実質的な内容をもっていないばかりか，本来行われるべき司法審査を意図的に排除しようとする発想につながる点で誤解誘発的なものと言わざるを得ないであろう。

第4節　司法権の独立

司法権の独立とは裁判官が職権を行使するにあたって法律的にも事実的にも，議会，政府，その他何ものの干渉によっても判決を左右されないことを言う。職権の独立で重要なのは単に「他者からの指揮，命令に拘束されない」というだけでなく，「事実上，他の機関から裁判について重大な影響を受けない」ことである。

1　事実上の影響

　裁判官が判断を形成するに際して他の何者かが事実上重大な影響を及ぼす行為を行うなら司法権の独立は侵されたと捉えるべきである。そういう意味で司法権の独立が侵されたのではないか，ということが非常に問題になった事件はいくつかある。

　(1)　浦和充子事件

　昭和24年，裁判所の下した量刑を批判した参議院法務委員会の国政調査が，司法権の独立を害さないかが問題とされた。

　(2)　吹田黙祷事件

　昭和28年吹田事件の裁判にあたり佐々木裁判長が被告人らに黙祷することを許可した訴訟指揮の当否が問題とされた。国会は直ちに訴追委員会で調査を始めたがそのような調査は問題があるのではないかという批判が出され調査は途中で立ち消えになった。その後，最高裁が「法廷の威信について」という通達を全国の裁判所に出した。その通達では吹田黙祷事件を批判するものではないと書かれていたがそれは明らかにその事件を批判する内容のものであった。確かに最高裁は司法行政の最高機関だから下級裁判所の人事予算権を握っているが，下級裁判所の担当裁判官の訴訟指揮についてその当否を批判するような通達を出すことは司法権の独立を侵すものとして許されないと考えなければならない。

　(3)　平賀書簡事件

　昭和44年，長沼裁判を担当した福島裁判長に対して平賀所長が私信という形で自衛隊の違憲判断をすべきではない，というメモを送ったがこれを福島裁判長が公にした。最高裁は平賀所長に注意処分を行ったがその後，国会はそれを問題にし「福島裁判長は青法協のメンバーであり平賀所長がせっかくアドバイスしたのにそれを公にした」とし国会の訴追委員会で福島裁判長が取り上げられることになった。

　司法権の独立は結局事件を担当する裁判官個人の職権の独立であるのだからこのように他の国家機関からの干渉はもちろん，最高裁でも直属の上司で

も干渉は許されない。

第5節 裁判員制度

1 制度の概要

「裁判員の参加する刑事裁判に関する法律」等に基づき，2009年より，無作為に選出された6名の市民が3名の職業裁判官とともに重大な刑事事件の裁判に参加し事実認定を行い，被告人の有罪・無罪，有罪の場合には，その量刑を行う裁判員制度がスタートした。国民が裁判に参加する制度はアメリカ，イギリス，フランス，ドイツ，イタリアなど世界の国々で行われている。

(1) 導入の趣旨

国民が裁判に参加することによって，法律の専門家ではない者の感覚が裁判の内容に反映されることになる。その結果，国民の司法に対する理解と信頼が深まることが期待される。

(2) 裁判員が参加する事件

殺人，強盗致死傷，傷害致死，危険運転致死，現住建造物等放火，身代金目的誘拐，保護責任者遺棄致死，などの重大な刑事事件がその対象となる。

(3) 裁判員の選出方法

まず選挙人名簿をもとに裁判員候補者名簿を作成する。裁判員は，この候補者名簿の中から，ひとつの事件ごとに，裁判所における選任手続により選ばれる（裁判員法13条）。

(4) 裁判員としての職務

裁判員は，裁判官とともに刑事事件の審理（公判）に出席する。公判では，証拠として提出されたものや書類を調べるほか，証人や被告人に対する質問が行われる。裁判員から，証人等に質問することもできる。証拠に基づいて，被告人が有罪か無罪か（事実認定），有罪だとするとどんな刑を科すべきか（量刑判断）を裁判官とともに評議し，評決することになる。議論を尽

くしても，全員一致の結論が得られない場合，評決は多数決により行われることになる。ただし，その多数意見には，裁判官，裁判員のそれぞれ一人以上の賛成が必要とされる。有罪か無罪か，有罪の場合の量刑判断に関する裁判員の違憲は，裁判官と同じ扱いとなる。評決内容が決まると，法廷で裁判長が判決の宣言をし，裁判員としての職務は終了することになる（裁判員法 6 条，56条，57条，58条，59条，66条，67条）。

(5)　裁判員としての資格

衆議院議員の選挙権を有する者（18歳以上）であれば，原則として誰でもなることができる。ただし，以下のような欠格事由・就職禁止事由が定められている。①義務教育を修了していない者。禁固以上の刑に処せられた者。心身の故障のため裁判員の職務遂行に著しい支障のある者。②審理する事件の被告人または被害者本人，その親族，同居人など。③国会議員，国務大臣，国の行政機関の幹部職員。裁判官，検察官，弁護士等の司法関係者や警察官。都道府県知事及び市町村長，自衛官など（裁判員法14条，15条）。

(6)　辞退事由

広く国民に参加してもらう制度なので原則として辞退できない。ただし，以下のような者は申し出をし，裁判所からそのような事情があると認められれば辞退をすることができる。①70歳以上の者。②地方公共団体の議会の議員（ただし会期中に限る）。③学生または生徒。④過去 5 年以内に裁判員，検察審査員等を務めたことのある者。⑤過去 1 年以内に裁判員候補として裁判所に行ったことのある者。⑥重い病気やケガ，同居の親族の介護・養育等，一定のやむを得ない理由があって裁判員の職務を行うことや裁判所に行くことが困難な者（裁判員法16条）。

(7)　裁判員の守秘義務

裁判員は，評議の秘密を守らなければならない。あとで公にされるのでは，批判等を恐れて，自由な意見交換ができなくなる恐れがあるからである。また，裁判員の職務上知りえた事件と関係のない個人のプライバシーなどの秘密も守らなければならない。これらの秘密を漏らす行為については罰

則がある（裁判員法 9 条，70条，108条）。

2　裁判員制度の問題点

(1) 市民感覚の反映の限界

　裁判員制度導入の趣旨の一つに「国民が裁判に参加することで，専門家でない者の意見が裁判に反映される」ことへの期待がある。しかし，例えば量刑判断において，裁判官と裁判員で意見が分かれた時，裁判官は過去の類似の事例を引き合いに出し，裁判員を説得することになるであろう。逆に裁判員が「市民感覚」を理由に量刑判断において職業裁判官を説得するような事態は想定しがたい。この意味で市民感覚の反映には，大きな限界があるといえよう。また，極端な事例としては，裁判員の中に死刑廃止論者が含まれている場合の問題を指摘することもできる。仮に過去の類似の事件から判断すると，有罪になれば確実に死刑になるような事例において，裁判員の中に，死刑廃止論者が 5 名以上含まれているとするならば，評議をしても意見の一致を見ることはないであろう。そして，評議が平行線に終わり意見がまとまらないときには，新たに裁判員を選任しなおすことになる。この場合，このような評議に参加した死刑廃止論者の裁判員たちは，自分たちの意見が評議の場では多数であったのに，それが判決に反映されなかったことに対し無力感をもち，裁判員制度を導入した司法への不信感を募らせることになるなどといった事態もありうる。

(2) 思想・良心の自由との関係

　「人を裁きたくない」という思想を理由に裁判員になることを拒否する者がいた場合，どう扱うかが大きな問題となる。それを無制限に認めるならば，裁判員のなり手がいなくなるという，制度を根幹から揺るがすような事態を招来する可能性もあるが，あまりに厳格な運用を行っても思想良心の自由はないがしろにされることにもなりかねない。

┌───
【設　問】
(1) 裁判員は被告人が有罪か無罪かを判断する「事実認定」と有罪の場合に被告人にどのくらいの刑を科すのが適当かを判断する「量刑判断」を行うが，もしある裁判員が「事実認定」で被告人を「無罪」と考えるのに，多数決で「有罪」という事実認定がなされてしまったならば，その裁判員は自分が無罪の事実認定をしていることを理由に「量刑判断」の話し合いに参加することを拒否できるか。
(2) 多数の死者が出た重大な刑事事件で，過去の類似の事件の量刑判断からすれば被告人は確実に死刑になるはずなのに，その事件を担当した裁判官が「死刑は国家による殺人なので行うべきではない」と考えている場合，その裁判官は自らの信念に従って死刑にしないという判決を出すことができるか。もしできないとするならばそれはその裁判官の思想良心の自由を侵害することにならないか。
(3) (2) の事例において，その裁判官が自らの信念に従って死刑判決を回避した場合，マスコミがその裁判官を「偏向裁判官」として批判のキャンペーンを繰り広げることは裁判官の職権の独立を侵すことになるか。議院が国政調査権を使って調査することは裁判官の職権の独立を侵すことになるか。その裁判官の上司や同僚が死刑判決を下すようにアドバイスすることは職権の独立を侵すことになるか。
───┘

参考文献

後藤光男編著『法学・憲法への招待』（敬文堂，2014年）
芦部信喜（高橋和之補訂）『憲法（第 5 版）』（岩波書店，2011年）
樋口陽一編『講座・憲法学第 6 巻 権力の分立 (2)』（日本評論社，1995年）

（髙島　穣）

第22講　違憲審査制

┌─**本講の内容のあらまし**─────────────────

　日本国憲法では裁判所に，法律等が憲法に違反すると考える時には違
憲判決を下す違憲審査権が与えられている。すなわち，いかに国民の代
表者である国会議員が集まって作った「国会の作品」たる法律であって
も「悪法は法にあらず」と判断する権限である。これは民主主義の原理
からすると本来不可解な制度であると考えざるを得ない。本講では，違
憲審査権が裁判所に与えられた歴史を説明するだけではなく，憲法構造
全体の中で裁判所の持つ違憲審査権はどのように位置づけられるのかを
説明する。また，もしアメリカのニューディール期に起きた「コート
パッキングプラン」事件と同種の事件が日本で起きたならば，それが司
法権の独立の侵害にならないか，という原理的な問題に言及する。

└────────────────────────────────────

第1節　違憲審査権のタイプと誕生に至る歴史的背景

　憲法81条は「最高裁判所は，一切の法律，命令，規則又は処分が憲法に適
合するかしないかを決定する権限を有する終審裁判所である」と規定し，違
憲審査権を裁判所に与えている。

　違憲審査権は明治憲法下では認められておらず，日本国憲法で初めて認め
られた，司法権の新しい権限である。日本国憲法は違憲審査権により国民の
権利，自由を侵害する国家行為を排除することによって憲法の精神を擁護し
ようとする。

1　違憲審査制の二つのタイプ

　現在，西欧デモクラシーの国家では色々な形の違憲審査権が採用されている。ドイツでは憲法裁判所という，違憲か合憲かだけを審査する特別の裁判所が憲法に基づいて設置されている。フランスでは戦後，第四共和政の下，憲法委員会という，憲法裁判所でも通常裁判所でもない，一種の政治的な機関を作ってそこで違憲か合憲かを特別の場合に審査させる制度を憲法で定めた。また第五共和制では憲法院という制度を設けた。西欧デモクラシーの国で現在とられている主要な違憲審査制のタイプはフランスを除くと次の二つである。

　　①日本のように通常裁判所が違憲か合憲かを判断するタイプ（付随的審査制）。

　　②ドイツのように憲法事件だけを扱う特別の裁判所タイプ（抽象的審査制）。

　この二つのタイプはどのように違うかを以下説明する。

　(1)　付随的審査制

　付随的審査制は「具体的な争訟を裁判する際にその前提として違憲審査を行う制度」である。ところで，具体的な争訟には「具体的な権利の侵害」と「法を解釈適用することによって解決することが可能であること」という二つの要件が必要である。その要件の中で特に重要なのは「具体的な権利の侵害」である。司法権は権利が侵害されたという事件を審査する際に発動されるが，事件を解決するために司法権は法を解釈適用することになりその法の中には憲法も含まれる。例えば，被告人が「自分に適用された刑罰法規は違憲だ」と主張すると，裁判所は，その法令が違憲かどうかを判断することになる。すなわち事件を解決するための前提として，まず，法令が違憲か合憲かを審査するという形がとられる。このように通常の裁判所が具体的な訴訟事件を裁判する際にその前提として違憲審査を行う方式は，裁判所が司法権を行使するのに付随して違憲か合憲かが判断されるので付随的違憲審査制と呼ばれる。

（2）抽象的審査制

　これに対してドイツの憲法裁判所のような制度では，具体的な争訟，つまり個人の権利侵害とは関係なく抽象的に違憲か合憲かが審査される。権利侵害が前提となっていないので，ある法律が制定されて違憲の疑いがあると，その違憲の疑いがあるというだけで裁判所に審査を請求できる制度でありこれは抽象的審査制とよばれる。

　違憲審査制にこのような二つの異なるタイプがあるのは各国の歴史的事情による。次にそれを見ていくことにしよう。

2　異なるタイプの違憲審査制が生まれた歴史的背景

（1）違憲審査制の理論的前提

　まず，違憲審査制が認められるには「憲法は最高法規であり法構造の中で法律よりも上位にある」ことが理論的に確立していなければならない。もし，憲法も法律も法構造の中で同位であると考えるならば違憲審査制度は生まれてこないことになる。なぜならそもそも「憲法に違反する法律」という考え方そのものが出てこないからである。

（2）ヨーロッパでの「憲法＝最高法規」概念の採用

　ヨーロッパでは戦前「憲法＝最高法規」という考え方がなかった。憲法を改正する場合には通常の法律より要件が加重されているだけで，憲法も法律も議会の作品，つまり最終的には両者とも国民の意思によって作られるのだから法構造の中では同位である，と考えられていた。そのような事情からヨーロッパでは長い間，違憲審査という制度は考えられなかった。ところがヨーロッパの人々は第二次大戦でナチスの横暴を目の当たりにし，法律によって人権が侵害されることが知られるようになった。また，日本や他の国々でも戦時中に法律によって国民の権利が侵害された。このような「法律による人権侵害」をどう排除していくかが，戦後の憲法学の課題であった。ドイツ，フランス，イタリアなど西欧諸国は「法律による人権侵害」を排除するには違憲審査制を導入する必要があると考え，憲法は最高法規であると

いう考え方を取り入れ，違憲審査制を取り入れた。

(3) 異なる権力分立概念の構築とその歴史的背景

ヨーロッパとアメリカでは権力分立に関して歴史的に異なる考え方がとられてきた。ヨーロッパでは歴史的に裁判所への不信感があり，あくまでも立法権を中心に権力分立概念が構築されてきた。逆にアメリカでは，歴史的に立法権への不信感があり，三権は憲法のもとに並立するという権力分立概念が構築されてきた。

ヨーロッパのように立法権を中心に権力分立概念を構築すると，法律は立法権の作った「作品」ともいうべきものだからそれを通常の裁判所が違憲・合憲という形で判断するのはデモクラシーに反することになり，立法権の権威を侵すことになる。そこで，違憲審査制度は人権保障のためにどうしても憲法構造に導入しなければならないが，違憲審査をする国家機関が通常の裁判所であってはならないことになる。そこでドイツ，フランスは「特別に裁判所を作らなければならない」と考え通常の裁判所以外の憲法裁判所とか憲法院というものをつくってそれに違憲審査権を与える制度を採用したのである。

(4) 日本国憲法における違憲審査制の位置づけ

日本の違憲審査制度について通説・判例はアメリカ型の付随的審査制であると考える。すなわち，憲法81条は第 6 章「司法」に定められており，司法とは具体的な争いを前提とし，それに法令を適用して紛争を解決する作用をいう。もし日本国憲法が抽象的審査制を採用しているならば，それを明示する規定（提訴権者，判決の効力等）が憲法上定められていなければならないがそのような規定は憲法上存在しない。

ここで問題になるのは「今の憲法をそのままにし，法律で憲法裁判所法を作って特別に違憲・合憲を審査するドイツのような制度を作ったとするとその法律は違憲になるか」ということである。すなわち，憲法81条に基づいて最高裁及び下級裁判所には違憲審査権があると解釈することはできるが，この条文をこのままにして「憲法裁判所法」という法律をつくって違憲審査権

は憲法裁判所で最終的に行使することが憲法上許されないかという問題である。この問題に関して，それが許されていると考える有力説もある。

しかし，司法権は具体的な争訟を裁判する権力であるし，違憲審査権はそのような司法権に付随して認められている。すると，やはり法律によって憲法裁判所に違憲審査をさせることは憲法81条の趣旨に適合しないと考えられる。

憲法裁判所を作ることが憲法上絶対に許されていないわけではないが，憲法81条を司法権の概念と関連させて解釈すると，この条文をそのままにして憲法裁判所法という法律を制定するのは憲法の条文上もかなり無理があるように思える。

以上，憲法裁判所を設けることが憲法上可能かを問題にしたが，この問題は最高裁に抽象的審査権を認めることができるのかどうかという問題とも関連する。しかし，それもやはり，司法権の考え方と憲法81条を組み合わせて考えると，かなり難しい。

（5）最高裁の立場

日本社会党の代表者であった鈴木茂三郎が，自衛隊の前身である警察予備隊が違憲無効であることの確認を求めて，最高裁判所を第一審として出訴した警察予備隊違憲訴訟（最大判昭27・10・8民集6・9・783）において，最高裁は「権利義務に関する具体的な事件を離れて抽象的に法律の合憲性を判断する権限を有しない」と判示し，請求を却下した。

3　付随的審査制と抽象的審査制の特質とその合一化の傾向

付随的審査制は，具体的な争訟を前提とした司法権の観念に立脚した制度であるからその第一の目的は個人の権利保護であり，これは「私権保障型」と呼ばれる。

これに対して，抽象的審査制は，法律が憲法に違反するような形で制定された場合，他の国家機関が違憲訴訟を起こしてその法律を排除するという制度だから，その目的は権利の侵害の救済よりむしろ違憲の法秩序を排除し，

憲法を守っていくことでありこれは「憲法保障型」と呼ばれる。

　以上の説明はこの二つの制度のごく本質的なところの違いを浮かび上がらせて対照しているが，実際には，両方の制度は入り混じっている。つまり，この両者は本質的に違ったシステムであるが，最近，両者の近接化傾向がある。

　例えばドイツの憲法裁判所制度では，公権力によって基本権が侵害された場合にすべての人が憲法裁判所に違憲訴訟をできることができる。これはアメリカ型の，権利が侵害された場合に発動される違憲審査権と同じ性格の制度であるといえる。こういう制度が本来の抽象的審査制と組み合わさって採用されており，憲法裁判所で受理する事件の大多数は国民の提起する違憲訴訟である。すなわち実態はほとんどアメリカ型の違憲審査と同じである。また，アメリカ型でも単に個人の権利侵害を救済するという目的だけで違憲審査制が機能しているのではなく，憲法保障という役割を意識して，それに則った形の機能を営ませるような運用が行われている。このように付随的審査制といっても個人の権利を保障するというだけでなく，それを通じて憲法を保障するという機能を果たしている。

第2節　付随的審査制から導かれる諸原則

1　必要性の原則

（1）付随的審査制の特質と必要性の原則

　付随的審査制は具体的な事件を解決することが第一の目的だから，憲法判断は事件を解決するのに必要な場合以外には行わないという原則がある。なぜなら憲法判断は立法府の作品たる法律の効力を否定するなど大変重大な影響を与える行為なので，法律の解釈のレベルで事件が解決できる場合にはあえて憲法判断を行わない，また，行うべきではない，と考えるべきだからである。これを必要性の原則（necessity の原則）という。この必要性の原則に基づいて，憲法判断を回避する一連のルールがアメリカの憲法判例で確立して

いる。その中でも特に重要なルールの一つに「合憲性について重大な疑いが提起されても法律解釈によって事件を処理できる場合には憲法判断を下さない」というルールがある。日本では恵庭事件でこのことが問題となった。

(2) 恵庭事件で憲法判断回避の手法を用いたことの問題点

恵庭事件は北海道恵庭町にある自衛隊演習場付近において，自衛隊の演習の騒音に悩まされた被告人が自衛隊の基地内の演習用電信線を切断して自衛隊法121条の防衛用器物損壊罪違反で起訴されたというものである。裁判所（札幌地判昭42・3・29下刑集9・3・359）は被告人の切断した通信線は自衛隊法121条にいう「その他の防衛の用に供する物」には該当しないと判示して被告人を無罪とし法律解釈のレベルで問題を解決し憲法判断を回避した。本来，この解釈が法律解釈として常識的に許される範囲のものであればいくら原告が違憲だといっても裁判所は法律解釈のレベルで事件を処理して差し支えない。しかし，この事件の場合，自衛隊法121条の「防衛の用に供する物の中に通信線は入らない」というかなり強引な法律解釈が行われ憲法判断を回避したことが大きな問題となった。やはり，法の解釈は法の文言と趣旨，目的にあっているかどうかでその当否が判断される。

第3節 違憲審査権の対象

1 条 約

どういう行為が違憲審査の対象となるか。憲法81条からは「条約」が除かれていることから条約が違憲審査の対象となるかが問題になる。

一部の説は「条約は国家間の合意で日本国憲法は国際協調主義を強調しているので条約は違憲審査の対象にはならない」と主張する。しかし，通説・判例は次のような立場をとる。すなわち条約は国会が承認して公布されるとそのまま国内法として国民を拘束する（条約の国内法的効力）。こういう簡易な手続きで国内法化されるのだから，条約は承認されると法律とほぼ同じランクにあると考えることが妥当であり，改正に3分の2の特別多数が必要とさ

れている憲法と同じランクの効力を認めるべきではない。条約が国内法化された場合，その国内法的側面については条約も憲法81条でいう「法律」の中に含まれると解することができるので違憲審査の対象になると考えることができる。

2　立法の不作為

　憲法により明文上ないし解釈上一定の立法をなすべきことが義務付けられているのに正当な理由もなく相当の期間を経過してもなお国会が立法を怠った場合，それは違憲審査の対象となるか。

　最高裁は重度身障者の在宅投票制度を廃止したままその復活を怠った不作為が違憲であることを理由とする国家賠償請求事件において「国会議員は，立法に関しては，原則として，国民全体に対する関係で政治的責任を負うにとどまり，個別の国民の権利に対応した関係での法的義務を負うものではないというべきであって，国会議員の立法行為（立法不作為を含む）は，立法の内容が憲法の一義的な文言に違反しているにもかかわらず国会があえて当該立法を行うというごとき，容易に想定しがたいような例外的な場合でない限り，国家賠償法1条1項の適用上，違法の評価を受けない」とし，立法不作為に対する違憲審査に極めて厳しい姿勢を打ち出した（最判昭60・11・21民集39・7・1512）。

　しかし，他方で最高裁は在外日本国民選挙権訴訟において「権利行使の機会を確保するために所要の立法措置を執ることが必要不可欠であり，それが明白であるにもかかわらず，国会が正当な理由なく長期にわたってこれを怠る場合などには「例外的に国会議員の立法行為又は立法不作為は」国賠法上違法の評価を受けるとし本件はそれに該当すると判示した（最大判平17・9・14民集59・7・2087）。

第4節　違憲判決の効力

　もし裁判所がある法律を違憲と判断したならその法律の効力はどうなるかという問題である。これに関しては「違憲判決があればその法律は当然に法令集から削除される効力まで認める」とする一般的効力説もあるが「日本国憲法は付随的審査制をとっているのでその事件についてだけその法律が違憲になる」とする個別的効力説が多数説である。

　憲法41条で国会は唯一の立法機関であるとされているのだからその法律の効力を100％失くしてしまうのはやはり国会が法律廃止の手続をとらなければならないと解される。　そういう手続をとらない限り，その法律はいわば「冬眠状態」となっているだけであり，もし最高裁が違憲判決の10年後に，違憲判決を覆し，合憲である，と判断すれば，国会が削除しない場合にはその法律は「冬眠状態」から生き返ると考えられる。しかし，通常，違憲判決があると国会はそれを尊重して廃止の手続をとりその法律はなくなる。

第5節　違憲判断の方法

　違憲判断の方法には，法令そのものを違憲とする法令違憲の判決と，法令自体は合憲でも，それが当該事件の当事者に適用される限度において違憲であるとする適用違憲の判決がある。

1　合憲限定解釈・適用違憲の根拠

　本来，ある法令の違憲性が疑われる場合，人権保障を実質化する機能を果たすことを期待され「人権の砦」と言われる裁判所はそれを審査し，違憲と考える場合には，法令違憲の判決を出すことが望ましいとも考えられる。しかし，裁判所は，最高裁判所判事の国民審査という制度はあるものの，選挙で選出された議員から構成される国会とは異なり，民主的な基盤が脆弱な機

関である。そこで，民意を代表する国会のいわば「作品」ともいえる法律そのものを否定するような法令違憲の判決を下すことには慎重でなければならない。そのため，法令違憲の判決を下すことを回避するために，以下で紹介するような適用違憲や合憲限定解釈の手法が用いられる。

2　適用違憲，合憲限定解釈の問題点

適用違憲とは法令自体は合憲でも，それが当該事件の当事者に適用される限度において違憲であるとする判断手法である。合憲限定解釈とは法文の意味を憲法に適合するように限定して解釈する判断手法である。

これらの手法に対しては，実質的には，いわば「部分的な法令違憲判決」を出しているに過ぎない，との批判もある。また，違憲性の疑いがもたれている法令が表現の自由に関するものである場合，裁判所は合憲限定解釈をすべきではなく，端的に法令違憲の判決を下すべきであるとされる。なぜなら法令が表現の自由に関わるものである場合，法文の文言が通常の判断能力を有する一般人が読み取れないほど漠然としているならば，国民は本来許されている行為まで差し控えてしまう，いわば「萎縮効果」を生じさせ，表現の自由を実質的に抑圧することになるからである。なお，違憲性の疑いがもたれている法令が経済的自由に関するものである場合，多数説は萎縮的効果を度外視するが，私見によればこの点で表現の自由と別に取り扱う理由はない。

3　判　例

(1)　法令違憲

我が国の裁判所は，違憲審査制を有する諸外国と比較すると，違憲判決を出すことが少ないとされる。最高裁が法令違憲の判断を下した例としては，①尊属殺重罰規定（最判昭49・9・26刑集28・6・329），②議員定数不均衡（最大判昭51・4・14民集30・3・223），③議員定数不均衡その2（最大判昭60・7・17民集39・5・1100）④薬局適正配置規制（最大判昭50・4・30民集29・4・572），⑤森

林法共有林分割制限（最大判昭62・4・22民集41・3・408），⑥特別送達郵便物損害賠償責任免除（最大判平14・9・11民集56・7・1439），⑦在外邦人の選挙権制限（最大判平17・9・14民集59・7・2087），⑧非嫡出子の国籍取得制限（最大判平20・6・4民集62・6・1367），⑨非嫡出子の法定相続分規定（最大決平25・9・4民集67・6・1320），⑩女性の再婚禁止期間規定（最大判平27・12・16民集69・8・2427）がある。また，「処分」を違憲としたものに愛媛玉串料判決（最大判平9・4・2民集51・4・1673）等がある。

(2) 適用違憲

適用違憲判決には，次のような類型がある。

①法令の合憲解釈が不可能である場合

これは，合憲的に適用できる部分と違憲的に適用される可能性のある部分が不可分の関係にある場合に違憲的適用の場合をも含むような広い解釈に基づいて法令を当該事件に適用するのは違憲である，という趣旨の判決を下す場合である。例えば猿払事件第一審判決がその例である（旭川地判昭43・3・25下刑集10・3・293）。

②法令の合憲限定解釈が可能であるにもかかわらずそれをせずに，適用違憲判決を下す場合

本所郵便局事件一審判決（東京地判昭46・11・1判時646・26）が，その例である。ところで，ある法令の違憲性が疑われ，裁判所としては合憲限定解釈の手法を用いることも適用違憲の手法を用いることもできる場合，いずれの手法を選ぶかは裁判所の裁量にゆだねられている。つまり，事件としては同じ実体を持ちながら，裁判所が合憲限定解釈の手法を用いると，何ら違憲的な事態は生じていなかったことになるが，適用違憲の手法を用いると，法令を運用する行政権を名宛人として違憲判断が下されることになる。また，裁判所があえてこれらの手法を用いず，法令違憲判決を下すと，立法権を名宛人とした違憲判断が下されることになる。

③法令は本来合憲なのにそれを行政が違憲的に適用している場合

家永教科書裁判第二次訴訟一審判決（東京地判昭45・7・17行集21・7別冊1）

が，現行の検定制度の合憲性を前提とした上で，それを家永教科書検定に適用した処分（不合格処分）を「検閲」にあたり違憲だとしたのは，その例である。この場合，本来，法令レベルでは違憲的な事態が生じていないにもかかわらず行政が違憲的な適用をしたことによって問題が生じたのであり，「行政による法適用の誤り」と分類されるべきものであり，上記①②とは区別される。

第6節　日本国憲法下での「コートパッキングプラン」の評価

1　アメリカ，ニューディール期の「コートパッキングプラン」

　違憲審査制は裁判所が立法府の作品である法律を否定する強い権限を有する制度であるから司法権の独立との関係で次のような原理的な問題を引き起こすことがある。すなわちそれは「ある法律の合憲性に関し，立法府と司法府の判断が対立する場合，どのように解決を図ることが正しいか」という問題である。

　「法律の合憲性に関し，立法府と司法府の判断が対立する」事態が最もはっきりと表れたのはアメリカ合衆国の，1930年代のいわゆるニューディール期に，ルーズベルト大統領が出したニューディール立法に対し連邦最高裁が立て続けに違憲判断を下した事件においてである。ルーズベルトはいわゆる「コートパッキングプラン」によってこのような事態を打開しようとした。「コートパッキングプラン」とは「裁判官抱き込み計画」ともいうべきもので，要は，ニューディール立法に対し立て続けに違憲判決を出したアメリカの最高裁に，自分の味方をしてくれる裁判官を送り込むことにより，裁判所に自分の意にかなう判決を出させようとするものであった。

2　日本国憲法で「コートパッキング」はどう評価されるか。

　日本国憲法の下で，「コートパッキングプラン」のような事態が生じたらそれをどう評価すべきであろうか。

日本の法制度では，最高裁判所はその長たる最高裁判所長官1名と最高裁判所判事14名からなると裁判所法5条第1項が規定している。また，長官は内閣の指名に基づき天皇が任命する。最高裁判事の任命は内閣が行い，天皇が認証する。

仮に，時の政府が，自らの政策を実現しようとして出した法案が最高裁に違憲判決を出されたことに嫌気がさし，自分の味方をしてくれそうな判事を最高裁に送り込もうとして裁判所法を改正し，定員を17名に増員しようとしたらそれはどのような評価を受けるのであろうか。

アメリカで「コートパッキング」が問題になった時，それは，司法権の独立という近代憲法の原則を脅かすのではないか，という点が議論された。

すなわち，一般に近代憲法では司法権を行使する裁判所がいかなる政治的勢力からも独立していなければならないことを理念としていると考えられている。

日本国憲法でも76条1項は「すべて司法権は，最高裁判所及び法律の定めるところにより設置する下級裁判所に属する」と規定する。また，裁判を担当する個々の裁判官はその職権の独立を憲法76条3項によって保障されている。憲法76条3項は「すべて裁判官は，その良心に従ひ独立してその職権を行い，この憲法及び法律にのみ拘束される」と規定する。

裁判所法の改正により最高裁のメンバーを増員し，時の政府が自分に味方してくれそうな裁判官を最高裁に送り込むことは，司法権の独立，個々の裁判官の職権の独立を侵害することなのだろうか。

3 結 論

私見によれば，そのような事態が生じてもそれは，司法権の独立，個々の裁判官の職権の独立とは抵触しない。

そのような私見の根拠は「最高裁の違憲判決はある法律の合憲性に関するラストワードではなく，立法府，行政府に再考を促す契機を与えるものに過ぎない」ということである。

　ある法律が憲法に反するかどうかの評価は，政治的なプロセスの中で何回も検討しなおされることになる。法律の制定自体，衆議院，参議院を通過しなければならず，その際に衆議院，参議院，各法制局が合憲性を判断する。また，法律として制定された後も適用に際しては行政府による合憲性判断が行われる。

　最高裁の違憲判断が出た場合，立法府，行政府がそれに絶対に従わなければならないと考えるなら，最高裁の判断がその時点で，国政上の「ラストワード」ということになる。

　しかし，ある法律を合憲と考えるか違憲と考えるかという問題に万人が納得する「正解」がない以上，それはその時点での国民の多数派が「正解」と考えるものが暫定的に「正解」とされるべきである。民主的なプロセスの中での位置づけにおいて，「民意に相対的に近い立法府が正解と考えること」が，「民意から遠い司法府が正解と考えること」より優先されることが民主主義からの結論である。すなわち，最高裁がある法律に違憲判断を出した場合，立法府は，「従う」ことも「無視する」こともできる。立法府が「無視をする」という選択肢を選んだ場合，国民は立法府の動向に注目し，立法府はそれに対してさらなる国民からの評価を受けることになる。

　裁判所法の改正により自分の味方をしてくれる裁判官を最高裁に送りこむ，という手法は現行法の枠の中で完全に合法的になしうるが，そのような「劇薬」を使う以上，立法府もそれなりの覚悟をしなければならない，ということである。

【設　問】

(1) 最高裁判所は大法廷の多数決を経たならば，従来の憲法判断を変更する先例変更を何の法的制約もなく自由に行うことができるのか。もし「先例変更するためには多数決で3分の2以上の多数を獲得しなければならない」という拘束を法律で設けたならばそれは憲法上許容されるか。

(2) 日本は諸外国に較べて最高裁判所が出す違憲判決の数が少ないといわれることがあるがその背景にはどのような政治的，歴史的事情があると考えられるか。

(3) 裁判所法を改正し，最高裁判所裁判官の退職年齢を現在の70歳から，アメリカのような終身制に変えることは憲法上許容されるか。もしそのような改正が行われたとするとどんなことが問題になるか。

参考文献

後藤光男編著『法学・憲法への招待』（敬文堂，2014年）

芦部信喜（高橋和之補訂）『憲法（第5版）』（岩波書店，2011年）

樋口陽一編『講座・憲法学第6巻 権力の分立（2）』（日本評論社，1995年）

（髙島　穣）

第**23**講　財政民主主義

┌─ **本講の内容のあらまし** ─────────────────────
　財政とは，国家が，その存立を維持し活動するために必要な財力を取
得し，これを管理・処分する一切の作用をいう。財政は国民の生活に深
く関わっているので，それを国民の代表機関である国会の民主的な統制
下に置かなければならない。この考え方を財政民主主義と呼んでいる。
そこで，本講では，憲法はどのような方法で財政を国会の民主的な統制
下に置いているかを説明する。財政の民主的な統制方法として，憲法
は，歳入面で租税法律主義について，歳出面で国費の支出と国会の議決
について，チェック面で財政監督制度について規定しているので，これ
らの規定がもつ意義と役割について説明する。
└──────────────────────────────────────

第1節　財政民主主義

　財政とは，国家が，その存立を維持し活動するために必要な財力を取得
し，これを管理・処分する一切の作用をいう。財政は，国民の生活に深く関
わっており，しかも国民に一定の負担を課すものである。そのため，財政に
ついては，国民の代表機関である国会が民主的に統制しなければならない。
この考え方を財政民主主義と呼んでいる。財政民主主義は，国王などの統治
者の租税賦課の要求に対する議会の役割から生まれたものである。

　イギリスでは，1215年のマグナ・カルタにおいて，国王は議会の同意なし
に課税することができないことが定められた。その後，1628年の権利請願に
おいて，議会の同意なき課税の禁止を確認し，さらに名誉革命後の1689年の

権利章典において，税の徴収のみならず，その使途に対するコントロールも議会の重要な任務であるとする近代的予算制度が確立された。アメリカでは，イギリス本国議会による植民地への一方的な課税に対して，植民地人が「代表なければ課税なし」のスローガンを掲げて批判した。フランスでは，国王の新課税政策が革命の端緒となり，1789年の人権宣言において，議会に課税および公金支出に関する統制権が与えられた。歴史的に見て，議会の最も基本的な役割は，国王などの統治者の財政に関する要求に対して同意を与えることであった。こうして，財政については，国民を代表する議会の同意に関わりをもたせることによって，民主的に統制しなければならないという財政民主主義が生まれたのである。

　わが国において，大日本帝国憲法（以下，「明治憲法」という）と日本国憲法は，財政民主主義を定めているが，その内容については両者の間に違いがある。

　明治憲法は，「第6章 会計」に11ヵ条をおいて，租税法律主義（62条1項），国債と予算外国庫負担契約に対する議会の協賛（62条3項），予算に対する議会の協賛（64条1項），決算の議会審査（72条1項）などの財政民主主義を定めていた。しかし，実際には，皇室経費や行政上の収納金，政府の義務に属する歳出（義務費）など，議会の権限から除外されている領域が多く，さらに，政府は，緊急の需要がある場合に緊急財政処分を行う権限をもち（70条），予算不成立の場合に議会の議決なしに前年度の予算を執行する（71条）など，議会の監督が制限されていた。

　これに対して，日本国憲法は，「第7章 財政」を設けて，財政に関する9ヵ条の規定を置いている。その章の冒頭にある憲法83条は，「国の財政を処理する権限は，国会の議決に基いて，これを行使しなければならない」とし，財政の基本原則として財政民主主義を定めている。さらに，日本国憲法は，財政民主主義を具体化するために，租税法律主義（84条），国費支出・債務負担議決主義（85条）などの規定を置いている。

第2節　租税法律主義

1　租税法律主義の意義

憲法84条は，「あらたに租税を課し，又は現行の租税を変更するには，法律又は法律の定める条件によることを必要とする」とし，租税法律主義を定めている。

租税法律主義とは，国民の代表で構成される議会の制定する法律に基づかなければ課税できないとすることによって，課税権者による恣意的な課税を防ぐとともに，国民の経済生活における法的安定性を図り，課税に対する予測可能性を与えようとする原則である。

租税法律主義の主な内容としては，納税義務者・課税物件・課税標準・税率などの課税要件および租税の賦課・徴収の手続を法律で規定しなければならないことを要請する「課税要件法定主義」と，法律で課税要件および賦課・徴収の手続を規定する場合，その規定はできる限り一義的かつ明確でなければならないことを要請する「課税要件明確主義」があげられる。

租税法律主義は，租税の賦課に法律の根拠があることを要求している。だが，租税に関する事項をすべて法律で規定することは現実的ではない。憲法84条は，租税の賦課は「法律の定める条件による」としている。この規定から，租税に関する事項を行政機関が制定する命令で規定することも認められていると解される。ただし，課税要件を法律で規定せずに命令に丸投げしたとすれば，租税法律主義の意義が失われるので，命令への委任は個別的・具体的でなければならない。

2　租税の定義

租税法律主義の適用対象となる「租税」が問題となる。憲法は，84条で「租税」という字句を使っているが，「租税」の定義規定を置いていない。租税の定義について，通説は，租税とは，国または地方公共団体が，その経費

に充てる目的で，特別の給付に対する反対給付としてではなく，強制的に徴収する金銭給付をいうと解する。つまり，憲法84条に規定する「租税」とは，国民から強制的に徴収する金銭給付のうち特別の給付に対する反対給付の性質をもたないものである。また，租税について，最高裁は，「国又は地方公共団体が，課税権に基づき，その経費に充てるための資金を調達する目的をもって，特別の給付に対する反対給付としてでなく，一定の要件に該当するすべての者に対して課する金銭給付は，その形式のいかんにかかわらず，憲法84条に規定する租税に当たるというべきである」(最大判平18・3・1民集60・2・587) と判示している。判例も，租税とは，国民から強制的に徴収する金銭給付のうち特別の給付に対する反対給付の性質をもたないものであると解している。したがって，専売品の価格や各種の検定手数料など，強制的に徴収されるが反対給付の性質をもつものは，憲法84条に規定する「租税」に当たらないということになる。

　通説・判例によれば，国民から強制的に徴収する金銭給付のうち特別の給付に対する反対給付の性質をもたないものが憲法84条に規定する「租税」であり，それが租税法律主義の適用対象となる。ただし，最高裁は，「国，地方公共団体等が賦課徴収する租税以外の公課であっても，……憲法84条に規定する租税ではないという理由だけから，そのすべてが当然に同条に現れた上記のような法原則のらち外にあると判断することは相当ではない。そして，租税以外の公課であっても，賦課徴収の強制の度合い等の点において租税に類似する性質を有するものについては，憲法84条の趣旨が及ぶと解すべきである」(最大判平18・3・1民集60・2・587) と判示している。この判示によれば，租税以外の公課が憲法84条に規定する「租税」に当たるか否かは，その公課が特別の給付に対する反対給付の性質をもつか否かのみで判断するのではなく，その公課の性質，賦課徴収の目的・強制の度合い等の点における租税との類似性によって判断すべきであると解する。

3　通達課税と租税法律主義

　税務行政において，国税庁長官から法令解釈通達，基本通達，個別通達などが発出されている。通達は，法律改正を待たずに特定の措置を導入する手段として用いられている。税務行政における通達の果たす役割は大きく，しかも一般納税者のみならず税務に関する専門家である税理士も通達に基づいて租税実務を行っている。ここでの問題は，通達による課税が認められるか否かである。

　租税には賦課される者の同意が必要であるということは，近代立憲主義の基本原理である。租税と同意との関係について，最高裁は，「おもうに民主政治の下では国民は国会におけるその代表者を通して，自ら国費を負担することが根本原則であつて，国民はその総意を反映する租税立法に基いて自主的に納税の義務を負うもの」である（最大判昭30・3・23民集 9・3・336）と判示している。こうしてみると，法律は国民の代表機関である国会を介した国民の同意の現れであるから，租税法律主義は，課税するには「法律」に基づいていることを重視するのである。

　そもそも通達は，法律ではない。通達とは，上級行政庁が法令の解釈や運用方針などを統一するために，下級行政庁に対してなす命令・指令である（国家行政組織法14条 2 項）。通達は，行政組織内部において拘束力をもっているにすぎず，国民や裁判所に対して拘束力をもっていない。したがって，税務行政において通達の果たす役割は理解できるが，租税法律主義から見れば，通達による課税は認められない。

　しかしながら，実際に，通達によってパチンコ球遊器が課税物件の「遊戯具」の中に含まれるとして課税処分が行われたことから，通達による課税の違憲性が争われた事件がある。この事件において，最高裁は，「本件の課税がたまたま所論通達を機縁として行われたものであつても，通達の内容が法の正しい解釈に合致するものである以上，本件課税処分は法の根拠に基く処分と解するに妨げがな」い（最判昭33・3・28民集12・4・624）と判示している。確かに，通達によって課税庁の法律の誤った解釈を正しい解釈に変更し

て課税することは，法律そのものを改正することなく課税処分を行ったというものではない。だが，通達の変更による課税を認めることは，課税権者に恣意的な課税を認め，国民から経済生活における法的安定性と課税に対する予測可能性を奪うことになるので，租税法律主義の意義を弱めるおそれがある。

4　地方税条例と課税自主権

　憲法84条は，租税の賦課徴収は「法律」に基づかなければならないと定めている。にもかかわらず，地方公共団体は地方税条例に基づいて地方税を賦課徴収している。そこで，地方公共団体は課税自主権をもっているか否かが問題となる。

　憲法は地方公共団体の課税権を保障する規定を置いておらず，憲法84条に基づいて地方税法が制定されている。地方公共団体は地方税法に基づいて地方税条例を制定しているので，地方公共団体の課税権は法律の委任によるものであると解する見解がある。しかし，今日では，憲法92条あるいは94条によって，地方公共団体には，自主立法権と自主行政権とともに，必要な財源を自ら調達する課税自主権も保障されていると解する見解が有力となっている。

　最高裁は，普通地方公共団体が「地方自治の本旨に従い，その財産を管理し，事務を処理し，及び行政を執行する権能を有するものであり（憲法92条，94条），その本旨に従ってこれらを行うためにはその財源を自ら調達する権能を有することが必要であることからすると，普通地方公共団体は，地方自治の不可欠の要素として，……国とは別途に課税権の主体となることが憲法上予定されている」（最判平25・3・2民集67・3・438）と判示している。それでは，地方税法と地方税条例との関係が問題となる。この点について，最高裁は，「憲法は，普通地方公共団体の課税権の具体的内容について規定しておらず，普通地方公共団体の組織及び運営に関する事項は法律でこれを定めるものとし（92条），普通地方公共団体は法律の範囲内で条例を制定するこ

とができるものとしていること（94条），さらに，租税の賦課については国民の税負担全体の程度や国と地方の間ないし普通地方公共団体相互間の財源の配分等の観点からの調整が必要であることに照らせば，普通地方公共団体が課することができる租税の税目，課税客体，課税標準，税率その他の事項については，憲法上，租税法律主義（84条）の原則の下で，法律において地方自治の本旨を踏まえてその準則を定めることが予定されて」いる（最判平25・3・2民集67・3・438）と判示している。この判示によれば，憲法は，地方公共団体のもつ課税権の具体的内容を定めている規定を置いていないので，地方自治の本旨を踏まえて，地方公共団体のもつ課税権の具体的な内容を「準則」として規定するのが地方税法の役割であると解する。

第 3 節　国費の支出と国会の議決

1　国費の支出および国の債務負担行為

憲法85条は，「国費を支出し，又は国が債務を負担するには，国会の議決に基くことを必要とする」と定めている。この規定は，財政民主主義を歳出面から具体化したものである。

まず，「国費の支出」とは，「国の各般の需要を充たすための現金の支払をいう」（財政法 2 条 1 項）。「国費の支出」に対する国会の議決は，憲法86条との関連から予算の形式によって行われると解される。また，予算の議決は，支出権限を授けるものである。憲法87条 1 項によれば，「予見し難い予算の不足」に備えて，国会の議決で予備費を設けることができる。予備費の議決は，支出権限を授けるものではないので，憲法87条 2 項は，「すべて予備費の支出については，内閣は，事後に国会の承諾を得なければならない」と定めている。ただし，国会が予備費の支出を承諾しない場合でも，既になされた支出は有効であるが，そのことに対する内閣の政治責任が問われる。

次に，「国の債務」とは，国が財政上の需要を充足するのに必要な経費を調達するために負担する債務のことである。この「債務」には，金銭債務の

みならず，債務支払保証や損失補償の承認なども含まれる。「国が債務を負担する」ことは，将来その弁済のために国費を支出しなければならなくなることから，憲法は「国会の議決」を要求している。「国が債務を負担する」ことに要求される「国会の議決」の方式については，財政法が「法律に基くもの又は歳出予算の金額（第43条の3に規定する承認があつた金額を含む。）若しくは継続費の総額の範囲内におけるものの外，国が債務を負担する行為をなすには，予め予算を以て，国会の議決を経なければならない」（財政法15条1項）と定めている。

2　公金支出の制限

(1) 憲法89条の意義

憲法89条は，「公金その他の公の財産は，宗教上の組織若しくは団体の使用，便益若しくは維持のため，又は公の支配に属しない慈善，教育若しくは博愛の事業に対し，これを支出し，又はその利用に供してはならない」と定めている。この規定の前段は，宗教上の組織・団体に対する公金の支出等を禁止したものであり，後段は，「公の支配」に属しない慈善・教育・博愛事業に対する公金の支出等を禁止したものである。

(2) 宗教上の組織・団体に対する公金の支出等

憲法89条前段は，「宗教上の組織若しくは団体」に対する公金の支出等を禁止することによって，憲法20条の政教分離の原則を財政面から厳格に維持することを目的としている。

憲法89条にいう「宗教上の組織若しくは団体」の「組織」と「団体」には，本質的な区別はない。そのため，「宗教上の組織若しくは団体」とは，「特定の宗教の信仰，礼拝又は普及等の宗教的活動を行うことを本来の目的とする組織ないし団体」を指すものと狭く解する説と，「宗教上の事業もしくは活動を行う共通の目的をもって組織された団体」を指すものと緩やかに解する説がある。

最高裁は，箕面忠魂碑訴訟において，「憲法89条にいう『宗教上の組織若

しくは団体」とは，宗教と何らかのかかわり合いのある行為を行っている組織ないし団体のすべてを意味するものではなく，……特定の宗教の信仰，礼拝又は普及等の宗教的活動を行うことを本来の目的とする組織ないし団体を指すものと解するのが相当である」（最判平 5・2・16民集47・3・1687）と判示している。これに対して，最高裁は，空知太神社訴訟において，「宗教的行事等を行うことを主たる目的としている」団体が「憲法89条にいう『宗教上の組織若しくは団体』に当たるものと解される」（最大判平22・1・20民集64・1・1）と判示している。

　憲法89条の趣旨を厳格に解するためには，「宗教上の組織若しくは団体」とは，「宗教上の事業もしくは活動を行う共通の目的をもって組織された団体」を指すものと緩やかに解する説の方が妥当であろう。

　(3)　慈善・教育・博愛事業に対する公金の支出等

　憲法89条後段の趣旨は必ずしも明確ではない。この規定の趣旨について，学説は，①教育等の私的事業に対して公金支出を行う場合には，公費の濫用をきたさないように当該事業を監督すべきことを要求する趣旨であると解する「公費濫用防止説」，②政教分離の原則の補完にあり，私人が行う教育等の事業は特定の宗教的信念に基づくことが多いので，宗教や特定の思想信条が，国の財政的援助によって教育等の事業に浸透するのを防止するという趣旨であるとする「中立性確保説」，③教育等の私的事業の自主性を確保するため公権力による干渉の危険を除こうとする趣旨であるとする「自主性確保説」に分かれている。

　憲法89条後段は，財政民主主義を基本原則とする「第 7 章 財政」の中に置かれており，しかも政教分離の原則を財政面での具体化規定がある憲法89条前段と同一条文の中に入れられていることを考えれば，①と②の説が憲法89条後段の趣旨であると解する見解や，これらの説は，強調する点が異なるのみで，相互に排他的な内容をもっているわけではないので，憲法89条後段の趣旨として 3 つの説を総合的に捉えることも可能であると解する見解がある。

(4)「公の支配」と私学助成の合憲性

憲法89条後段では,「公の支配に属しない」「教育」に対する公金の支出を禁じている。だが, 私立学校法59条および私立学校振興助成法は私学助成を認めている。そのため, 私学助成が, この規定に違反するか否かが問題となる。この問題については, 教育等の私的事業に対して国がどの程度の権限を有すれば「公の支配」と解されるのかを明らかにする必要がある。

「公の支配」の意義について, 学説は,「公の支配」とは, 国家が予算や人事に関与するなど, その事業の根本的な方向に重大な影響を及ぼすことのできる権力をもって支配していることであると厳格に解する「厳格説」と,「公の支配」とは, 教育等の私的事業が国家の支配の下にあって, 特に法的その他の規律を受けていることであると緩やかに解する「緩和説」とが対立していた。

厳格説に立てば, 私立学校振興助成法12条の定める国の監督が「公の支配」に属するかどうかは疑問であることから, 私学助成は違憲の疑いがあると解される。これに対して, 緩和説に立てば, 教育基本法や学校教育法によって法的な支配を受けている私立学校は「公の支配」に属していることから, 私学助成は合憲であると解される。その後, 厳格説と緩和説の中間に立って, 憲法14条, 23条, 25条, 26条などの条項を総合的にみて「公の支配」を解釈し, 私立学校法および私立学校振興助成法による監督の程度で「公の支配」の要件を満たしていることから, 私学助成は合憲であると解されるようになっている。

第4節　財政監督制度

1　予　算

(1) 予算の内容

憲法86条は,「内閣は, 毎会計年度の予算を作成し, 国会に提出して, その審議を受け議決を経なければならない」と定めている。

　予算とは，一会計年度における国の歳入歳出の見積もりを内容とする国の財政行為の準則である。一会計年度は，「毎年4月1日に始まり，翌年3月31日に終るものとする」と定めている（財政法11条）。予算は，毎会計年度，内閣が作成し，国会の議決を経なければならないというのが憲法の要請である。これを予算単年度主義という。そして，「各会計年度における経費は，その年度の歳入を以て，これを支弁しなければならない」（財政法12条）というのが基本原則である。これを，会計年度独立の原則という。この原則から，次の会計年度が始まっても予算が成立していない場合に備えて，暫定予算の制度が設けられている（財政法30条1項）。

　予算の作成・提出を内閣の職務とし（憲法73条5号），また予算は先に衆議院に提出しなければならず（同60条1項），予算の議決においては衆議院の優越が認められている（同60条2項）。

(2) 予算の法的性格

　明治憲法の下では，予算はあくまで行政行為であって，議会に対する意思表示にすぎないので，予算の法的性格は否定されていた。日本国憲法の下でも，予算は国会が政府に対して一年間の財政計画を承認する意思表示であって，専ら国会と内閣との間で効力を有するものであるとする「予算行政説」が主張され，予算の法的性格は否定されていた。だが，日本国憲法の下では，憲法83条が財政民主主義を定めていることから，予算行政説は，今日その支持を失い，予算の法的性格は認められると解されている。予算の法的性格を認める学説は，予算は法律であるとする「予算法律説」と，予算は法律とは異なった国法の一形式であるとする「予算法形式説」に分かれている。

　予算法律説に対して，予算は政府のみを拘束するもので，直接，一般国民を拘束するものではないこと，予算の効力が一会計年度に限られていること，予算の提出権が内閣に限られ，衆議院に予算先議権および議決の優越が認められていること（憲法60条，73条5号）などを理由に，予算と法律とを同様に扱うことは妥当ではないと批判されている。そのため，予算法形式説が多数説とされている。

(3) 予算と法律の不一致

　予算法律説をとれば，予算と法律の不一致は問題とならないが，予算法形式説をとれば，予算と法律との間で法形式や成立手続が異なるため，両者の間に不一致が生ずる。具体的には，①予算を必要とする法律は成立しているが，その執行に必要な予算が成立しなかったり存在しなかったりする場合と，②予算は成立しているが，その執行を命ずる法律が制定されていない場合が考えられる。

　予算と法律の不一致を解消するために，①の場合は，内閣は，法律を誠実に執行する義務を負っている（憲法73条1号）ので，補正予算や予備費の支出などで予算の手当をしたり，法律の施行を延期したりしなければならない。②の場合は，内閣は，法律案を国会に提出し国会の議決を求めるしかないが，国会は，予算に合わせて法律を制定する義務を負わないので，予算と法律の不一致が解消されない場合がある。

(4) 予算の修正

　国会が予算の議決権をもつこととの関係で，予算に対して国会が修正権をもつか否かが問題となる。予算の修正には減額修正と増額修正がある。まず，予算の減額修正については，憲法の中に明治憲法67条のような国会による減額修正を制限する規定が定められておらず，また財政民主主義が確立されていることから，国会による予算の減額修正には制限がないと解される。次に，予算の増額修正については，国権の最高機関としての国会の憲法上の地位や財政民主主義から，ある程度の国会による予算の増額修正は可能であると解される。ただし，予算の増額修正は，予算の性質上，必ずそれに相当する財源を伴うものでなければならないとする限界があるという見解や，憲法が予算提出権を内閣に専属させていることから，この建前を根本から覆し，予算の同一性を損なうような大修正は認められないとする見解がある。

　実際には，財政法19条，国会法57条の3など国会の増額修正を予想する規定が存在しており，内閣も「憲法の規定からみて，国会の予算修正は内閣の予算提案権を損わない範囲内において可能と考えられる」という政府統一見

解（1977（昭和52）年 2 月23日）を示している。

2　決算制度

　決算とは，一会計年度の国の歳入歳出の実績を示す確定的な計数書である。決算は，予算と異なり法規範性をもたない。決算の目的は，予算に示された歳入歳出が現実かつ適正に行われたかどうかを検討することによって，予算執行者である内閣の責任を明らかにすることにある。そのために，憲法90条 1 項は，「国の収入支出の決算は，すべて毎年会計検査院がこれを検査し，内閣は，次の年度に，その検査報告とともに，これを国会に提出しなければならない」と定めており，決算は，会計検査院の検査と国会の審査を受けることになる。

　財務大臣が決算を作成し，内閣が決算を翌年度の11月30日までに会計検査院に送付して，その検査に服する（財政法38条，39条）。会計検査院は，内閣に対して独立の地位を有する憲法上の機関である（会計検査院法 1 条）。会計検査院は，国の収入支出の決算を確認して，違法・不当な事項の有無などを含む検査報告を作成する（会計検査院法29条）

　会計検査院の検査が終わると，内閣は，会計検査院の報告書とともに決算を翌年度開会の常会に提出するのを常例とする（財政法40条）。予算に対する国会の議決権は，憲法86条で定められているのに対して，憲法90条 1 項は，決算を「国会に提出しなければならない」としか定めておらず，提出された決算を国会がどのように扱うべきかについては明らかではない。そのため，明治憲法時代の例にならって，決算は，内閣から両議院に同時に，かつ別々に提出され，これを受理した両議院は，別々にその審査を行っている。

3　財政状況報告

　憲法91条は，「内閣は，国会及び国民に対し，定期に，少くとも毎年 1 回，国の財政状況について報告しなければならない」とし，財政状況公開の原則を定めている。この規定は，財政民主主義の観点から，内閣に国の財政

状況の報告義務を課している。内閣の報告義務について，財政法は，「内閣は，予算が成立したときは，直ちに予算，前前年度の歳入歳出決算並びに公債，借入金及び国有財産の現在高その他財政に関する一般の事項について，印刷物，講演その他適当な方法で国民に報告しなければならない」（46条1項）と具体的に定めている。

【設　問】
(1)　財政民主主義の意義と租税法律主義の意義について論じなさい。
(2)　公金の支出等を禁止する憲法89条前段と同条後段の趣旨について論じなさい。
(3)　予算の法的性格と予算と法律との間に生じる不一致について論じなさい。

参考文献
芦部信喜（高橋和之補訂）『憲法（第7版）』（岩波書店，2019年）
佐藤幸治『日本国憲法論』（成文堂，2011年）
渋谷秀樹『憲法（第3版）』（有斐閣，2017年）
高橋和之『立憲主義と日本国憲法（第4版）』（有斐閣，2017年）
辻村みよ子『憲法（第6版）』（日本評論社，2018年）
野中俊彦ほか『憲法Ⅱ（第5版）』（有斐閣，2012年）

（片上孝洋）

第24講　地方自治

本講の内容のあらまし

　大日本帝国憲法が地方自治に全く触れていなかったのとは対照的に，日本国憲法は，「地方自治」という独立の章を設けて，地方自治に関する規定を置いている。そこで，本講では，先ずは，憲法で「地方自治」を保障する意義と憲法92条の「地方自治の本旨」の内容について説明する。また，憲法による地方自治の保障の性質，憲法上の「地方公共団体」とその団体の組織・権能について理解を深める。さらに，「住民自治」の観点から，地方公共団体に生活の本拠を有する住民に，どのような権利が，どのような目的をもって付与されているかを説明する。

第1節　地方自治の意義

1　地方自治の意義と憲法

　地方自治には，中央政府への権力の集中を回避することによって，権力の濫用から住民の権利・自由を守ろうとする自由主義的側面と，身近な地方の政治に住民自らが参加することによって，民主主義の健全な維持・発展を保障しようとする民主主義的側面がある。

　まず，憲法と統治という観点から，地方自治の保障に関する新旧憲法のスタンスを確認しておく。

　明治政府は，1878年に「三新法」——郡区町村編制法，府県会規則，地方税規則——を制定することから全国統一の本格的な地方自治制度の構築に着手した。その後，明治政府は，1888年に市制町村制，1890年に府県制・郡制

を制定することによって，地方自治制度の基礎を固めた。そうであるにもかかわらず，大日本帝国憲法は，地方自治に関する規定を置いていなかった。これは，憲法起草者が地方自治を憲法で保障すべき対象であると考えていなかったことの現れである。しかも，中央政府が国の官吏を府県知事に任命する，内務大臣が市会の推薦した者を市長に任命するなど，全般的に中央政府からのコントロールが強いため，地方自治としては十分なものではなかった。

　大日本帝国憲法が地方自治に全く触れていなかったのとは対照的に，日本国憲法は，「地方自治」という独立の章を設けて，地方自治に関する4箇条の規定を置いている。これは，地方自治を憲法で保障することを意味している。したがって，日本国憲法の下での地方自治は，従前の法律による脆弱な保障から憲法による保障へと根本的な構造的転換を成し遂げたと言えるであろう。

2　地方自治の本旨

　憲法92条は，「地方公共団体の組織及び運営に関する事項は，地方自治の本旨に基いて，法律でこれを定める」としている。この規定は，「地方自治の本旨」を基本原則として地方自治制度を構築すべきであることを要請している。それでは，憲法92条にいう「地方自治の本旨」の内容が問題であるが，憲法はその内容を定めていない。近代国家において，歴史的に発達してきた地方自治の概念の中に，住民自治と団体自治の二つの要素が含まれていた。そのため，「地方自治の本旨」の内容は，住民自治と団体自治の二つの要素から構成されている，というのが憲法学における定説である。

　まず，住民自治とは，地方自治が住民の意思に基づいて行われることを意味する。「地方自治は民主主義の学校である」（ジェームズ・ブライス）といわれるように，住民自治は，地方自治の民主主義的側面を示す理念である。住民自治は，憲法93条で地方公共団体の議会の設置および執行機関の直接公選制による団体の機関の民主化を定めること，そして憲法95条で地方自治特別

法に対する住民投票を認めることによって，具体化されている。

　次に，団体自治とは，地方自治が国から独立した団体に委ねられ，団体自らの意思と責任の下でなされることを意味する。団体自治は，地方自治の自由主義的・地方分権的側面を示す理念である。団体自治は，憲法94条で地方公共団体の自治権を定めることによって，具体化されている。

　そして，「地方自治の本旨」の内容に，住民自治と団体自治に加えて「国と地方の適切な役割分担」を読み込む学説もある。この「国と地方の適切な役割分担」は，「補完性の原理」を用いて説明されることが少なくない。「補完性の原理」とは，地方で処理しうる事務は，できる限り住民に身近な地方公共団体が処理すべきであり，これが困難な場合に限って，より広域な団体が処理すべきである，という考え方である。「補完性の原理」は世界的にみても有力な考え方で，例えば，1985年にヨーロッパ評議会で採択されたヨーロッパ地方自治憲章は，4条3項で「公的な責務は，一般に，市民に最も身近な地方自治体が優先的に遂行する」と定めている。

3　地方自治の保障の性質

　憲法によって保障される地方自治がどのような性質を有するかということについては，以下のような学説がある。

　(1) 固有権説

　固有権説は，個人が国家に対して固有かつ不可侵の権利をもつのと同様に，地方公共団体も固有の権利として一定の範囲の自治権を有するとする見解である。この説によれば，国家が法律によって自治権を制限したり剥奪したりすることは許されなくなるが，地方公共団体の自治権を統治団体が本来享有し得ない個人の自然権によって説明するという難点を克服できないとの批判がある。

　(2) 承認説

　承認説は，近代主権国家において，地方公共団体は国家の統治機構の一環であり，国が承認する限り，地方自治は認められるものであるから，国は，

地方自治の廃止を含めて，地方自治の保障の範囲を法律によって定めることができるとする見解である。この説によれば，地方自治の保障の限度は伸縮自在のものとなり，憲法が独立の章を設けて地方自治を保障している趣旨に反するとの批判がある。

(3) 制度的保障説

制度的保障説は，自治権が国から伝来したものとしつつも，憲法自体が歴史的伝統的に形成されてきた地方自治制度の本質的部分を保障しており，法律によってもその本質的部分を侵害することができないとする見解である。この説によれば，地方自治制度の本質的部分は，その内容の確定が難しいので，それを狭く解すれば，憲法で保障される自治権も狭くなる恐れがあるとの批判がある。

上述した3つの学説のほか，地方公共団体の自治権を強調する立場から，地方自治の保障の性質を「地方自治体の自然発生的前国家性等」の観点や「人権保障」と「人民主権」原理の観点から捉えようとする新固有権説と称される一群の学説が登場している。また近年では，憲法が社会契約説をとった以上，地方公共団体の統治権も憲法制定という契約締結によって，直接その地域住民から信託されていると解する社会契約説も登場している。

第2節　地方公共団体とは

1　地方公共団体の意味

憲法「第8章　地方自治」に置かれた4箇条では「地方公共団体」と明記されているが，憲法は，どのような団体が「地方公共団体」にあたるかを明示していない。一方で，地方自治法は，市町村と都道府県を「普通地方公共団体」，そして特別区・地方公共団体の組合および財産区を「特別地方公共団体」と定めている。これは，憲法が地方公共団体の選定を法律に委ねている，という見方ができる。だが，その見方には，憲法上の地方公共団体は「地方自治の本旨」に相応しい団体である，という前提がなければならな

い。この点について，最高裁は，憲法上の地方公共団体は「単に法律で地方公共団体として取り扱われているということだけでは足らず，事実上住民が経済的文化的に密接な共同生活を営み，共同体意識をもつているという社会的基盤が存在し，沿革的にみても，また現実の行政の上においても，相当程度の自主立法権，自主行政権，自主財政権等地方自治の基本的権能を附与された地域団体であることを必要とする」(最大判昭38・3・27刑集17・2・121)と判示している。この判決の示した基準によれば，市町村および都道府県は，憲法上の地方公共団体にあたることについては争いがない。問題は，特別区である。この判決では，特別区は「憲法93条 2 項の地方公共団体と認めることはできない」と判断された。なお，1999年の地方自治法改正で，特別区は，「基礎的な地方公共団体として」市町村とほぼ同等の存在として位置づけられている (地方自治法281条の 2 第 2 項)。

　また，どのような団体が「地方公共団体」にあたるかを憲法は明示していないにもかかわらず，わが国は，市町村と都道府県による二層制を採用している。それゆえ，この二層制を憲法が要請しているのか否かについても争いがある。この点については，①二層制とするか否かは立法政策の問題とする考え方，②憲法は二層制を要請しているが，どのような広域団体にするかについては立法政策の問題とする考え方，③二層制とするだけでなく市町村・都道府県の仕組みを憲法は要請しているとする考え方，などがある。

2　地方公共団体の組織

(1) 首長制

　地方自治においては，地方議会の議員のみならず，地方公共団体の長も，住民の直接選挙によって選出されることになっている (憲法93条 2 項)。このような統治形態を首長制という。首長制を採用しているのは，議事機関としての議会と執行機関としての長を，ともに直接民意に基礎を置いた住民の代表機関として対立させたうえで，相互の間の均衡と調和を図りながら地方自治を運営するためである。

(2) 議　会

　地方公共団体には，住民の直接選挙によって選出された議員によって構成される議会が置かれる。議会が地方公共団体の議事機関であるということは，住民の代表機関であるとともに，合議による意思決定機関であることをも意味する。この意味において，議会は，国会と同じ性質を有する。だが，議会は，国権の最高機関と称される国会とは異なり，執行機関である地方公共団体の長と独立対等の関係にあるので，自治権の最高機関たる地位をもっていない。なお，地方自治法では，町村は，条例で，議会を置かず，これに代わって，選挙権を有する者の総会（町村総会）を設けることができることを定めている（94条）。また，町村総会は，議会より民主的であるため，憲法93条には違反しないと解されている。

(3) 地方公共団体の長

　地方公共団体の長は，住民の直接選挙によって選出される。地方公共団体の長として，都道府県に知事が置かれ，市町村に市町村長が置かれる（地方自治法139条）。地方公共団体の長は，地方公共団体の執行機関の1つであるが，最高の執行機関として，地方公共団体を統轄するとともに，これを代表する機関である（地方自治法147条）。「統轄」とは，地方公共団体の事務の全般について，長が総合的統一を確保する権限を有することを意味する。「代表」とは，長が外部に対して地方公共団体を代表し，長のなした行為そのものが法律上直ちにその地方公共団体の行為となることを意味する。また，地方公共団体の長は，地方公共団体の事務を管理し，および執行する（地方自治法148条）。長の担当する事務については，議会への議案の提出，予算の編成と執行など，主要なものが，地方自治法に概括例示的に列挙されている（地方自治法149条）。

3　地方公共団体の事務

　1999年の地方自治法の改正により，地方公共団体が処理する事務は，自治事務と法定受託事務の2つに分類されることとなり，機関委任事務制度は廃

止された。

　まず，地方公共団体が処理する事務について，自治事務は，地方公共団体が処理する事務のうち，法定受託事務以外のものである（地方自治法2条8項）。一方，法定受託事務には，第一号法定受託事務と第二号法定受託事務がある（地方自治法2条9項）。第一号法定受託事務は，都道府県・市町村・特別区が処理することとされる事務のうち，国が本来果たすべき役割に係るものであって，国においてその適正な処理を特に確保する必要があるものである。第二号法定受託事務は，市町村・特別区が処理することとされる事務のうち，都道府県が本来果たすべき役割に係るものであって，都道府県においてその適正な処理を特に確保する必要があるものである。

　次に，機関委任事務制度について，機関委任事務制度とは，地方公共団体の執行機関，特に都道府県知事および市町村長を国の機関とし，これに国の事務を委任して執行させる仕組みであった。この制度には，①主務大臣が包括的かつ権力的な指揮監督権をもつことにより，国と地方公共団体とが上下・主従の関係に置かれる，②地方公共団体の長は，国の地方執行機関としての役割をも負わされたことから，地方公共団体の代表者としての役割に徹しきれない，③国と地方公共団体との間で行政責任の所在が不明確になり，住民にわかりにくいだけではなく，地域の行政に住民の意向を十分に反映させることもできない，といった問題があった。そのため，機関委任事務制度の廃止に伴い，地方公共団体においては，法令に違反しない限り，独自の条例の制定が可能となるなど自己決定権が拡充し，これまで以上に地域の事情や住民のニーズなどを的確に反映させた自主的な行政運営を行うことができるようになった。

第3節　地方公共団体の権能

1　地方公共団体の権能

　憲法は，地方公共団体の存在を認めている。それでは，地方公共団体に

は，憲法上，どのような権能が保障されているのであろうか。

(1) 自主行政権・自主立法権

憲法94条は，「地方公共団体は，その財産を管理し，事務を処理し，及び行政を執行する権能を有し，法律の範囲内で条例を制定することができる」と定めている。憲法92条の「地方自治の本旨」の内容である団体自治の保障から，地方自治体には，国から独立してその地域内の行政を執行するための権能として自主行政権，および法律の範囲内で法規範を定立するための権能として自主立法権が保障されていると解する。

(2) 自主財政権・課税自主権

地方公共団体に自主的に財政処理を行う権能が保障されていなければ，自主行政権と自主立法権の保障は事実上無意味に近いものとなり，地方公共団体による自治は成り立たない。それゆえ，憲法92条あるいは94条によって，地方公共団体に自主財政権が保障されていると解する。さらに，地方公共団体の自主財源の中心は住民の租税であるから，地方公共団体に課税自主権も保障されていると解する。

上述した地方公共団体の権能について，最高裁は，地方公共団体には「相当程度の自主立法権，自主行政権，自主財政権等地方自治の基本的権能」が付与されていることを認めている（最大判昭38・3・27刑集17・2・121）。

2　条例制定権の範囲と限界

憲法94条は，地方公共団体は「法律の範囲内」で条例を制定することができると定め，そして地方自治法14条1項は，地方公共団体は「法令に違反しない限りにおいて」その事務に関し，条例を制定することができると定めている。条例とは，地方公共団体がその自治権に基づいて制定する自主法である。憲法94条にいう「条例」の意味について，狭義では，地方公共団体の議会の制定する条例に限定されるが，広義では，長の制定する規則，委員会の制定する規則その他の規程も含むと考えられている。主として議論の対象となるのは，議会の制定する条例と法律との関係である。

（1）法律留保事項と条例

憲法が明文で規律を法律に委ねた事項（憲法29条，31条，84条）について，条例で定めることができるか否かが問題となる。

①財産権の規制と条例

憲法29条 2 項は，「財産権の内容は，……法律でこれを定める」としている。そのため，財産権の内容について条例で規制することができるか否かが問題となる。財産権は全国的な取引の対象となることが多いため，財産権の内容は法律でなければ規制することができないとする見解もある。一方で，条例は，住民の代表機関である地方議会の議決によって成立する民主的立法であり，実質的には法律に準ずるから，条例で地域の特性に応じて財産権を規制することもできるとする見解もある。最高裁は，奈良県ため池条例事件において，「堤とうの使用行為は，……憲法，民法の保障する財産権の行使の埒外」であり，したがって，「これらの行為を条例をもつて禁止，処罰しても憲法および法律に牴触またはこれを逸脱するものとはいえない」（最大判昭38・6・26刑集17・5・521）と判示し，条例で財産権を規制することができることを認めている。

②罪刑法定主義と条例

地方自治法14条 3 項は，「普通地方公共団体は，法令に特別の定めがあるものを除くほか，その条例中に，条例に違反した者に対し，2 年以下の懲役若しくは禁錮，100万円以下の罰金，拘留，科料若しくは没収の刑又は 5 万円以下の過料を科する旨の規定を設けることができる」とし，条例に罰則規定を設けることを認めている。その反面，憲法31条は法律によらない科刑を禁止し，また憲法73条 6 号も法律の委任なくして政令で罰則を設けることを禁止している。そのため，条例に罰則規定を設けることができるか否かが問題となる。条例は住民の代表機関である地方議会の議決によって成立する民主的立法であるから，条例に罰則を設けることができるとする見解が有力である。ただし，条例に罰則規定を設ける場合には，法律の授権が相当な程度に具体的であり，限定されていればよいとされている。最高裁は，「条例

は，法律以下の法令といつても，……公選の議員をもつて組織する地方公共団体の議会の議決を経て制定される自治立法であつて，行政府の制定する命令等とは性質を異にし，むしろ……法律に類するものであるから，条例によつて刑罰を定める場合には，法律の授権が相当な程度に具体的であり，限定されておればたりると解するのが正当である」（最大判昭37・5・30刑集16・5・577）と判示している。

③租税法律主義と条例

憲法84条は，「あらたに租税を課し，又は現行の租税を変更するには，法律又は法律の定める条件によることを必要とする」と定めている。そのため，法律の根拠なしに条例で租税を賦課徴収することができるか否かが問題となる。地方公共団体が自主的に財政処理を行う権限をもつことは，団体自治の当然の帰結であり，憲法92条あるいは94条が，地方公共団体に自主財政権を保障していると解する。さらに，地方公共団体の自主財源の中心は住民の租税であるから，地方公共団体に課税自主権も保障していると解する。このように，地方公共団体は，憲法上の自治権の一環として課税自主権をもち，条例で租税を賦課徴収することを認める立場が有力である。最高裁は，憲法92条および94条から地方公共団体は課税権の主体として憲法上予定されていると解しておきながら，「地方公共団体が課することができる租税の税目，課税客体，課税標準，税率その他の事項については，憲法上，租税法律主義（84条）の原則の下で，法律において地方自治の本旨を踏まえてその準則を定めることが予定されており，……法律において準則が定められた場合には，……地方公共団体の課税権は，これに従ってその範囲内で行使されなければならない」（最判平25・3・21民集67・3・438）と判示している。現に，地方公共団体が課税権を行使するための統一的な準則を地方税法が定めている。したがって，この判決によれば，地方公共団体は，課税自主権をもっているが，地方税法において租税の税目，課税客体，課税標準，税率その他の事項に関する規定が定められていなければ，条例のみで租税を賦課徴収することができないということになる。

(2) 法令の限界と条例

　憲法94条およびその趣旨を確認する地方自治法14条1項から，法令の限界が問題となる。例えば，国の法令で定める規制基準よりも厳格な基準を定める条例（上乗せ条例），あるいは法令の規制対象外の事項について規制する条例（横出し条例）を制定することができるのか否かの問題である。国の法令が先占している事項は，法律の委任がない限り，このような条例を制定することができないとする「国法先占論」が有力であったが，判例はより柔軟な考え方をとっている。最高裁は，徳島市公安条例事件において，「条例が国の法令に違反するかどうかは，両者の対象事項と規定文言を対比するのみでなく，それぞれの趣旨，目的，内容及び効果を比較し，両者の間に矛盾牴触があるかどうかによつてこれを決しなければならない」（最大判昭50・9・10刑集29・8・489）と判示したうえで，次のような基準を示している。ある事項について国の法令中にこれを規律する明文の規定がない場合には，国の法令がある事項を規律していなくても，法令全体から，その事項を規制しないという趣旨であると解されるときは，これについて規律を設ける条例の規定は国の法令に違反することとなりうる。一方，特定事項についてこれを規律する法令と条例とが併存する場合には，①条例が法令とは別の目的に基づく規律を意図するものであり，条例の適用によって法令の規定の意図する目的と効果をなんら阻害することがないとき，②両者が同一の目的に出たものであっても，法令が必ずしもその規定によって全国的に一律に同一内容の規制を施す趣旨ではなく，それぞれの地方公共団体において，その地方の実情に応じて，別段の規制を施すことを容認する趣旨であると解されるときは，法令と条例との間にはなんらの矛盾牴触はなく，条例が国の法令に違反する問題は生じ得ないとしている。

　したがって，上乗せ条例や横出し条例が国の法令に違反するか否かについては，上述した判例の基準にしたがって判断することになる。

第4節 住民の権利

1 憲法上の権利

「地方自治の本旨」の要素である住民自治を保障するため，憲法は，地方公共団体の長，議会の議員などの直接選挙（93条2項）と地方自治特別法の住民投票（95条）を定めている。ここでは，地方自治特別法の住民投票を取り上げる。

憲法95条は，「一の地方公共団体のみに適用される特別法は，法律の定めるところにより，その地方公共団体の住民の投票においてその過半数の同意を得なければ，国会は，これを制定することができない」と定めている。この規定は，憲法41条の国会単独立法の原則に対する例外である。

「一の地方公共団体」とは，実際にその法律の適用されるのが「一つの地方公共団体」という意味ではなく，「特定の地方公共団体」という意味である。「特別法」とは，「特定の地方公共団体の組織，運営，権能，権利，義務について特例を定める法律」というのが内閣法制局の見解である。

まず，「特別法」に住民投票を必要とする趣旨は，国会が特定の地方公共団体にのみ不利な立法を押しつけることを防止するためである。それゆえ，特定の地方公共団体を優遇する立法は，憲法95条に該当しないと解される。

次に，地方公共団体の同意を議会の決定ではなく住民投票によるべきこととした点には，団体自治のみならず住民自治の理念が反映されていると言える。

地方自治特別法の実例は，1949年から1951年にかけて，「○○都市建設法」などとして制定された18都市15件である。そのなかには，広島平和記念都市建設法，首都建設法などがある。

2 地方自治法上の権利

「地方自治の本旨」の要素である住民自治を保障するため，地方自治法

は，直接請求と住民監査を定めている。

　まず，直接請求とは，地方自治に住民の意思を直接反映させるため，住民が条例の制定改廃，事務の監査，議会の解散，議員・長等の解職を請求することができる制度である（地方自治法74条～88条）。この制度の目的は，住民の意思を直接長や議会に知らしめ，長や議会が住民の意思から乖離した行政を行うことを防止するためのものであり，代表民主制を補完することにある。この制度は，国には見られない地方自治制度特有のものである。

　次に，住民監査請求とは，住民が監査委員に対し，公金の支出や契約の締結など地方公共団体の執行機関または職員が行った財務会計上の行為について監査を求め，必要な措置を講じるよう請求する制度である（地方自治法242条）。この制度の目的は，地方公共団体の執行機関または職員の違法または不当な財務会計上の行為を防止し，かつ，これを是正することによって住民全体の利益を確保することにある。住民監査請求をした住民は，監査委員の監査結果または勧告に不服がある場合，裁判所に対して訴訟を提起することができる（地方自治法242条の2）。最高裁は，「住民監査請求の制度は，住民訴訟の前置手続として，まず監査委員に住民の請求に係る財務会計上の行為又は怠る事実について監査の機会を与え，当該行為又は怠る事実の違法，不当を当該普通地方公共団体の自治的，内部的処理によって予防，是正させることを目的とするものであると解される」（最判平10・12・18民集52・9・2039）と判示している。

【設　問】
(1) 憲法で「地方自治」を保障する意義と憲法92条の「地方自治の本旨」の内容について論じなさい。
(2) 憲法による地方自治の保障の性質に関する考え方について論じなさい。
(3) 憲法は，どのような団体が「地方公共団体」であると解し，また「地方公共団体」にどのような権能を保障しているかを論じなさい。

参考文献

芦部信喜（高橋和之補訂）『憲法（第7版）』（岩波書店，2019年）

佐藤幸治『日本国憲法論』（成文堂，2011年）

渋谷秀樹『憲法（第3版）』（有斐閣，2017年）

高橋和之『立憲主義と日本国憲法（第4版）』（有斐閣，2017年）

辻村みよ子『憲法（第6版）』（日本評論社，2018年）

野中俊彦ほか『憲法Ⅱ（第5版）』（有斐閣，2012年）

（片上孝洋）

第**25**講　憲法の保障

本講の内容のあらまし

　憲法は，国家の基本にかかわる根本法であり，その国のあり方の大枠
を形づくるものと言える。それゆえ，憲法を最高法規と位置づけ，憲法
の規範内容が不当に侵害されないような仕組みを事前につくっておくこ
とが必要となり，その仕組みを一般に憲法保障の制度という。憲法保障
は，まず正規的憲法保障と超法規的憲法保障とに大別され，前者はさら
に，事前的憲法保障と事後的憲法保障とに分かれる。超法規的憲法保障
には，抵抗権と国家緊急権がある。本講では，かかる憲法保障の制度を
具体的に概観していくが，そのなかでも近時，大きな問題になっている
のが憲法改正の是非である。以前とは違い，憲法改正に賛成する人びと
が非常に多くなり，憲法改正は現実味をおびている。憲法改正を改めて
熟考していきたい。

第１節　憲法の保障とは？

　憲法は，国家の根本法であり，最高法規であり，法体系のピラミッドの最
上位を占める，いわば"法のチャンピオン"である。そして，憲法は大きく
人権保障の分野と統治機構の分野とに分かれている。具体的には，個人の基
本的人権を保障するための人権カタログと国民主権を実現するための政治の
仕組みとを定めている。1789年のフランス人権宣言16条は「権利の保障が確
保されず，権力の分立が定められていない社会は，すべて憲法をもつもので
はない」と定めているが，これは人権カタログ（「権利の保障」）と政治の仕組
み（「権力の分立」）が近代的憲法の構成要素であることを端的にあらわしてい

る。憲法のこのような構造は，不文憲法の国であるイギリスを除けば，少なくとも欧米の先進諸国共通のものである。この点，日本国憲法も例外ではなく，10条から40条までに詳細な人権カタログを，また，１条から９条および41条から99条までに具体的な統治機構の骨格をそれぞれ規定している。両者があいまって十分な効力を発揮することにより，国民の人権保障が達成され，国民主権や民主主義が実現されるのだと言える。

　そして，憲法保障とは，国家の根本法であり，最高法規である憲法が国家権力によって侵害されるのを防ぐために設けられる制度や仕組みのことを言う。各国の憲法は，多かれ少なかれ，憲法保障を備えている。というのも，憲法は，国家の根本法で最高法規だから憲法に定められていることは基本的に守られなければならず，権力者も通常は憲法に忠実に政治をおこなうはずである。しかし，権力者が意図せずに，場合によっては故意に，違憲的な権力行使をおこなうことがある。そして，それを国民が知らずにいることもあれば，知ってはいても国民にそれを阻止する手段がないこともある。たとえ権力者の意図しない違憲的な権力行使であっても，それが長く続けられると，それにもとづき様ざまな法秩序が形成され，重みを持つ。そして，このような現実の重みに裏打ちされた違憲状態に憲法が耐えきれず，条文が空文化してしまうことにもなりかねない。そのような事態を放置するならば，憲法に対する国民の信頼は失われ，憲法全体の規範的効力は次第に弱まり，ついには憲法が画餅に帰してしまうであろう。そのような事態を回避するためには，憲法の規範内容が不当に侵害されないような制度や仕組みを事前につくっておくことが必要となるのである。この点，憲法保障には以下に概観するようにさまざまな種類があるが，ぜひ体系的に理解してほしい。

第２節　具体的な憲法保障

　まず憲法保障は，正規的憲法保障（憲法自身に定められているもの）と，超法規的憲法保障（憲法に定められてはいないけれども超憲法的に認められるもの）とに

大別される。そして，また前者は，事前的憲法保障（憲法に対する不当な侵害を
事前に予防しようとするもの）と，事後的憲法保障（事後的に是正しようとするもの）
とに分かれる。さらに，事前的憲法保障は，宣言的保障，機構的保障，義務
的保障，手続的保障に分かれる。

1　正規的憲法保障

(1) 事前的憲法保障

①宣言的保障　　正規的で事前的な憲法保障としては，まず，最高法規性
の宣言（98条 1 項）があげられる。憲法という語には，法一般をあらわす意
味とともに，もともと国家の基本にかかわる根本法という意味がふくまれて
いるが，それを最高法規というかたちで高らかに宣言することにより，憲法
は守られなければならないという意識を権力者に持たせることができる（い
わゆる宣言的保障）。権力者にとってもっとも必要なのは，憲法を守る心がま
えなのである。このことは，憲法保障という観点からしても大きな意義があ
る。

　また，人権の普遍性と永久不可侵性も宣言的保障と言える。すなわち，憲
法は，「国民は，すべての基本的人権の享有を妨げられない」（11条）とし
て，人権が人種・性別・身分などの区別に関係なく，ただ人間であることに
もとづいて当然に享有できる権利であること（人権の普遍性）を宣言し，ま
た，「侵すことのできない永久の権利」（11条・97条）として，人権が，原則と
して公権力によって侵されない永久の権利であること（人権の永久不可侵性）
も宣言している。この点，憲法11条と97条に同趣旨の条文が併置され，人権
の永久不可侵の原則が繰り返し宣言されていることにつき，かつては立法の
過誤とする見解もあった。しかし，これは，憲法がその前半と後半に人権の
永久不可侵の原則を繰り返し高らかに宣言することにより，権力者に強く人
権侵害を戒めている趣旨と解するべきである。

　②機構的保障　　権力者が違憲の権力行使をしないような仕組みを事前に
憲法に内在させる機構的保障（制度的保障）としては，権力分立の制度（41

条・65条・76条）があげられる。"権力は腐敗する，絶対的権力は絶対に腐敗する"（ジョン・アクトン）という法格言が端的に象徴しているように，権力を持つ者はそれを恣意的に濫用しがちである。それは紛れもなく歴史的事実である。イギリス名誉革命（1688年）やフランス革命（1789年）などの近代市民革命を経て，自由と尊厳を獲得した市民は，何よりも権力が独占されることの恐ろしさを痛感した。そこで，国家の権力を立法，行政，司法の三つに区別し，それを異なる機関に分離して，相互の抑制と均衡により国民の自由と尊厳を守ろうと試みた。まさにこれこそが権力分立の制度なのである。このような権力分立の制度は多くの国で採用されており，日本国憲法も例外ではない。権力分立の制度のもとでは，三権相互の抑制と均衡により，憲法が不当に侵害される事態を事前に回避することが期待される。このことは，憲法保障という観点からしても大きな意義がある。

　また，議院内閣制も機構的保障と言える。議院内閣制とは，内閣（行政府）が議会（立法府）の信任を存立の基盤として，議会に対し責任を負う制度のことであり，議会との協働関係を重視し，内閣不信任と解散の制度を設けるのが通例である。日本国憲法においては，議院内閣制についての明文規定はないが，内閣の国会に対する連帯責任（66条3項），総理大臣は国会議員の中から国会の議決で指名（67条1項），国務大臣の過半数は国会議員（68条1項）等の条文が議院内閣制の採用を明示している。この点，大統領制が，立法府と行政府がともに直接，国民の信任を存立の基盤とし，直接，国民に対して責任を負う制度であり，権力分立を重視し，内閣不信任や解散の制度がないのと好対照である。議院内閣制の下では，議会と内閣が制度上，分立しつつも，いわば兄弟（もちろん議会が兄，内閣が弟）のように力を合わせ協力しつつ仲良く政治をしていくことが予定される。しかし，いかに仲の良い兄弟でも時にケンカをするように，議会と内閣とが意見対立をする場合があり，それを解消するのが内閣不信任や解散の制度なのである。この制度によって，議会や内閣の違憲な権力行使は大幅に抑止されるであろう。

　そして，国会が独立して活動する二つの合議体によって構成される政治制

度である二院制（両院制）も機構的保障の役割を果たす。二院制は，アメリカ，イギリス，フランス，ドイツ等，多くの西欧先進国で採用されている。日本国憲法では，国会はいずれも公選の衆議院と参議院とで構成され，二院制を採用している（42条）。憲法上，国民の代表機関（43条1項），国権の最高機関（41条），唯一の立法機関（41条）である国会の内部に権力分立を組み込むことにより，違憲の法律を制定すること等が抑止されるのである。さらに，二院制の趣旨としては，2回の審議・議決を通じて，意思決定を慎重にすることにより，決議の誤りをなくすことや，選出方法を異にする議院を設けることにより，多様な国民の意思を議会に反映させることなどがあげられている。

　さらに，第8章の地方自治の制度も機構的保障と考えられる。地方自治とは，一定の地域における行政を地方公共団体（地方自治体）に委ね，地方住民の意思にもとづいて行わせることを言う。地方公共団体としては，都道府県と市町村とがある。国の政治とは別に地方の政治を認め，地方自治を国から独立した団体である地方公共団体の意思と責任の下に行わせることにより（いわゆる地方分権の原理），権力を分散させ，違憲な権力行使を抑止しようとしたものである。この点，大日本帝国憲法（明治憲法）では，地方自治に関する憲法規定は存在せず，すべて法律で定められていたのみならず，その趣旨も基本的には中央政府の意思を地方に浸透させ，それに従わせる手段に過ぎなかったことに注意すべきである。

　③義務的保障　　憲法尊重擁護義務（99条）が規定されていることも憲法保障の一環である。すなわち，日本国憲法は，国政を運営するうえで憲法の運用にたずさわる公務員に憲法尊重擁護義務を課している。このような憲法尊重擁護義務は，アメリカ憲法やドイツ憲法をはじめ多くの国の憲法でみられるとされる。ただし，この公務員の憲法尊重擁護義務は，あくまで倫理的・道徳的な性格のものであって，この義務違反により直ちに法的制裁を受けたり，その公務員のした個々の行為が無効になるものではなく，その意味でこの義務の実効性はそれほど大きくはない。しかし，憲法尊重擁護義務

は，国務大臣や国会議員等の政治的責任の発生根拠とはなるし，また，この義務を根拠として法律に具体的義務が規定された場合には，その限度で法的効果が生じる。たとえば，国家公務員法は，職員に憲法遵守の宣誓を義務づけているし（同法97条），さらに，同法の懲戒事由たる「職務上の義務違反」には憲法違反の行為も含まれる（同法82条）。憲法尊重擁護義務を実効あらしめるためには，この義務を法律により積極的に具体化していくことがぜひとも必要であろう。憲法99条には「国民」が規定されていない。この点，日本国憲法は国民自らが制定した民定憲法なのだから，国民に憲法尊重擁護義務があるのはむしろ当然のことゆえ，憲法99条は国民を含めなかったとする見解もある。しかし，憲法99条は，憲法に対する忠誠の名のもとに，国民の自由や権利が侵害されることを恐れ，あえて国民を含めなかったと考えるべきである。すなわち，日本国憲法は徹底した価値相対主義に立ち，いわば“憲法に敵対する自由”でさえも最大限に保障しようとしているのである。とするならば，日本国憲法は，国民には憲法尊重擁護義務を課していないと解すべきである。

　④手続的保障　　憲法改正の制度（96条）も手続的な面における憲法保障と考えられるが，近時，憲法改正の是非が特に議論の対象になっている。すなわち，時代の変化に対応して憲法も変えるべきであり，今こそがその時であるという主張である。憲法改正については，最後に項を改めて詳しくみていくことにしたい。

　(2)　事後的憲法保障

　正規的で事後的な憲法保障としては，違憲審査の制度（81条）があげられる。これは，最高裁判所を頂点とする裁判所が「一切の法律，命令，規則又は処分が憲法に適合するかしないかを決定する権限」を持つという制度である。これは前にのべた憲法の最高法規性を担保するものであり，また，個人の基本的人権が公権力によって侵害された場合に，個人を救済するものである。まさに裁判所に“憲法の番人”や“人権保障最後の砦”としての地位を期待した制度であり，権力分立の思想を根拠としている。ただし，憲法で認

められているのは，あくまで裁判所が具体的な事件を裁判する場合に，その前提として事件の解決に必要な限度で，適用する法令の審査をおこなう権限に過ぎず（具体的違憲審査制），その効力も，その事件に限って適用が排除されるにとどまる（個別的効力説）。この点，裁判所が持つこの違憲審査制度をさらに強化するために憲法裁判所を導入すべきであるという見解もある。しかし，現状の制度のままでもその運用次第では十分な効果が期待しうることから，まずは裁判所が権限行使にきわめて抑制的な現在の態度（司法消極主義）をあらため，必要な場合には積極的に行使する立場にたつことを望みたい。

2　超法規的憲法保障

超法規的な憲法保障としては，抵抗権と国家緊急権とがあげられる。以下，順次，検討していく。

(1) 抵抗権

抵抗権とは，憲法の基本秩序自体を侵害するような政府の行為に対し，国民自らが抵抗することを認める権利をいう。抵抗権を憲法上の権利として認める場合のやり方としては，ドイツのように憲法に明文規定を設けるのが素直ではある。しかし，抵抗権は実力による闘争であり，時には民衆蜂起のような暴力的な手段もともなうことから，それが濫用されないように最大限に配慮しなければならない。とするならば，あえて憲法に明文規定を設けず，解釈上の権利として認める方が望ましいと考えられる。日本国憲法に抵抗権についての明文規定がないのも，かかる趣旨と解される。そして，抵抗権を解釈上の権利とした場合，いわゆる自然法にもとづく権利として認める見解がある。しかし，自然法の具体的内容とはいったい何なのか不明確であるし，また，憲法を超える自然法を考えることも妥当なものとは解されない。そこで，抵抗権はあくまで憲法に内在する実定法上の権利として認めるべきである。すなわち，憲法が国民の意思によって制定されたものである以上，それを自らの手で擁護する国民の権利は当然に憲法に内在していると解され

る。憲法12条で「国民の不断の努力」による権利・自由の保持責任が規定され，また，憲法97条で基本的人権が「人類の多年にわたる自由獲得の努力の成果」と規定されているのも，このような解釈を裏づけよう。ただし，その濫用はかえって憲法秩序を不当に混乱させることから，抵抗権行使の要件は厳格に解されなければならない。この点，下級審の判例において，①憲法の各条項の単なる違反ではなく民主主義の基本秩序に対する重大な侵害により憲法の存在自体が否認される場合で，②不法であることが客観的に明白であり，③法秩序の再建のための最後の手段であることが必要とされているのが参考になる（札幌地判昭37・1・18下刑集4・1・69）。

　(2) 国家緊急権

　国家緊急権とは，戦争，内乱その他の原因により，平常時の統治機構と作用をもっては対応しえない緊急事態において，国家の存立と憲法秩序の回復をはかるためにとられる非常措置権をいう。国家緊急権についても，抵抗権と同様に，憲法に明文規定がある場合（例えば，ドイツやフランス）と，ない場合とがある。憲法に明文規定がない場合には，解釈上の権利として，「緊急時に法はない」ことを根拠に国家緊急権を認める見解がある。また，憲法以前の国家固有の権利として国家緊急権を認める見解もある。前述の抵抗権の主体が国民であるのに対して，国家緊急権の主体は国家（通常，内閣や首相）であり，それが濫用された場合の危険性は抵抗権とは比べものにならないほど大きい。日本では，明治憲法においては明文があったが（たとえば，14条の戒厳大権や31条の非常大権），現憲法には明文はない。

　この点，明治憲法下において国家緊急権が濫用され，個人の基本的人権が抑圧された歴史的経緯にかんがみ，日本国憲法は国家緊急権につき明文を置かなかったものと考えられる。国家緊急権の実質は，現行の憲法にもとづく体制を一時停止して権力を集中させ，独裁的な権力行使を容認するものであるから，濫用された場合には取り返しのつかないことになりかねない。憲法がこのような重大な権利について何らの規定を置いていない場合には，原則として認めない趣旨だと解するのが法解釈として素直であろう。日本国憲法

は，緊急事態の対処法については国会があくまで憲法の枠内で法律によりあらかじめ定めておくことを想定していると解すべきである。

　ただし，きわめて異常な緊急事態において国家の存立と憲法秩序の回復をはかるためにとられた国家の違憲的行為の違憲性が事後的に阻却されることがあるのは認めざるをえない。実質的に言って，その行為により結果的に憲法が守られた以上，その行為を違憲であると批難する必要性は低いであろう。すなわち，日本国憲法においてはその意味の限度でのみ例外的に国家緊急権が認められるといえる。この場合の成立要件としては，①きわめて異常な緊急事態での措置であったこと，②国家の存立と憲法秩序の回復という目的が明確であったこと，③その措置が緊急事態に対処するための一時的で必要不可欠の手段であったこと等を要求すべきである。

第 3 節　憲法改正

1　内容と限界

　憲法改正とは，憲法所定の手続に従い，意識的・形式的に憲法を変更することをいう。憲法は，繰り返し述べているように，国家の根本法で最高法規だから，一貫性・安定性が要求される。さまざまな憲法保障制度の究極的な目的も，憲法を守ることにより，国家の政治運営の一貫性・安定性を確保しようとするところにある。しかし，時代の変化とともに社会も変化していくのであり，今日の正義が明日の正義とはかぎらない。憲法も社会の変化に対応して変更が必要となる場合もあり，柔軟性・可変性も必要となる。憲法改正についての手続を定める場合，憲法に要請される高度の一貫性・安定性と，社会の変化に対応する柔軟性・可変性という相互に対立する要請を考慮しなければならない。そこで，この両者の要請を満たすために，日本国憲法は，第 9 章の96条において，憲法改正に関する規定を置いたのである。

　同条による憲法改正は，具体的には①各議院の総議員の 2 以上の賛成による国会の発議，②国民投票における過半数の賛成，③天皇による国民

の名での公布という三つの手続きを経ておこなわれる。これは諸外国と比べ，いちじるしく要件が厳格であり，いわゆる硬性憲法（憲法改正が困難な憲法）の典型といえる。実際，1946年（昭和21年）の制定以来，ただの一度も改正されていない。このように日本国憲法は，社会の変化に対応する柔軟性・可変性よりも，憲法の一貫性や安定性の方をより重視している。これは，日本を二度と戦前のような軍国主義国家にしてはならないという憲法制定者の切なる願いの結果であると考えられよう。ただし，憲法を硬性にすればするほど，言い換えれば，憲法改正の手続きを厳格にすればするほど，現実に憲法が守られるというわけではない。すなわち，あまりに憲法改正の手続きが厳格であると，憲法が社会の変化に対応できずに，国民によってないがしろにされ，その結果，一見すると違憲とも思われる事実が，合憲として是認されることにもなってしまう。その点は特に注意すべきである。

　それでは，日本国憲法における憲法改正に限界はあるのだろうか。この点，憲法改正権をいかなる拘束にも服することのない全能の力を持つ憲法制定権力（すなわち，憲法を制定する実力）と同質とみて，憲法改正に限界はないとする見解もある（無限解説）。しかし，それでは憲法上の改正規定は無意味となり，その法としての性格を否定することになってしまい妥当でない。やはり，憲法改正権は，憲法自身によって認められた権限なのだから，憲法の正当性そのものを否定することは背理であり，それはいわば“憲法の自殺行為”にも等しく許されないと考えるべきである。したがって，民定憲法である日本国憲法の正当性のみなもとである国民主権原理（前文・1条）や権力に加えられた重大な制約である基本的人権尊重主義（11条・97条）と平和主義（前文・9条）などは，根本規範として憲法改正の限界にあたると解される（限界説）。ただし，限界説にたったとしても，この限界はあくまで法的な限界であることに注意が必要である。事実上ないし政治的には，憲法改正に限界はありえない。すなわち，限界を超えた憲法改正がおこなわれた場合には，それは現憲法の廃止と新憲法の制定という，法を超えた政治的事実となる。そして，その際，新憲法が国民の支持を得て，結果的に有効となること

はありうることに注意が必要である。憲法にはこのような危険性がつねに存在することを私たち一人ひとりが十分に認識し，憲法を守ろうという自覚をたえず持ち続けることが何より大切であろう。

2　憲法改正の必要性

　日本国憲法は施行後70年以上も経過しているにもかかわらず，一文字一句，改正されたことはないが，今ほど憲法が危機にさらされたことはかつてなかった。すなわち，国会では衆参両院とも憲法改正に前向きな勢力が大幅に増え，内閣の長である首相も，盛んに憲法改正を主張している。国民，とりわけ若者や大学生の中でも，憲法改正を支持する声が以前では考えられないほど強くなっている。それでは，今，本当に憲法を改正するべきなのであろうか。最後にもう一度そのことについて考えてみたいと思う。

　憲法改正を支持する人びとはその理由として例えばつぎのような点をあげている。「世界の国々は，時代の要請に即した形で憲法を改正している。主要国を見ても，戦後の改正回数は，アメリカが6回，フランスが27回，イタリアは15回，ドイツに至っては58回も憲法改正を行なっている。しかし，日本は戦後，一度として改正していない」。そう言われると，我われは「憲法が70年以上も改正されないのはおかしい」とか，「憲法は時代に対応していない」と思ってしまいがちである。

　しかし，フランス人権宣言にもある通り，憲法は人権の保障と統治の機構を定めるものであり，その眼目は，専断的な権力を制限して，国民の権利・自由を保障することを目的に，憲法にもとづいて政治を行わせることにある（近代立憲主義）。すなわち，憲法は，国民の権利・自由を保障するために，政治権力を縛るための法である。そして，この近代立憲主義が，政治権力と血を流して闘いながら100年以上の時間をかけて市民が勝ち取った人類普遍の共通原理であることは疑うべくもない歴史的事実なのである。よって，憲法で国民に保障された人権保障を切り下げる方向で，また，憲法により権力に課せられた縛りを緩める方向で憲法改正をすることは原則的に許されるべき

ではないし，少なくとも先進国でそのような憲法改正がなされたことは皆無に等しい。憲法改正はその回数よりも，その方向性に注意が払われなければならないのである。

　イギリスでは1215年のマグナ・カルタ（大憲章），1628年の権利請願，1689年の権利章典が，フランスでは1789年の人権宣言が，ともに憲法を構成する重要な基本法として今でもその効力を保っているし，さらにアメリカでは1776年の独立宣言の理念が，そのまま合衆国憲法に継承されて今でも生き続けている。このように，100年たっても200年たっても変わってはならない普遍的価値を書き込むのが，国家の根本法で最高法規たる憲法なのである。実際，日本国憲法には，前述の近代立憲主義を始め，個人の尊厳，国民主権，民主主義，自由主義，三権分立，法治主義，法の支配，現代立憲主義等，西欧の様々な歴史的宣言文書や憲法から学び，継承した多くの普遍的価値が書き込まれている。そして，それらの価値はもちろん西欧において今でも普遍性を失ってはいない。とするならば，日本国憲法が70年以上，一文字一句，改正されなかったとしても少しもおかしくはないのである。なかには，「押しつけ憲法だから」とか，「法律の素人が8日間でつくったから」とかを憲法改正の理由にあげる人もいる。しかし，それらの理由には，日本国民が70年以上，一貫して日本国憲法を日本の憲法と認め，一文字一句を改正することなく，大事に護ってきたという重い事実を打ち消す力はとうていない。憲法の価値は人間の価値と同様，出自ではなく中身で判断されるべきであり，それらはまったく憲法改正の理由にはならない。少なくとも，今，性急に憲法改正をする必要性はまったくないことは再確認されるべきであろう。

　【設　問】
　(1) 国民に憲法尊重擁護義務を認めるべきか。
　(2) 国家緊急権を認めるべきか。また，認めるとした場合，憲法に明記すべきか。
　(3) 憲法改正は必要か。また，それはなぜか。

参考文献

芦部信喜（高橋和之補訂）『憲法（第6版）』（岩波書店，2015年）

石村修『憲法の保障 ─ その系譜と比較法的検討』（尚学社，1987年）

渋谷秀樹『憲法（第3版)』（有斐閣，2017年）

高見勝利『憲法改正とは何だろうか』（岩波書店，2017年）

樋口陽一・小林節『「憲法改正」の真実』（集英社，2016年）

（藤井正希）

事項索引

356

編者・執筆者一覧（50音順）

秋　葉　丈　志（あきば たけし）
　　早稲田大学准教授

岡　田　大　助（おかだ だいすけ）
　　群馬大学・駿河台大学・筑波技術大学・東京未来大学講師

片　上　孝　洋（かたかみ たかひろ）
　　大阪経済法科大学教授

髙　島　　　穣（たかしま みのる）
　　千葉大学講師

竹　嶋　千　穂（たけしま ちほ）
　　文教大学・東京家政大学・群馬大学講師

藤　井　正　希（ふじい まさき）
　　群馬大学准教授

現代憲法25講

2020年4月20日　　初版第1刷発行

編　著　者　　片　　上　　孝　　洋
発　行　者　　阿　　部　　成　　一

〒162-0041　東京都新宿区早稲田鶴巻町514
発　行　所　　株式会社　成　文　堂
電話03（3203）9201㈹　FAX03（3203）9206
http://www.seibundoh.co.jp

製版・印刷　藤原印刷　　　　　　　　　　　検印省略
©2020　T. Katakami　　　　　　　　Printed in Japan
☆乱丁・落丁本はおとりかえいたします☆
ISBN978-4-7923-0665-6 C3032　　　検印省略

定価（本体3,200円＋税）